本书由湖南省应用特色学科“中国语言文学”、湖南省高等学校哲学社会科学重点研究基地“南岭走廊与潇湘文化研究基地”资助

本书是湖南省社科基金项目“语言接触视域下的湘南方言语法比较研究”（编号：17YBA186）的成果之一

南岭走廊与潇湘文化丛书

湖南永州方言研究

A Research on Yongzhou Dialect of Hunan Province

贡贵训——著

中国社会科学出版社

图书在版编目（CIP）数据

湖南永州方言研究／贡贵训著．—北京：中国社会科学出版社，2022.3

（南岭走廊与潇湘文化丛书）

ISBN 978－7－5203－9541－0

Ⅰ.①湖… Ⅱ.①贡… Ⅲ.①西南官话—方言研究—永州 Ⅳ.①H172.3

中国版本图书馆 CIP 数据核字（2022）第 012299 号

出 版 人　赵剑英
责任编辑　宋燕鹏
责任校对　李　硕
责任印制　李寡寡

出　　版　中国社会科学出版社
社　　址　北京鼓楼西大街甲 158 号
邮　　编　100720
网　　址　http://www.csspw.cn
发 行 部　010－84083685
门 市 部　010－84029450
经　　销　新华书店及其他书店

印　　刷　北京明恒达印务有限公司
装　　订　廊坊市广阳区广增装订厂
版　　次　2022 年 3 月第 1 版
印　　次　2022 年 3 月第 1 次印刷

开　　本　710×1000　1/16
印　　张　17.25
插　　页　2
字　　数　241 千字
定　　价　98.00 元

凡购买中国社会科学出版社图书，如有质量问题请与本社营销中心联系调换
电话：010－84083683

总　序

自秦以来，中原南下岭南有 5 条古道：越城岭道、萌渚岭道、都庞岭道、骑田岭道、大庾岭道。此外还有一条零陵桂阳峤道，横跨萌渚岭、都庞岭、骑田岭。同时，长江水系和珠江水系的诸多支流也形成了民族迁徙与融合的诸多东西向通道。湘南永州在这几条通道中独占四条，实际处于南岭走廊的核心位置，处于海陆丝绸之路转换之要冲，是沟通中原文明与岭南文明、海外文明的重要文化通道，也是汉、瑶、壮等民族的生存与迁移通道，各民族在南岭地区迁徙流动，民族文化不断碰撞、交流、融合，南岭走廊事实上成为了“中华民族多元一体格局”的最佳样板，具有独特的自然与人文环境，蕴含着丰富多彩、特色彰显的民族文化。

“潇湘”一词据传始于尧时，载籍则出现于《山海经·中次十二经》言洞庭之山“帝之二女居之，是常游于江渊。澧沅之风，交潇湘之渊”。最具体的是特指今湖南省永州市，潇水和湘江的融汇处在今湖南省永州市零陵区萍洲，永州因此雅称“潇湘”。宋代诗人陆游用“挥毫当得江山助，不到潇湘岂有诗”的诗句来称赞永州人杰地灵如诗如画的美景。自潇水源头顺流而下，分别蕴含有舜文化（宁远、蓝山）、瑶文化（江华、蓝山、江永）、女书文化（江永）、濂溪文化（道县）、古稻作文化（道县）、古制陶文化（道县）、书法文化（零陵）、柳文化（零陵）、摩崖文化（祁阳）。这里山水灵秀、人文荟萃，自然风景与人文胜景相融为一，亦被誉为“锦绣潇湘”。

习近平总书记在《建设中国特色中国风格中国气派的考古学，更好认识源远流长博大精深的中华文明》（《求是》2020 年第 23 期）指出："我国考古发现，展示了中华文明起源和发展的历史脉络，实证了我国百万年的人类史、一万年的文化史、五千多年的文明史；展示了中华文明的灿烂成就，是坚定文化自信的重要源泉。"永州有十万年的智人史（道县福岩洞智人）、一万年的文化史（道县玉蟾岩最早栽培稻和最早制陶工艺），五千年文明史（舜歌南风），更有千年理学史（周敦颐），百年党史（李达），其厚重人文足令我们自信、自豪！

湖南科技学院地处潇湘交汇之零陵古城，为永州唯一本科院校，人文社会科学研究蔚然成风，学人接武而起，学术佳作迭见，尤以舜文化、理学文化、柳文化、摩崖文化、瑶文化为显。湖南舜文化研究基地、湖南濂溪学研究基地、湖南李达研究基地、湖南南岭走廊与潇湘文化研究基地先后落户学校。因思谋出版"南岭走廊与潇湘文化研究丛书"，以存其盛，播其声，扬其名。每年出版3－5部，希假以时日而成大观。

凡我校学人，在自愿前提下：与南岭走廊、永州、潇湘相关的文学文化研究专著皆可入选，以切地域文化主题；凡出自我校学人的人文与社会科学专著亦可酌情入选，以彰地灵人杰。是所望焉。

是为序。

湖南科技学院校长

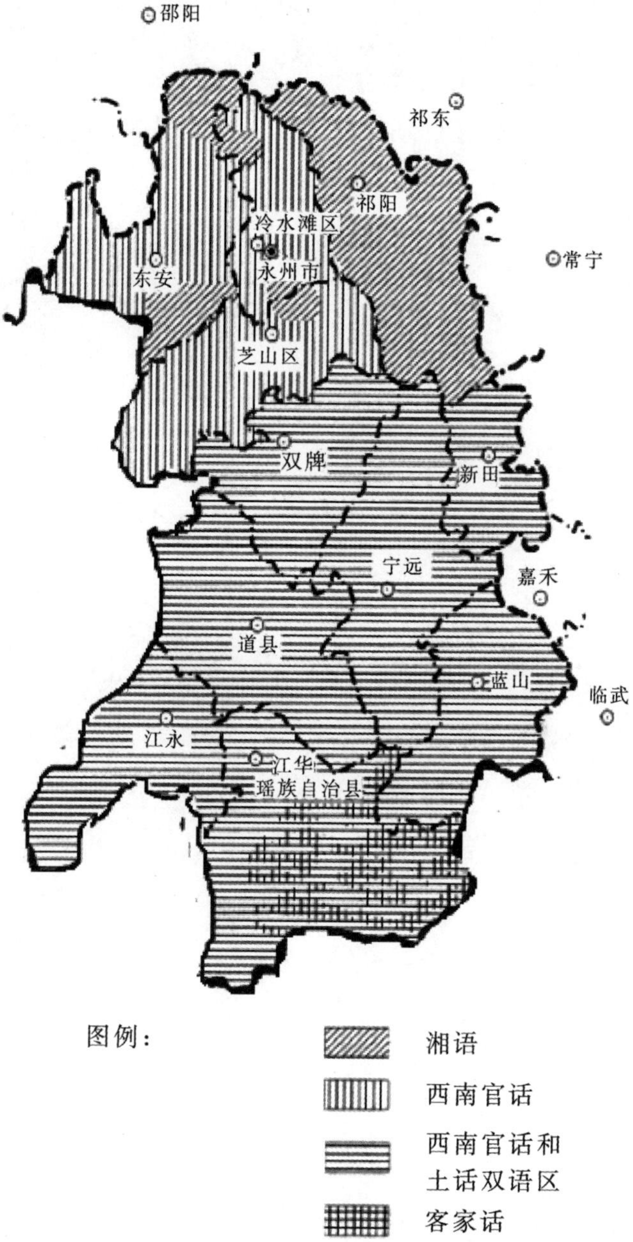
邵阳
祁东
祁阳
冷水滩区
永州市
东安
常宁
芝山区
双牌
新田
宁远
嘉禾
道县
蓝山
临武
江永
江华
瑶族自治县
图例：
湘语
西南官话
西南官话和
土话双语区
客家话

永州方言分区示意图

目录

概　述

一　永州市地理概况

永州市位于湖南省南部，东连郴州市的临武、嘉禾、桂阳和衡阳市的常宁，南界广东连州、广西的贺州与富川二县，西接广西桂林的全州、灌阳，北邻衡阳市的祁东和邵阳市的邵阳、新宁二县。所辖区域位于北纬24°39′至26°51′、东经111°06′至112°21′之间，南北相距最长245千米，东西相间最宽144千米，土地总面积2.24万平方千米。

永州市境内地貌复杂多样，河川溪涧纵横交错，山岗盆地相间分布。湘江经西向东穿越零祁盆地，潇水自南至北纵贯全境；越城岭—四明山系、都庞岭—阳明山系和萌渚岭—九嶷山系三大山系将永州分隔成南北两大相对独立的部分，在三大山系及其支脉的围夹下，构成零祁、道江两个半封闭型的山间盆地。零祁盆地位于永州北部，面积约855.4万亩，盆地内地势低平开阔，其周围由北面的四明山、西北的越城岭、南面的紫金山、东南面的阳明山相环绕，东北向衡阳盆地敞口。道江盆地位于永州南部，面积1024.27万亩，盆地内丘岗起伏，耕地连片；盆地东面向郴州、永兴盆地开口，西南成狭长谷地向江永、江华南部延伸，形成贯穿湖广的交通走廊；盆地外周由北面的阳明山、西北的紫金山、西面的都庞岭、南面的萌渚岭—九嶷山围隔而成。

永州主要河流有湘江、潇水、宁远河、泠江、白水、祁水、春陵水、永明河等。水系主要有以下三个特征：一是河流纵横，呈树枝状分布。绝大多数河流从西北、中部、南部三大山系发源，穿山绕岭，逐级汇流，形成树枝状流域网，汇集于潇湘二水，最后从零祁盆地东北口流出，注入洞庭湖。二是河流水量大，易涨易涸。永州河流总水量占湖南省河流年均总水量的 11.1%。其水源主要靠自然降水，因而年内各季的水位变化大。春末夏初的暴雨期，各河流会出现短期洪汛，水位差在 5—18 米，径流量超过正常值的几倍甚至几十倍。而秋冬枯水季节，水流量急剧减少，有的甚至会断流。三是河床坡降大，谷深流急。南岭山地相对高差大，地势比降达 2.7—20%。穿越这里的河流下切，河道窄而切割深，水流湍急，落差较大。

二　永州历史沿革

永州历史悠久，在石器时代晚期，已有人类栖息。今永州市黄田铺尚存的人类遗址——石棚，据考证为距今 2 万年的人类栖息场所（一说为原始宗教祭祀处）。约五千年前左右，人类由母系氏族社会进入父系氏族社会后，相传炎帝为南方氏族部落联盟首领，今零陵境域当属炎帝势力范围。原始社会末期，相传南方的缙云氏后代在今长沙一带建立三苗国，零陵属其江南地。舜帝灭三苗受禅为部落联盟首领，其弟象封于有庳（今双牌县江村一带），表明此时零陵已属舜的势力范围。

禹继舜为部落联盟首领，其子启建立我国第一个奴隶制政权——夏，零陵属夏代荆州之域，殷商、西周因之。

春秋战国时期，南方楚国成七雄之一，零陵属楚国南境。

秦始皇二十六年（前 221），秦王朝实行郡县制，将全国划分为 36 郡，零陵属长沙郡。

西汉初年，郡县制与封国制并行，鄱阳令吴芮封为长沙王，原长沙郡地成为长沙国，零陵属之。

西汉武帝元鼎六年（前 111），析长沙郡置零陵郡，郡治零陵（治所在今广西壮族自治区全州县西南）。元封五年（前 106），郡上设州，零陵郡属荆州。居摄元年（6），王莽改零陵郡为九嶷郡，仍隶属荆州。

东汉光武帝建武元年（25），改九嶷郡为零陵郡，迁郡治于泉陵（治所位于今永州市北1千米），仍属荆州。汉献帝建安三年（198），荆州牧刘表攻占零陵，零陵境域属刘表势力范围。建安十三年（208），赤壁之战后刘备代刘表领荆州牧，以诸葛亮督长沙、零陵、桂阳三郡军事及赋税，零陵属刘备的势力范围。建安二十年（215），刘备与孙权言和，双方以湘水为东西界，长沙、江夏、桂阳以东属吴，零陵、武陵以西属蜀。

三国蜀昭烈帝章武三年（223），刘备病故，零陵郡地入东吴。吴末帝甘露元年（265）分零陵南部置始安郡（今广西桂林市）。吴末帝宝鼎元年（266），析零陵郡置营阳郡，郡治营浦（今道县）；划出零陵郡北部置邵陵郡（今邵阳市）；零陵、营阳二郡属吴荆州之地。

西晋武帝太康元年（280）吞并东吴，分全国为19州，废营阳郡入零陵郡，属西晋之荆州。晋怀帝永嘉元年（307），析荆州、广州所辖9郡置湘州，零陵郡属之。

东晋穆帝永和年间（345年—356），析零陵郡复置营阳郡，仍治营浦，属湘州。安帝义熙十二年（417），废湘州，零陵、营阳二郡属荆州。

南北朝时期，梁武帝天监十四年（515），改营阳郡为永阳郡。陈改永阳郡为营州永阳郡。零陵、永阳二郡属湘州。

隋文帝开皇九年（589），废零陵、永阳二郡，因零陵郡治西南有“永山、永水”之名者，故置永州总管府，永州之名始称于世。隋炀帝大业三年（607），改州为郡，改永州总管府为零陵郡。

唐高祖武德四年（621），废零陵郡置永州、营州。武德五年，改营州为南营州。唐太宗贞观八年（634），改营州为道州。贞观十年（636），分全国为10道，永州、道州属江南道。贞观十七年（643），撤道州并入永州。唐高宗上元二年（675），复析永州置道州。唐玄宗开元二十一年（733），分全国为15道，永州、道州属江南西道。天宝元年（742），改永州为零陵郡，道州为江华郡。唐肃宗乾元元年（758）复称永州、道州。

五代十国时期，后梁太祖开平元年（907），武安节度使马殷为楚王。后唐明宗天成二年（927），马殷建立楚国，永、道二州属马氏楚国势力范围。后周太祖广顺元年（951），南唐出兵灭楚，永州、道州地入南唐。周世宗时授周行逢为武平军节度使兼侍中，“尽领湖南之地”，永州、道州属周行逢领地。

宋太祖建隆元年（960），分全国为13道，永、道二州属江南西道。太宗淳化五年（994），废道，改江南西道为荆湖路，永、道二州属之。至道三年（997），分荆湖路为荆湖南、北两路，永、道二州属荆湖南路。

元世祖至元八年（1271），分全国为10行省，永、道二州属湖广行省。至元十三年（1276），置永州、道州安抚司。次年，永、道二州安抚司改称永州路、道州路总管府，隶属湖广行省湖南道宣慰司。

明太祖洪武元年（1368），改永州路、道州路为永州府、道州府，属湖广行省。洪武九年（1376），道州由府降为州，属永州府；改湖广行省为湖广承宣布政使司，永州府属之。

清顺治元年（1644），分全国为15省，分湖广承宣布政使司为湖广左、右承宣布政使司，永州府属湖广右承宣布政使司。康熙三年（1664），改湖广右承宣布政使司为湖南省，省下设道，永州府属湖南省衡永郴桂道。

民国三年（1914），湖南省改衡永郴桂道为衡阳道，零陵境域属之。民国十一年（1922），湖南省撤销道，仅存省、县两级。民国二十五年（1936），国民政府行政院颁布《行政督察区专员公署暂行条例》，次年12月，正式划分行政督察区，零陵、祁阳、新田、宁远、江华、道县、东安、永明等8县属湖南省第九行政督察区。民国二十九年（1940）4月，湖南省分为10个行政督察区，原第九区所属各县改属第七行政督察区。

新中国成立后成立永州专区，后改为零陵专区、零陵地区。1995年11月，撤销零陵地区和县级永州市、冷水滩市，设立地级永州市。其后内部政区几经调整，逐渐固定，永州市现辖冷水滩、零陵两区和祁阳、东安、双牌、道县、宁远、江永、江华、新田、蓝山9县（市），金洞、回龙圩2个管理区和永州市经济技术区，共188个乡镇，5000多个行政村。市政府驻地为冷水滩区。据2020年度统计，常住人口为528.98万人。有瑶、壮、苗、侗、回、土家等35个少数民族。

表1 地级永州市建制沿革表

朝代	区域名称	治所	隶属	辖县	备注
西汉	零陵郡	零陵县	荆州	零陵、营道、洮阳、泠道、始安、营浦、钟武、泉陵、都梁、夫夷	武帝元鼎六年（前111）置，居摄元年（6）改为九疑郡泉陵、都梁、夫夷为侯国，舂陵侯国地属泠道县
东汉	零陵郡	泉陵县	荆州	泉陵、营道、洮阳、泠道、营浦、都梁、零陵、湘乡、夫夷、始安、重安、昭阳、燕阳	光武帝建武元年（25）复置，舂陵侯国徙南阳，泉陵侯国改为泉陵县
三国吴	零陵郡	泉陵县	荆州	泉陵、祁阳、永昌、零陵、洮阳、观阳	末帝宝鼎元年（265）析零陵郡置
	营阳郡	营浦		营浦、营道、舂阳、泠道	
西晋	零陵郡	泉陵县	湘州	泉陵、祁阳、永昌、零陵、洮阳、观阳、营浦、营道、泠道、舂阳、应阳	怀帝永嘉元年（307）由荆州改属湘州
东晋	零陵郡	泉陵县	荆州	泉陵、祁阳、应阳、永昌、零陵、洮阳、观阳	安帝义熙十三年（417）省湘州，仍属荆州
	营阳郡	营浦县		营浦、舂陵、泠道、营道	

续表

朝代	区域名称	治所	隶属	辖县	备注
南朝	零陵郡	泉陵	湘州	祁阳、永昌、应阳、泉陵、洮阳、零陵、观阳	
	营州永阳郡	营浦		营浦、营道、春陵、泠道	梁天监十四年（515）改永阳郡，陈改营州永阳郡
隋	永州总管府	泉陵县	湘州	零陵、湘源、永阳、营道、冯乘	炀帝大业三年（607）复称零陵郡
唐	永州	零陵	江南西道	零陵、祁阳、湘源、灌阳	贞观十年（636）属江南道，开元二十一年（733）分全国为15道，属江南西道天宝元年（742）改州为郡，肃宗乾元元年（758）复为州
	道州	宏道		宏道、延唐、江华、永明、大历	高祖武德四年（621）为营州，五年为南营州，太宗贞观八年（634）为道州，十七年（643）并入永州，高宗上元二年（675）复置，天宝元年（742）改为郡，乾元元年（758）复为州
五代	永州	零陵	江南西道	零陵、祁阳	后唐明宗天成二年（927）马殷建立楚国，属楚，后周太祖广顺元年（951）
	道州	宏道		宏道、延熹、大历、江华、永明	属南唐，周世宗时，属周行逢领地
宋	永州	零陵	荆湖南路	零陵、祁阳、东安	太祖建隆元年（960）分全国为13道，属江南西道，太宗淳化五年（994）废道，改为荆湖路，至道三年（997）荆湖路分为南、北两路
	道州	营道		营道、宁远、江华、永明	

续表

朝代	区域名称	治所	隶属	辖县	备注
元	永州路	零陵	湖南道宣慰司	零陵、祁阳、东安	世祖至元十三年（1283）废州置安抚司，次年改称路
	道州路	营道		营道、宁远、江华、永明	
明	永州府	零 陵	湖广承宣布政使司	零陵、道州、祁阳、东安、宁远、江华、永明、新田	太祖洪武九年（1376）道州府降为州
清	永州府	零陵	湖南省衡永郴桂道	零陵、道州、祁阳、东安、宁远、江华、永明、新田	圣祖康熙三年（1664）改湖广右承宣布政使司为湖南省，下设长宝、长常澧、辰沅永靖、衡永郴桂四道
民国时期	湖南省第九行政督察区	零陵	湖南省	零陵、祁阳、道县、东安、宁远、新田、江华、永明	民国二十六年（1937）12月设立
	湖南省第七行政督察区	零陵		零陵、祁阳、道县、东安、宁远、新田、江华、永明	民国二十九年（1940）4月设立
中华人民共和国	零陵地区	永州市	湖南省	永州市、冷水滩市、祁阳、东安、双牌、道县、宁远、新田、蓝山、江华、江永	1952 年 11 月并入湘南行政区。 1962 年 12 月恢复零陵专区，蓝山县始划入零陵专区。 1969 年改为零陵地区。
	永州市	芝山/冷水滩		芝山区、冷水滩区、祁阳、东安、双牌、道县、宁远、新田、蓝山、江华、江永	1995 年 11 月撤销零陵地区，设立地级永州市，市政府驻芝山区，2000 年迁往冷水滩。 2005 年芝山区复名零陵区。

三　本书使用的音标和符号

本书用国际音标记录声母、韵母，所使用的辅音、元音见表 2、

表3。

表2　本书所用辅音符号表

			双唇	唇齿	舌尖前	舌尖中	舌尖后	舌面	舌叶音	舌根	喉音
塞音	清	不送气	P			t				k	
		送气	ph			th				kh	
	浊		b			d				g	
塞擦音	清	不送气			ʦ		tʂ	ʨ	ʧ		
	浊	送气			ʦh		tʂh	ʨh	ʧh		
					ʣ		dʐ	ʥ	ʤ		
鼻音			m			n		ȵ		ŋ	
边音						l					
擦音	清		ɸ	f	s		ʂ	ɕ	ʃ	x	h
	浊		β	v	z		ʐ	ʑ	ʒ	ɣ	ɦ

零声母用 Ø 表示。

表3　本书所用元音符号表

舌面元音						舌尖元音	
	前		央	后		前	后
	不圆唇	圆唇		不圆唇	圆唇		
高	i	y			u	ɿʮ	ʅʯ
半高	e				o		
中			ə				
半低	ɛ æ	œ			ɔ		
低	a		8 1	35 D	ɑ	4 3 8	

声调采用“五度标记法”标记调值，数字“1、2、3、4、5"分别代表“低、半低、中、半高、高”，字调标在音标后面。

第一章　永州境内的语言状况

第一节　永州境内的语言分布

在永州市境内，不仅有湘语、西南官话、土话等汉语方言的分布，也有瑶语、壮语等少数民族语言的存在。下面分类说明：

一　汉语方言

（一）湘语

永州境内的湘语属于湘语永全片，共 8 个县市，使用人口约 31 万。内部还可以划分为两个小片：

一是东祁小片：共 4 个县市，使用人口约 229 万。主要分布在永州市辖的两个区（冷水滩区普利桥镇、花桥街镇和岚角山镇部分地区、零陵区接履桥一带）、东安县（花桥、南镇、大盛、大水、易江等地；中田、新圩；井头圩、石期市、白牙市镇、大江口、台凡市等地；高峰、紫溪市、狮子铺、横塘等地）、祁阳县、祁东县。

二是道江小片：共 4 个县，使用人口约 82 万。主要分布于道县西部、北部、西北、西南，以祥霖铺话、寿雁话为代表；江永县的城关、夏层铺、桃川、松柏等地；江华瑶族自治县的岭西、小圩、码市三片的梧州话和上五堡片的七都话、白芒营片的八都话；新田县“南乡”的茂家、知市坪、大坪塘、十字、枧头、三井、新圩、高山、新隆、金盆圩、石羊、陶岭以及“北乡”龙泉镇的个别村落。

（二）西南官话

永州的西南官话属于西南官话永郴片，下面再分为两个小片：

一是永北小片：共3个县市，使用人口约159万。具体分布：永州市的冷水滩区大部分地区，普利桥、花桥街和岚角山等双方言区也通行官话；零陵区大部分说官话，接履桥部分双方言区也通行官话；东安县的白牙市镇、芦洪市镇、黄泥洞林场、鹿马桥、大庙口林场、紫溪市的三分之一说官话，花桥、中田、井头圩、高峰等双方言区也通行官话；双牌县大部分说官话，江村镇、理家坪乡等双方言区也通行官话。

二是永南小片：共6个县市，使用人口约253万。具体分布：道县除双方言区外，主要分布在原道江镇（现为濂溪、西洲街道）、四马桥、清溪、梅花、寿雁、仙子脚、月岩林场等；江永县除双方言区外，主要分布在红星乡、桥头卜乡、大干乡、铜山岭农场、粗石江乡等；江华瑶族自治县除双方言区外，主要分布在沱江镇、东田镇等地；新田县除双方言区外，主要分布在城关、城东、田家、骥村、冷水井、门楼下、莲花等乡镇；宁远县除双方言区外，主要分布在鲤溪镇、柏家坪、湾井镇；蓝山县除双方言区外，主要分布在西南山区的荆竹、大桥、只良、所城、汇源、大麻、尖洞等乡和东北边的火市乡八甲村。

（三）土话

湘南土话的概念来源于《中国语言地图集》（1987），该书认为在湖南省的南部一带，有一些未分区的汉语方言，称为湘南土话，“分布于郴州市、郴县、宜章县、桂阳县、临武县、嘉禾县、新田县、蓝山县、宁远县、江华瑶族自治县、江永县、道县、双牌县、永州市、零陵县、东安县等16个县市。”同时指出这一带还是土话和西南官话的双方言区。《湖南省的汉语方言（稿）》（陈晖　鲍厚星，2007）认为湘南土话区范围有所缩小，“永州市、东安县的方言划入湘语永全片的东祁小片，道县、江永县、江华瑶族自治县、新田县等四县一些乡镇的方言划入永全片的道江小片。因此，永州市辖域内的湘南土话只分布在蓝山县、新田县、宁远县、道县、双牌县、江华瑶族自治县、江永县。”实际上，冷水滩、零陵区内也有零星分布有土话，如岚角山、邮亭圩等地。

（四）平话

平话主要分布在宁远县，此外，新田、蓝山与宁远交界的少数村庄也讲平话。李连进认为“湖南省南部的宁远、道县、蓝山、通道等县是最北端的桂北平话区，由于受周边的西南官话和南部湘语的双重影响，叠置的异质成分复杂，与诸平话次方言的差异最大”。但据了解，除了与宁远交界的少数村庄以外，蓝山境内基本没有平话，道县境内所谓“平话”的性质也需进一步确定。

（五）客家话

永州南部部分乡村有少量的客家话，分布于新田门楼下乡长田村，江华桥头铺镇部分村落、沱江镇部分村落，江华东田镇阳华庙村、蔡园林家。

（六）粤语

江永境内有少量的粤语，分布在江永县粗石江镇鸡咀营村和桃川镇石视村。

以上内容详见陈晖、鲍厚星（2007）《湖南省的汉语方言（稿）》。

二　少数民族语言

（一）瑶语

瑶语是永州南部主要的少数民族语言，在江华瑶族自治县、蓝山、道县、江永都有分布，其中以江华瑶族自治县的使用范围最广。蓝山境内的瑶语主要分布在荆竹瑶族乡、紫良瑶族乡、汇源瑶族乡、犁头瑶族乡、浆洞瑶族乡等民族乡；道县境内的瑶语主要分布在洪塘营瑶族乡、横岭瑶族乡、井塘瑶族乡等民族乡；江永境内的瑶语主要分布在粗石江镇、清溪源乡。

（二）壮语

壮语主要分布在江华清塘壮族乡。

三 双方言情况

永州辖区境内双语、双方言现象的非常普遍。一般来说，双方言地带的居民在现实语言生活中会根据交际场合的不同，选择不同的语码。本区域的双方言主要是西南官话和湘南土话，说双方言的人一般是对内说土话，对外说官话。比如说，家里正在讲土话，来了说官话的客人，就转用官话；村里平时说土话，但如果有只说官话的人在场，大家也说官话，听众也无障碍。《嘉庆道州志》（1812）《风土卷》方言栏载："乡间皆有土话，与官话全异，虽生长于斯者亦难通晓，不知自何时而永、道、江，数邑皆然。"双方言区的方言由于相互间的长期共存而相互影响，一方面使土话有了官话的成分，另一方面也使这里的官话有了有别于其他地区的西南官话的一些特点。

湘南土话的特点之一是内部差异性大，可以分出许多种类，每种土话的特点都很明显，相互之间大多不能通话。下图中每一个序号代表一种当地的不同土话。

官话在各县与不同的一种或多种土话相对待构成双方言。如在东安县，其官话与花桥土话、新圩江土话、井头圩土话、高峰土话相对待；在新田县，其官话与南乡土话、北乡土话相对待；等等。除了部分地区是双方言区以外，也存在纯官话区域。上图中加横线的区域为土话区，也都是土话与官话的双方言区，但同一县区里空白的部分则基本上是纯官话区，也有少数是官话与湘语或客家话或瑶语的双语区。实际上没有一个县区是整个为双方言区的。

官话往往以各县区的城区为中心，形成纯官话区，可分四种情况：

①以各县区的城区为中心在绝大范围内形成纯官话区，只有边远乡村存在少量的"土话—官话"双方言区，如零陵、冷水滩、双牌。由于官话与土话的对立并存现象逐渐消失，人们直接把当地官话称为"某某话"，如"零陵话""东安话"等。

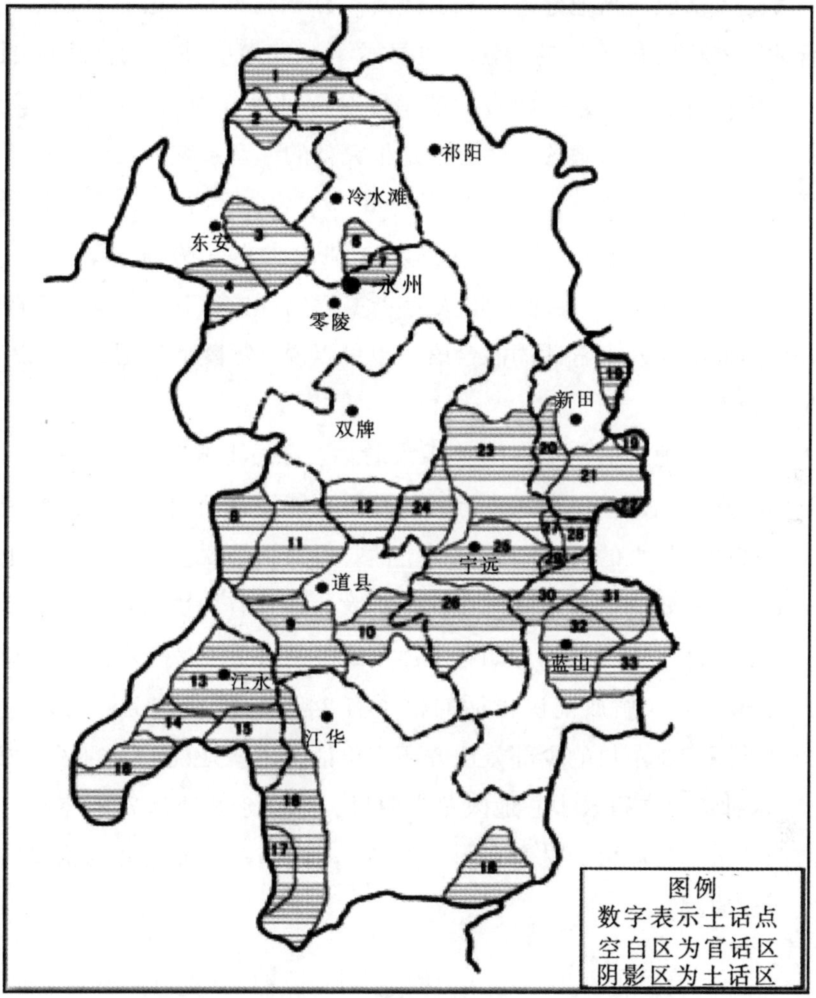

图2　永州境内土话分布图

②以城区为中心在周围较大的范围内形成纯官话区，但县境内也有较大范围的农村为“土话—官话”双方言区，如江华、新田、道县。

③仅县城为纯官话区，周边农村均为“土话—官话”双方言区，如东安。

④县城主要讲官话，但县城居民对内也讲土话，与广大乡村一样均属于双方言区，如江永、宁远、蓝山。

同时，虽然各县区都有本地的官话，但几乎各地官话之间都存在差异，本地人都能清晰地分辨出来，故有“江永官话”“道县官话”“宁远官话”“新田官话”的说法，也显示了与湘南以外的西南官话的区别。从语音特点来看，西南官话湘南片至少可以分为两个小片：零陵、冷水滩、东安县、双牌的官话有不是很完整的浊音系统，其他区域无浊音系统。如永州零陵、冷水滩有［b、d、z、ʑ、ɣ］五个“正在走向清化，浊音特色不太强”的浊音声母（《湖南省志·方言志》，2001）。《零陵县志》（1992）甚至因此认为“零陵属湘方言区”，说“零陵话可以说是湘语与西南官话的混合语。也可以说，零陵话底层是湘语，表层是西南官话”。

从永州各地官话与土话的关系来看，“官强土弱”的情况很明显。尽管存在众多土话，但官话占有强势地位。能说官话的人不一定能说土话，在官话区长大的人一般不会说土话；反之，能说土话的人几乎都能说官话。更重要的是，官话区在逐渐扩大，并且有加快的趋势，这几乎在每个县区都可以观察到。如唐玉萍（2008）指出：“冷水滩区的岚角山镇共30个村，解放前讲土话的村子有24个，现在讲土话的只有16个，另外还有3个村的少部分地方还讲土话，也就是说土话的区域缩小了。”这种情况在行政中心地区尤为明显，如在永州市所辖的零陵、冷水滩两个区。具体可参见谢奇勇（2017）《西南官话湘南片的格局特点及其形成原因》。

第二节　永州方言的源流及演变

上古时期，湖南境内主要居住有“三苗”部落。后来，三苗部落在长江区域建立了楚国政权，史称“荆蛮”。由于地理位置特殊，楚国的语言跟北方的华夏语、西方的藏缅语、南方的苗瑶语以及东南的壮侗语可能都有接触，因此楚国的汉语应该吸收了多种少数民族语言成分。

最早记录楚国语言情况的材料出现在《左传》里。《左传·庄公二十八年》记载楚国令尹子元讨伐郑国，“众车入自纯门，及逵市。县门不发，楚言而出”。可见当时楚国人说的语言已经叫做“楚言”，与中原诸侯国所说的话不同。《孟子·滕文公上》记载孟子在讥讽楚人许行的时候也说“今也南蛮鴃舌之人”。但是既然许行能够“自楚之滕”去宣扬他的学说，而且能与“自宋之滕”的陈相兄弟进行交流，所以当时的楚语虽然与北方中原地区的语言有差别，但是仍然属于汉语的一种方言。

春秋战国时代的古代楚语到了汉代以后有了新的变化。扬雄《方言》、许慎《说文解字》、晋郭璞《方言注》等屡次提到楚语或楚语的使用地域：荆楚、南楚、东楚、荆汝江湘、江湘之间、江湘九嶷、九嶷湘潭。这些古地名所代表的地域大致相当于今湖北、湖南两省，其中“南楚”（其辖地今多属湖南省）多次从“楚”分出，林语堂、罗常培、周祖谟等学者也都认为“南楚”的方言与其他不同，可以独立出来。可见楚语进入湖南，与湖南土著民所操的语言发生碰撞，形成了一种新的方言——南楚方言。因此可以认为“古楚语”是古湘语的源头，而“南楚方言”就是现代湘语的前身。（胡萍，2017）。《方言》的不少条目中的词语，在今天的湘方言依然可以找到踪迹。如：《方言》卷十：“崽者，子也。湘沅之会，凡言是子者，谓之崽，若东齐言子也。”这个条目记载的“崽”是湘方言的一个重要特征词。普通话说“我的儿子”，在湘方言说“我的崽”。

历代移民对今湘方言的形成有相当大的影响。“五代以前，湖南人多来自北方；五代以后，湖南人多来自东方。”（谭其骧，1933）历代北方方言在五代以前对古湘语的影响奠定了今湘方言的基础，这种影响的态势是：自北而南，逐渐减弱。这造成古湘语北部大变，中部留滞，南部复杂。湘南地区的底层方言是湘方言，只是与中北部的湘方言有一定的差异。五代以后，大批东方客赣方言区移民的到来，使得湖南方言形成了现在的局面：一是在湘东形成北南狭长地带的赣语区，完全替代了原有的湘语；二是在湘中、湘西南使一些地方的方言带上了不同程度的客赣语方言色彩。

在湘南地区永州一带，这种影响是一个自东而西的过程，即自现在的郴州东部地区起，至永州西部以及广西桂林、贺州地区。其基本态势是：自东而西，逐渐减弱。正如谭其骧（1933）所揭示的：“江西移民……自东北至于西南，以次递减，适与各地距江西之远近成正比例。”也就是说，客赣方言对永州地区的影响表现为原来的湘方言带上不同程度的客赣语方言色彩，但不改变湘方言的性质，并且由于这种混合、改变的程度不一样，致使形成了复杂的内部差异。

官话的进入是对湘南地区汉语方言格局形成的又一次大的影响。湖南南部地区的官话具体何时形成，由于缺乏文献的记载已经无法考证。有学者认为，湖南南部官话与宋朝至明朝时期军队驻扎有关，开始在军队和政府内部流通。可以肯定，至少清朝已经有了相当一部分人开始使用官话了，因为清朝到民国的一些地方志明确记载已经有了官话。如道光《永州府志》：“所说皆官话，明白易晓，其间不同者，则四方杂迹，言语各别，声音亦异，其类甚多。”清朝同治《江华县志》记载：“邑人何景槐曰：江邑所说皆官话，明白易晓。其间不同者，由四方杂迹，言语各别，声音异其类，甚多能悉记。”周振鹤、游汝杰（1985）指出：湖南“官话的影响来自两个方面。一是从湖北来，自北而南沿沅澧二水流域向上游推进，并且影响湘资下游，这一影响从北到南有所减弱。……二是从广西来，这一路影响分成两支。一支北上靖县一带，结合来自湖北的影响，使靖县方言官话化，使会同、通道、黔阳方言带有湘语北片特征。另一支自西向东进入湘南，与湘语、赣语接触、交融，形成几类方言混杂的局面。这一路影响经郴县北上一直到邵阳、衡阳一带。”西南官话在湘南地区影响的态势是：官话的影响自西而东，到今郴州苏仙区为边界，再往东的永兴、资兴、汝城为官话与客赣方言接触交融，但不改变客赣方言的性质；北边以永州冷水滩、零陵（其官话明显受湘方言的影响较大）、桂阳为界，其西部北面的邵阳、祁阳是官话与湘方言接触交融的湘方言区，东部北面的常宁、耒阳是官话与赣方言接触交融的赣方言区；南边至广东韶关、连州北部地区也有一定影响。但整体上看，由于五岭的阻隔，行政区划的原因，再加之这一地区有粤方言的强势遏制，使得江永、江华、蓝山、临武、宜章一线成为湘南片官话影响所能到达的南界。这就形成了现在湘南 16 区县的官话分布格局。

西南官话在湘南地区的推进和影响，不像客赣方言那样通过大量移民而来，而是出于官方公共交际的需要，由当地的各个行政中心逐渐扩散而成的。所以，尽管整体上是由西向东推进，但绝不是呈现简单的地理梯次态势，而是从行政中心向乡村辐射的过程。这样的扩展态势，对湘南片官话的格局形成尤为重要。就是说，各行政中心的官话是各自为政，面临着不同的土话去接触、去融合替代，形成独自发展演变的环境。这是湘南地区几乎都以县区为单位构成了多种多样的官话的原因之一。

湘南的地理环境特点也是形成湘南片官话分布格局特点的原因之一。该地区处于五岭南麓，是长江流域的湘江与珠江流域的北江之间的分水岭地区。发源于湘南最南端宜章、临武的乐水、武水向南流入广东韶关地区，汇入北江。桂阳、新田、嘉禾及蓝山中北部西高东低，其主要河流都是湘江支流舂陵水、耒水的支流。湘江主要支流潇水发源于湘南西部的蓝山南部，流经道县、江永、江华，向北在芝山注入湘水。此地水路可向北通行，而陆路则主要是向西或西南（广西桂林、贺州地区）敞开。处于上述两者之间的宁远县东部地区则在舂陵水和潇水这两条湘江支流的分水界上，中西部地区的水流向西汇集，在道县境内注入潇水。这在过去交通线路和工具都落后的时代，对人口迁移来源的影响、对湘南一带东西部地区之间交往的影响都是不言而喻的。由北而南的湘方言会沿不同的湘江支流进入该地区，形成复杂的局面；由东而西的客赣方言要跨越不同的水系和险峻的分水岭地区。这样的地理环境影响了该地区底层方言的形成，也影响了西南官话的进入和在这一地区的分布格局。

土话的存在是永州方言格局的又一大特点。土话的形成与本地区地理上山多林密、历代迁入人口来源复杂等情况密切相关。永州地区处于五岭山脉，山地多，地理情况复杂，复杂的地理环境影响交通，人员往来不便。这种复杂的地理条件使得相距不远的地方所用方言也有差异，也为保存多样化的方言土话提供了空间。同时，历史上迁入本地的人口来源复杂，也是土话形成的又一个重要原因。鲍厚星（2004）总结了湘南移民的3个特点：第一，来源纷繁。五代以前，多来自北方。五代以后，多来自东方。根据湘南各县市地方志的姓氏考源，移民祖籍涉及山东、山西、陕西、甘肃、河南、湖北、辽东、江西、福建、江苏、安徽、广东、广西等地。其中北方移民以山东居多，东部移民以江西为最。第二，迁入年代远近各异。早可追溯至秦，晚近则为明清。第三，辗转各地。移民迁徙途中，常有辗转各地的现象。其中从江西迁入湘南的，有不少并非江西原籍，而是先从北方某地迁至江西，再由江西迁出。湘南在历史上曾属于“南蛮之地”，居住在这里的非汉族居民都说自己的民族语言，随着移民潮一浪接一浪，自晋至清，无有歇息，大大影响了湘南地区的语言格局。今湘南土话正是不同时期汉族移民的历史沉淀以及同当地土著民族互相影响的结果。

第三节　永州方言的内部差异

永州境内的汉语方言是从古汉语发展演变而来，语音、词汇、语法等方面都有某种对应关系。但由于发展的速度、受相邻语言（方言）的影响程度不同，各地方言也有所不同。下面分别从语音、词汇、语法三个方面举例说明。

一　语音方面

（一）字音差异

同一个字在不同的方言中读音不同。如：

祁阳湘语	冷水滩官话	蓝山官话	道县官话	永州岚角山土话
楼 ləu^{22}	ləɯ^{112}	ləo^{21}	ləu^{41}	lei^{33}
床 ʥuaŋ^{22}	zuan^{112}	ʦhɑŋ^{21}	ʦhaã^{41}	zo^{11}

（二）声母差异

永州境内湘语、官话、土话各方言点的声母差异较大，数量以及演变规律都不相同，其中最重要的是中古全浊声母（並、定、群三母）

在今方言里表现不同。例如：

祁阳湘语	冷水滩官话	蓝山官话	道县官话	永州岚角山土话
爬並母	ba^{22}	ba^{112}	pha^{21}	pha^{41} va^{11}
定定母	dĩ^{113}	din^{24}	tiŋ^{324}	tiŋ^{35} dia^{13}
极群母	ʤʅ^{232}	ʒʅ^{112}	tɕiɛ^{21}	tɕi^{41} zɿ^{11}

二　词汇方面

（一）形异义同。同一个事物，在各地方言中名称不同，采用不同的词形书写。如“砚台”在祁阳话中叫“砚池”，蓝山官话叫“墨盘”，冷水滩叫“砚画”；祁阳的“西红柿”在蓝山叫“广东辣椒”，在冷水滩叫“洋辣椒”；“怀孕”祁阳叫“怀身子”，蓝山官话叫“怀毛崽”，冷水滩叫“怀毛毛”。“爷爷”在祁阳话称为“爷爷”或“爹爹”，蓝山叫“公公”，冷水滩叫“爹爹”。

（二）形同义异。如“壮”在冷水滩方言中既可以表示肉肥，也可以表示人胖、动物胖；在蓝山话、祁阳话中只表示动物肥胖，人胖则用“胖”。动词“喝”在冷水滩话中可以和“气”搭配，“吸气”说成“喝气”，祁阳、蓝山等地说“吸气”；但跟“烟”的搭配又有不同：冷水滩、祁阳说“吃烟”，蓝山说“喝烟”。“稀”既可以表示“稀疏”，也可以表示“稀饭”水多，后者在冷水滩也说“清”、祁阳还说“洋”。“茶”在部分地方是“中药”的讳称，如蓝山说成“喜茶”，本地其他地方少见。

三　语法方面

语法方面的差异体现在以下几个方面：

（一）名词词缀及其用法不同。一般来说，方言中名词词缀用“子”尾的比较多，在冷水滩、零陵、祁阳等地，还有古、牯子、佬、拐等可以作名词后缀，如凼古（水坑）、兵牯子（当兵的）、杀猪佬（屠夫）、哈气拐（傻子）；祁阳话常用“则”，如婶则（婶婶）、姨则

（姨妈）。

（二）通用量词有差异。“只”是湘语和赣语的通用量词，如祁阳话广泛使用“只”，无论是马、牛、猪、鸡，还是树、车、桌子，甚至嘴巴，都可以用“只”。但在其他方言点中，通用量词还有“个”“条”等。

（三）表被动的标记词差异较大。例如“帽子被风吹走了”在各地说成：冷水滩、零陵等地用“兜倒”：帽子兜倒风吹走嘎了。祁阳等地用“得”：帽子得风吹走呱了。蓝山等地用“给”：帽子给风吹走了。

（四）表否定的副词有所不同。例如“我不抽烟”在各地说成：

零陵老派否定副词有“很”：我很抽烟。

冷水滩、蓝山、蓝山等地用“不”：我不抽烟。

第二章　语音

第一节　各县区方言音系

由于各县区内部方言不尽相同，不同乡镇、甚至不同村的方言都有较大差异，因此，我们按照通行做法，以县区政府所在地的方言为代表，记录其音系。因本地区土话比较复杂，也酌选两种罗列于后。

一　零陵方言音系（官话）

1. 声母（22 个）

p 波疤冰	ph 破怕拼	m 磨埋门民		v 符无胡
t 多答堆灯	th 拖胎推吞	n 糯暖嫩脑		l 冷罗列徒努惰
ʦ 桌资追中	ʦh 此插吹冲	s 锁沙思昨坐罪		
ʨ 姐周尖鸡	ʨh 区车迁起	ȵ 虐严业	ɕ 向削设喜	ʑ 斜象受
k 歌姑街	kh 科苦开	ŋ 鹅额矮	x 喝货肤飞	ɣ 祸壶卫
Ø 衣阿婆白				

声母说明：

①［ʑ］和［ɣ］摩擦较弱，是清擦浊流。［ʑ］的发音部位略微靠后。

②［v］和［u］相拼时实际音值为［β］。

③［ʨ、ʨh、ɕ］与［i］相拼时实际音值近似［ʧ、ʧh、ʃ］。

2. 韵母

ɿ 资齿词示	i 鸡妻西其	u 布图楚务	y 猪书举雨
a 疤沙辣	ia 家虾芽	ua 瓜花爬	
o 波昨火贺	io 角学药	uo 婆薄	
		ui 被	
e 北德麦儿	ie 跌接写夜	ue 活$_{白}$或	ye 决血月别
ai 摆灾鞋艾		uai 怀排败快	
ei 杯梅妹		uei 堆桂飞陪胃	
ao 包老袄	iao 标烧赵咬	uao 袍抱刨	
əɯ 头沟后	iəɯ 丢抽手有	uəɯ 浮	
ã 班帮单当	iã 良章央	uã 庄双晚	
		uæ̃端酸碗	
ən 崩争更恩	iẽ 边尖前盐	uən 昆婚盆文份	yẽ 砖选全辩
in 兵惊丞饮			yn 军纯贫评
oŋ 东松红翁	ioŋ 兄穷用	uoŋ 朋彭凤	
m̍ 姆			
ŋ̍ 嗯			

韵母说明：

① ［e、ie、ue、ye］中的［e］音值近［ᴇ］；［ai uai］韵母的主要元音音值近［ɐ］；

② ［ən、uən、in、yn］中的［n］音值不稳定，有时为鼻化。

3. 声调（4 个）

阴平 13　诗西夫枉杀法

阳平 33　瓷齐壶凡杂滑

上声 55　死洗虎往傻瓦

去声 24　四细付饭价话

声调说明：

①阴平的实际调值为 23。

②上声的调值有时是45。

二　冷水滩方言音系（市区、官话）

1. 声母（共30个）

p 八兵波包	ph 怕判派片	b 爬病肥饭$_{\text{白}}$	m 麦明	f 飞风副蜂$_{\text{文}}$	v 饭$_{\text{文}}$问符无
t 多东端刀	th 透讨天听	d 甜毒同桃	n 脑南		l 老蓝连路
ts 资刺竹纸	tsh 草寸拆初			s 丝三酸山双	z 字坐茶事
tʃ 急季汁吸	tʃh 七尺吃			ʃ 十习失实	ʒ 十$_{\text{白}}$日池迟
tɕ 酒张主九	tɕh 清抽车春		ȵ 年泥	ɕ 想手书软响	ʑ 船城热县
k 高共规钩	kh 开亏靠敲		ŋ 熬安藕暗	x 飞$_{\text{白}}$风$_{\text{白}}$副$_{\text{白}}$好	ɦ 活咸汗还
Ø 味月温药					

声母说明：

①浊声母b、d、g、v等的摩擦较弱。

2. 韵母（34个）

ɿ 紫师丝试	i 米一西地	u 苦五骨谷	y 猪雨出橘局
ʅ 戏十急直尺锡			
a 茶塔鸭法八	ia 家甲夹哑	ua 瓦刮花发	
e 北色白黑	ie 写接贴热节	ue 活国或	ye 月越缺靴
ɔ 宝饱豪闹	iɔ 笑桥烧小		
o 歌坐过盒托	io 勺脚药学		
æ 开排鞋二		uæ 快怪淮外	
eɪ 赔辈美泪		ueɪ 追岁鬼挥	
əɯ 豆走亩偷	iəɯ 丢牛油周		
an 南山半糖讲$_{\text{白}}$	ian 响良想丈	uan 短官床王	
	ien 盐年边面	yen 权专远软	
ən 根寸灯硬争		uən 滚奋温蚊	
	in 心深升病星	yn 春云军唇	
oŋ 东碰猛洞	ioŋ 兄用荣穷		
m 姆			

韵母说明：

①［oŋ］［ioŋ］的鼻音韵尾实际发音比较靠前。

②［æ］的发音有时舌位稍高一点。

3. 声调（4 个）

阴平 33　　东风通春搭节急拍

阳平 112　　门铜糖六麦毒罚

上声 55　　懂九讨草买老五有

去声 24　　冻怪半快卖乱动罪

声调说明：

①阴平的末尾有略微上升的趋势，在单字调中更为明显。

②阳平记为［112］，但实际发音有的接近［113］。

三　双牌方言音系（城关镇、官话）

1. 声母（共 23 个）

p 播保板爸	ph 坡匹派潘	b 败拔逢凤	m 买灭马明		
t 搭刀东呆	th 塔太讨通	d 达逃图夺	l 李老脸怒		
ts 早灾纸租	tsh 撮猜草差			s 师三山所	z 曹慈是肉
tɕ 鸡姐借周	tɕh 妻车彻区		ȵ 力女你捏	ɕ 西向小	ʑ 霞十斜
k 届改贵沟	kh 客扣跪坑		ŋ 额恩牙夹	x 黑灰分	ɣ 核孩户
ø 亚玉衣					

声母说明：

①鼻边音大部分混读，一般读作［l］；少数字读成鼻音［n］，在和齐齿呼和撮口呼的韵母相拼时读成［ȵ］，但是由于与［n］是互补关系，姑统一记为［ȵ］。

②声母［tɕ、tɕh、ɕ、ʑ］在和［i］相拼时实际发音是［ʧ、ʧh、ʃ、ʒ］。

2. 韵母（共 33 个）

ɿ 志次思齿	i 一比秘移	u 吴五不度	y 鱼羽女住

a 阿麻拉擦	ia 加恰牙霞	ua 花娃瓜发	
o 恶火夺落		yo 鹊药脚削	
e 耳色给儿	ie 叶列铁爹	ue 国或忽获	ye 越决血雪
ai 矮海晒还		uai 怪外坏帅	
ei 倍配妹累		uei 回位喂脆	
ao 报毛造包	iao 摇叫烧桥		
əu 呕狗豆抠	iu 由牛州周		
ã 暗敢党烂	iã 央良向养	uã 装窗床双	
uɛ 汪碗官欢			
ẽ 恩存更根	iẽ 烟连天脸	uẽ 温昏滚分	yẽ 原专穿宣
in 因冰名林		yn 运菌军纯	
oŋ 翁风工龙		yŋ 容兄雄穷	

韵母说明：

在［ã、ẽ、iẽ、uẽ、yẽ］中［a］、［e］读成鼻音，但是不很稳定。

3. 声调（4 个）

阴平 33　拉依科屋希一七

阳平 13　移宜胡离席白乏

上声 55　以喇椅虎你喜唾

去声 35　义那意户荔细企

声调说明：

阳平实际读音调值为 23，与阴平调值接近，但是为了保证系统完整性，记为 13。

四　东安方言音系（白牙市、官话）

1. 声母（共 29 个）

p 布包笔百	ph 怕判品漂	b 步婆闻饭	m 摸梅帽篾	f 夫府富反	v 妇户父
t 端乃钉答	th 透天毯踢	d 同桃弟特	n 难脑怒论		l 兰老路梨
ʦ 租债追扎	ʦh 粗差草产	ʣ 财存旬昨		s 苏筛税水	z 坐自是

ʨ 精经见昭	ʨh 清车抽巧	ʥ 斜除殊奇	ȵ 女年泥牛	ɕ 烧线兄熊	ʑ 茄乳剩
k 高监共街	kh 开考口库	g 狂葵共	ŋ 我岸案袄	x 虎海废飞	ɣ 孩回合
Ø 衣武吕银油					

声母说明：

①［b、d、ʣ、ʥ、g］等浊声母的浊音色彩不是很强且带有轻微的送气，平声的浊音强一些，仄声的浊音弱一些。

②［ʨ、ʨh、ɕ］与［i］相拼时的实际音值近似［ʧ、ʧh、ʃ］。

③［ɣ］的实际发音近似［ʔ］，有时又近似［ɦ］。

④［v］的读音近似［β］。

2. 韵母（共31个）

ʅ 紫施私指	i 西枝地以	u 五助母绿	y 鱼如书住
a 巴沙罚达	ia 家甲夹哑	ua 花发瓦袜	
o 多坐国落	io 若略药学		
ɣ 北则黑核			
e 社蛇借列		ye 月越缺靴	
ai 栽鞋牌街	uai 外乖怪快		
ei 贝杯背陪	uei 废卫桂灰		
ao 豪包闹猫	iao 烧小宵萧		
əu 斗侯狗走	iəu 周手超幼		
an 担当咸寒	ian 盐阳先亮匠	uan 光官关晚	yan 拳元远软
ən 伦登庚甸		uən 昆困婚稳	
	in 侵巾冰真胜	yn 云军春乘	
oŋ 红东冬钟	ioŋ 兄穷胸用		
ŋ 嗯			

韵母说明：

①［ai、uai］的实际音值是［æɪ、uæɪ］。

②［ao、iao］的实际音值近似［aɔ、iaɔ］。

③［an、ian、uan、yan］的鼻音不是很稳定，有时是鼻化音。［ian、uan、an］中的［a］是［æ］。

3. 声调（共5个）

阴平33　诗高衣开婚结谷脱

阳平24　时识移人热灭夺活

上声55　使以老口好五

去声35　试意害岸近厚抗汉

入声42　甲妾法汁扎杀屋

声调说明：

①阳平的实际调值是23或24。

②上声的实际调值是554。

五　道县方言音系（城关、官话）

1. 声母（19个）

p 波部败白	ph 坡婆票劈	m 摸梅帽篾	
t 端刀袋独	th 透桃铁土	n 难能闹嫩	l 兰吕莲宁
ʦ 租住猪朱	ʦh 粗除锄造	s 苏蔬书术	
ʨ 精见旧节	ʨh 清妻启期	ȵ 业年女牛	ɕ 软心纯熊
k 高监共街	kh 开考葵库	ŋ 我爱暗恩	x 河飞妇法灰红咸
ø 衣武日热			

声母说明：

①［x］与［u］相拼时，［x］的音值近似［ɸ］。

②［n］和［l］只有少数几个字不能分，例如：怒＝路，宁＝铃等。

2. 韵母（34个）

ɿ 资之知石	i 例艺梨日	u 五书归族	y 鱼羽取玉
a 巴他法	ia 家狭夹哑	ua 瓜跨瓦法	
o 多坐火国	io 若略药学		
ie 爷借列穴		ye 月越缺靴	
ɤ 社蛇折核	iɤ 热		
iu 育誉欲入			

ai 泰阶牌寨		uɑi 外乖怪快	
ei 贝杯眉被		uei 飞岁睡鬼	
au 豪包昭烧	iau 巧小宵萧		
əu 侯狗周手	iəu 尤就幽幼		
ã 担当咸航	iã 向阳亮匠	uã 换船床双光王	
ẽ 深登庚	iẽ 盐添仙先	uẽ 昆困准伦	yẽ 拳元远犬
	iŋ 侵巾冰京	yn 云军均孕	
oŋ 荣东冬钟	ioŋ 兄穷胸用		
ŋ 嗯			

韵母说明：

①［y］的读音近似［yi］。

②［ai、uai］的读音实际是［æɪ、uæɪ］。

③［ẽ、iẽ、yẽ、uẽ］的鼻化不稳定。

3. 声调（共4个）

阴平33　诗高衣开蔗

阳平41　时识移人

上声55　使以老较拥

去声35　试意害岸侵

声调说明：上声的实际调值是45。

六　江华方言音系（城关、官话）

1. 声母（19个）

p 帮别布白病	ph 平排拔盘甫	m 门买麻妹木	f 飞灰胡魂晚	v 舞网挖温危
t 刀胆斗夺第	th 挑铁太同锡			l 路良连年脑
ʦ 主装支直	ʦh 粗穿除词超		s 师书声扇湿	
ʨ 精姐九级举	ʨh 秋七全旗祥		ɕ 修雪希社舌	
k 高共间夹阶	kh 开葵跪确去	ŋ 岸崖硬矮奥	x 喝红鞋项冯	
ø 衣日儿容吕				

声母说明：

①江华方言浊声母只有［m、v、l、ŋ］四个，其余皆为清声母。除［v］之外，塞音、塞擦音、擦音清声母没有相应的浊声母。

②唇齿浊擦音［v］仅限于与开口呼、合口呼韵母相拼。

③江华方言［l］与［n］不分，通常出现的是［l］，但有时是［n］，特别是与齐齿呼韵母相拼时，统一记为［l］。

④［ŋ］母只拼开口呼韵母。

⑤［x］母只拼开口呼，如冯、鞋、项皆读开口韵。若韵齐、合、撮三呼韵母皆转读［f］，如：飞灰、服胡、房黄等，完全混读，皆为［f］母。

⑥见系字老派读为［k、kh、x］母，如夹、架、介、监、去、鞋等字；新派则读［tɕ］类。

2. 韵母（33 个）

ɿ 诗时式直实	i 衣比米例地七立	u 父怒竹书肉
y 鱼女居局区虚	a 巴茶架法化	ia 牙甲瞎家鸭掐
ua 瓜挂夸抓刷		o 鹅哥火郭桌确
io 约药脚雀削学		
e 儿二耳百色北	iɛ 爷野切蛇社跌	
yɛ 月越绝雪说	aɪ 摆开盖鞋来赖	
uaɪ 乖怪快帅撵		eɪ 背美伟位贵
	uei 堆对跪最税	
au 傲抱刀敲烧赵		
	əu 头手臭抠收	iəu 油有丢流九秋休秀
iu 欲入育浴	an 班棒凡衔	ian 烟偏棉良全
uan 端团光框窗	yɛn 冤原怨选软	ən 分魂横疼孙
in 因音英硬	uen 滚棍昆困纯	yn 云匀闰俊熏勋
oŋ 翁东农红中	ioŋ 荣容穷胸兄	

韵母说明：

①江华方言只有古“通”摄韵母读后鼻辅音韵尾，此外基本上没有后鼻音辅音韵尾，凡－房、根－庚、因－英、弯－汪完全混读，发前鼻辅音韵尾。

②［iu］是较特殊的韵母，是［i］与［u］的合音，不是普通话中［iou］韵的省写形式，也与［yu］不同。这个复元音韵母只可自成音节，不可前拼声母，而且范围极窄，仅限于上述入声字。

③合口呼韵母不能自成音节（即无零声母音节形式），只能前拼声母，普通话合口呼零声母字在江华方言中均前拼声母［v］。

3. 声调（共4个）

阴平44　高开低天婚三飞

阳平21　穷才平寒鹅麻云八急曲黑月局合

上声45　古走几丑短普可

去声213　近盖抗汉共害岸

声调说明：

①江华方言上声调是一种高声调，起点高，升得颇高，今记为45，实际上后半部分已超出5度。

②江华方言入声一般归于阳平（如上表阳平调第二行例字），调值同为21，但是读得稍微显得短促一点。

七　江永方言音系（潇浦镇、官话）

1. 声母（共20个）

p 波布败白	ph 怕婆票僻	m 摸梅帽篾	f 灰飞虎反
t 端刀袋独	th 透逃同铁	n 难乃怒暖	l 兰连路吕
ʦ 精租遭争	ʦh 秋仓疮从	s 写蔬苏税	
ʨ 经主昭斤	ʨh 丘昌桥抽	ȵ 女年牛娘	ç 修休软扇
k 高监共街	kh 开考葵库	ŋ 鹅案挨昂	x 河鞋咸巷
ø 衣而日眼			

声母说明：

①［f］的摩擦很轻，有时是［ɸ］。

②［ʦ、ʦh、s］与细音相拼时的音值比实际音值稍后。

2. 韵母（共31个）

ʅ 资朱住石	i 书女日以	u 五古绿母	y 女朱菊玉
a 巴他达沙	ia 家哑夹鸭	ua 花瓦袜瓜	
o 多坐火落	io 若略药学		
ɤ 蛇则黑核	ie 姐谢社鲫	ue 月越国或	ye 绝域
ai 泰牌街坏		uai 外乖怪快	
ei 惠杯妹最		uei 灰桂睡鬼	
au 豪包闹好	iau 小烧宵萧		
əu 斗侯狗浮	iəu 抽周幽幼		
aŋ 单当方邦	iaŋ 良讲张样	uaŋ 光官关双	
əŋ 门伦曾生	iŋ 林灵连检	uəŋ 昆温坤稳	yŋ 春准顺均
oŋ 红冬钟共	ioŋ 荣穷胸用		
ŋ 嗯			

韵母说明：

①［i］的实际音值是［ɪ］。

②［ei、uei］中［i］的音值是［ɪ］，［ei］有时近似［ɪ］。

③［iŋ、yiŋ］的实际音值近似［ĩ、yĩ］。

3. 声调（共5个）

阴平33　诗高衣开婚

阳平31　时移入

上声55　使以老口好五

去声24　试意害岸近厚抗汉

入声22　笔着贼学黑

声调说明：

①上声的实际音值是45。

②入声的实际音值有时是21。

八　新田方言音系（龙泉镇、官话）

1. 声母（共19个）

p 波布败白	ph 怕婆票僻	m 摸梅帽篾	f 夫飞符胡
t 端刀袋独	th 透桃铁	l 难兰怒路绕	
ʦ 租招争蒸	ʦh 粗仓昌初	s 苏散扇生	
ʨ 精经见主	ʨh 清处枪穷	ȵ 女年牛	ɕ 线书兄熊
k 高监共街	kh 开考葵库	ŋ 矮案恶昂	x 灰红咸侯
Ø 衣银认油吴			

声母说明：

①［ʨ、ʨh、ɕ］与［i］相拼时近似［ʧ、ʧh、ʃ］。

2. 韵母（共32个）

ɿ 资之知示	i 例艺地以	u 五古绿母	y 鱼羽出书
a 巴他法蔗	ia 家甲夹哑	ua 花跨瓦袜	
o 多坐火落	io 若略药学		
e 北则黑核	ie 社蛇借列	ue 国活	ye 月越缺靴
ai 泰阶牌街		uɑi 外乖怪快	
ei 贝杯非妹		uei 桂岁睡鬼	
ao 豪包昭闹	iao 烧照巧小萧		
əu 斗侯狗瘦	iəu 丑周手幽幼		
aŋ 担当咸航	iaŋ 盐阳莲粮	uaŋ 光关官酸	yaŋ 权船远犬
əŋ 深登庚曾伦		uəŋ 昆困魂混	
	iŋ 侵巾冰京	yn 春顺云军孕	
oŋ 红东冬钟	ioŋ 兄穷胸用		
ŋ 嗯			

韵母说明：

①［ai、uai］中［i］的实际音值是［ɪ］。

② [ao、iao] 中 [o] 的实际音值是 [ɔ]。

3. 声调（共4个）

阴平44 诗高衣开婚

阳平31 时识移人石穷月局

上声55 使以老口好五

去声35 试意害岸近厚抗汉

声调说明：

①阴平的实际调值是424。

九 宁远方言音系（县城、官话）

1. 声母（共18个）

p 布步百八兵	ph 怕盘拍派皮	m 门苗木麦没	f 飞灰胡冯饭	v 五吴挖文
t 到道夺多东	th 太同突甜天			l 难兰连脑老
ʦ 糟招资祖竹	ʦh 曹巢醋初刺		s 散丝师税双	
ʨ 精经节将周	ʨh 秋丘枪出桥		ɕ 修休书收扇	
k 哥贵果间阶	kh 科开课哭跪		x 红冯咸盒好	
ø 鸭月运药以				

声母说明：

① [n] 可以自由变读为 [l]，彼此不区分意义，但大多读为边音 [l]，统一记为边音 [l]。

② [v] 的实际音值是略微带点摩擦。

2. 韵母（共28个）

ʅ 子支直师迟	i 第地石比宁	u 布木鹿肉绿	y 住雨玉术女
a 爬辣花沙虾	ia 家牙假霞洽	ua 瓜夸挂抓刷	
o 河波坡	io 药学脚钥角		
ə 儿麦百窄北	ie 接铁姐灭铁	ye 月决雪缺越	
əu 欧豆狗谋偷	iəu 牛丢秋油育		
ai 盖才赛外爱		uai 乖怪快歪拐	

ei 背回会喂避　　uei 吹桂贵睡虑

au 保桃脑高敲　　iau 掉条小交表

əŋ 本门魂奔温　　iŋ 紧心烟应病　　uəŋ 困棍滚巡旬　　yn 群春运县永

aŋ 班三党黄咸　　iaŋ 江良香央羊　　uaŋ 短床官乱算

oŋ 东公同空风　　ioŋ 穷熊荣兄用

韵母说明：

①［a］作韵母和在［ia、ua］里时的实际音值为［ᴀ］，在［ai、uai］里的实际音值为［a］，在［a、uia、uiaŋ、uaŋ］里的实际音值是［ɑ］。

②［uo］中的介音［u］还没有到普通话［uo］中［u］的位置。

③［u］在［au、iau］里时的实际音值接近于［o］。

④［aŋ、iaŋ、uaŋ］的实际音值比［aŋ、iaŋ、uaŋ］的发音位置要靠前，比［an、ian、uan］的发音位置要靠后。

3. 声调（共 4 个）

阳平 33　高低开天初东锡飞

阳平 21　穷寒鹅七药合白六

上声 45　古碗口草五好老买

去声 213　近抱大害岸面笑唱

声调说明：

①平分阴阳，阴平为中平调，阳平为低降调。

②上声为高声调，比较短促。

③去声为曲调，实际音调接近 214。

④入声消失，大部分入声字派入阳平，极少数入声字如锡字派入阴平。

十　蓝山方言音系（塔峰镇、官话）

1. 声母（共 22 个）

p 波布败白　　ph 怕婆票僻　　m 摸梅帽篾　　f 灰飞花虎

t 端刀袋独	th 透逃同铁	n 难乃怒暖	l 兰连路吕
ʦ 精租遭争	ʦh 粗仓昌住	s 苏税算瘦	
ʨ 精经焦京	ʨh 全权清秋	ȵ 女年牛娘	ç 修休书洗
k 高监共街	kh 开考葵库	ŋ 鹅案挨昂	x 河鞋咸巷
∅ 衣而日然			

声母说明：

①f 声母有有时有双唇色彩，实际音值为［ɸ］。

2. 韵母（共 31 个）

ɿ 资朱住石	i 喜衣日以	u 五古绿母	y 书柱去雨
a 巴他花达	ia 架斜夹哑	ua 跨瓦袜瓜	
o 多坐火落	io 若略药学		
ɛ 蛇则黑核	iɛ 姐写月越一	uɛ 国阔	yɛ 雪出
ai 泰牌街坏		uai 外乖怪快	
ei 灰惠杯非妹		uei 桂岁睡鬼	
ao 豪包昭烧	iao 巧小宵萧		
əu 斗侯狗浮	iəu 酒油幽幼		
iu 肉育欲曲			
aŋ 单当断邦	iaŋ 仙香盐江权	uaŋ 光官关双	yaŋ 全犬
əŋ 根冷生坑	iŋ 林灵云穷兄	uəŋ 温稳	
oŋ 红冬钟冲			
ŋ' 嗯			

韵母说明：

①齐齿呼与开口呼有时变读比较自由，如“雨”大多数情况下是撮口呼，偶尔读为齐齿呼。

②阳声韵发音时，舌根没有与软腭紧密接触，有较强的鼻化色彩。

3. 声调（4 个）

阴平 33　诗高衣开婚

阳平 21　时识移人石穷月局

上声 55　使以老口好五

去声 35　试意害岸近厚抗汉

声调说明：

①上声的调值有时是 55 或 54 不定。

十一　祁阳方言音系（浯溪镇、湘语）

1. *声母*（33 个）

p 八兵布	ph 派片蜂$_{白}$	b 爬病步	m 麦明米	f 风副蜂$_{文}$	v 饭问五
t 多东竹$_{白}$	th 讨天	d 甜毒连			l 脑南老路
ts 资竹$_{文}$争纸	tsh 草抄初春	dz 贼坐茶床		s 丝三酸双	z 字祠事
tɕ 酒张主九	tɕh 清抽车轻	dʑ 柱船城权	ȵ 年泥热$_{白}$	ɕ 飞想手响	ʑ 肥软县
tʃ 鸡制知	tʃh 七契戏	dʒ 齐骑棋		ʃ 西希习	ʒ 十实食
k 高国格	kh 开客孔	g 共跪柜	ŋ 熬安藕	x 好灰汉	ɣ 活汗限
ø 温王云用药					

声母说明：

①浊擦音声母前半部分有清化倾向，[ʑ] 实际音值为 [ɕʑ]，[z] 实际音值为 [sz]。值得注意的是，虽然有的全浊声母字声母清化严重，单独听起来似乎不浊，但与清声母比较时依然能感觉到二者差异明显。

② [ts] 组声母发音时，舌尖向前，达到齿间，实际读音应为 [tθ]。

③普通话中的 [tɕ、tɕh、ɕ] 和 [tʂ、tʂh、ʂ] 两组声母与 i 相拼时，在祁阳话中声母是舌叶音，记为 [tʃ、tʃh、dʒ、ʃ、ʒ]。

④ [v] 在 [u] 韵母前面实际音值是 [ʋ]，可视为 [v] 的音位变体。

⑤在开口、合口前，泥、来母混同，[n－l] 为自由变体，统一记为 [l]。

⑥全浊塞音、塞擦音有轻微气流，因不形成对立关系，统一记为不送气。

2. 韵母（38 个）

ɿ 师丝试刺	i 米一移比	u 苦五谷绿	y 猪雨出橘局
ʅ 戏十急七直			
ɚ 二耳儿			
ɑ 茶牙塔鸭辣八	iɑ 写尺$_{白}$锡$_{白}$	uɑ 瓦刮抓花	yɑ 靴
ɛ 开排鞋台菜		uɛ 快外拐坏	
	ie 接贴热节		ye 月绝雪缺
ɔ 宝饱帽刀早	iɔ 笑交桥票庙		
o 歌过盒郭壳学$_{白}$			yo 雀药学$_{文}$脚
ei 赔北色白$_{文}$		uei 对鬼活骨国	yei 飞肺费肥
əu 豆走楼钩	iəu 流酒油六		
ã 南山半颜	iã 盐年战善	uã 短官暖乱	yã 权软船院
ə̃ 根寸灯争	ĩ 心深升病$_{文}$星$_{文}$	uə̃ 滚春横	yə̃ 云均营裙
ɑŋ 糖讲硬$_{白}$冷	iɑŋ 响病$_{白}$星$_{白}$平	uɑŋ 床王双光	
oŋ 朋猛东虫	ioŋ 兄用荣穷		
m 姆			
ŋ 唔			

韵母说明：

①韵母［ɑ、iɑ、uɑ、yɑ］中的［ɑ］发音舌位居中，实际音值是［ᴀ］。

②流摄韵母［əu、iəu］的实际音值是［ɵʊ、iɵʊ］。

③咸摄入声“接贴”等字韵母的韵腹开口度比［e］略小，应在［e］和［ɪ］之间，记为［ie］。

④普通话中的［tɕ、tɕh、ɕ］和［tʂ、tʂh、ʂ］两组声母与［i］相拼时，祁阳话中韵母为［ʅ］。

⑤韵母［iã、yã 中的［ɑ］舌位偏前偏高，实际音值近［ɛ］。

⑥［ə̃、ĩ、uə̃、yə̃］一组韵母实际读音韵尾略带鼻音［n］尾色彩。

⑦“妈妈”的第一个音节、疑问代词“唔”为辅音自成音节。

3. 声调（7个）

阴平335　东该灯风通开天春

阳平22　门龙牛油铜皮糖红

上声453　懂古鬼九统苦讨草买老五有

阴去313　冻怪半四痛快寸去卖路硬乱

阳去113　洞地饭树动罪近后

阴入33　谷百搭节急哭拍塔切刻六麦叶月

阳入232　毒白盒罚

声调说明：

①阴平调前半部分平，后段升高，调值约为335。

②次浊平是低平调，全浊平声调开头部分略低，但不明显，应是声母的“浊”带来的听感上差异。

③清上字声调前段从4升高到5，但上升过程短，然后从5降到3，记为453；极少部分字甚至没有上升段，也统一记为453。

④阳去调前半部分略降，然后升高，实际调值应介于213和113之间，记为113。

⑤阳入是一个曲拱调，中段略平，实际音值应为2332或略高，记为232。

十二　永州岚角山土话音系

1. 声母（共25个）

p 杯伯波笔板	ph 批披攀		m 迷糜慢	f 非飞贩方	v 皮河歪滑饭
t 啼雕单胆短	th 天胎汤仓	d 题笛大团段	n 纳难		l 立旅辣零持
ʦ 祝足栽盅	ʦh 锉钗差			s 苏酥习杀	z 族坐集材
ʨ 焦居朱驾借	ʨh 千趋区轻		ȵ 疑粒黏	ɕ 牺晓书霞	ʑ 徐除茄斜
k 佳街括关	kh 嵌掐块苦开		ŋ 芽眼牛扼	x 翻反去	ɣ 咸鹤猴
ø 移姨晏鸦					

声母说明：

①［ʦ、ʦh、s］声母的发音部位稍后移，舌尖与上齿龈构成阻碍。

②［tɕ、tɕh、ɕ、ʑ］在［i］前读为舌叶音［tʃ、tʃh、dʒ、ʃ、ʒ］，在其他韵母前仍读［tɕ、tɕh、ɕ、ʑ］。

2. 韵母（共35个）

ɿ 鸡吸希食字	i 笔眉皮飞李习	u 破摸湖我鹿	y 旅居书除如
a 爸班猾胎灾法	ia 兵贫鳞写鸦	ua 抓栓块弯蛙	
o 波魔旁房胆团	io 装张浆樟墙尝		
e 伯媒透哲窄泽	ie 别钓跳电连列	ue 国惑或	ye 掘劝软薛拳
ɤ 姑古苦哭去鱼			
ai 闭稗肺呆犁		uai 衰帅乖歪	
ei 悲煤斧炉楼			
		ui 推追脆贵	
əɯ 百剖堆凑梳	iəɯ 猪流女手右		
au 宝帽桃找骚	iau 表聊巧妖小		
	iu 丢六丑囚寿		
in 宾民挺林金		yn 军纯倾运	
an 斑帮门蚊帆	ian 鞭良详扬演	uan 锻撞欢湾王	yaŋ 捐弦原怨
ən 奔纷能聪坑		uən 昆昏荤混	
oŋ 碰彭懂通农	ioŋ 兄穷熊云勇		
m̩□妹 ŋ̍五武			

韵母说明

①［e］单独作韵母是标准元音［e］，但在［ie、ue、ye］韵母中是［ᴇ］。

②［ui、iu］两韵母发音动程较短，［u］为韵腹，和北京话的［uei、iou］有明显区别。

③鼻音韵尾失落的现象较为普遍。

3. 声调：（5个）

阳平 33　　三声体剖爸概逗用实及

阳平 11　　熬人艇棒站眩弱族

上声 35　敷侵斧草雾遇幅亿术

去声 13　妨妇混布店八插熟

入声 53　脂显缆蜕迅八插漆

十三　东安石期市土话音系

1. 声母（28 个）

p 本兵包簸	ph 怕抛票喷	b 牌爬皮平	m 米慢门磨	f 反分火粉	v 饭禾薄黄
t 多低顶滴	th 讨跳汤痛	d 条驮抬弟	n 难脑嫩暖		l 乱六辣袋
ʦ 早罩眨桌	ʦh 凑畜拆寸			s 洗生孙闩	z 择贼赚字
ʨ 解浇砖镜	ʨh 车蛆擦穿	ʥ 柜旧船舌	ȵ 女肉娘日	ɕ 絮锈水块	ʑ 树石柴蛇
k 假甲肝间	kh 解口磕敲	g 鱼牛额咬	ŋ 轧颜哀安	x 好黑壳花	ɣ 害下大蟹
Ø 夜矮呕烟					

声母说明：

①［ʨ、ʨh、ʥ、ɕ、ʑ］在［i］前读为舌叶音［tʃ、tʃh、dʒ、ʃ、ʒ］，但在［i］起头的韵母前仍读［ʨ、ʨh、ɕ、ʑ］，一律记为［ʨ、ʨh、ʥ、ɕ、ʑ］。

2. 韵母（31 个）

ɿ 十事屎字	i 比谜鸡礼	u 饿火过窠	y 鬼水吹睡
a 哥猫难散	ia 爹筛街买	ua 捋关弯拴	
o 疤价虾怕	io 井养饼长		
e 煎点千田	ie 米扇扁掀	ue 宽短酸砌	ye 岁癣转椽
ai 菜剃细债		uai 怪快拐乖	
ei 好草告老	uei 盖扫开罪		
au 牛头走狗	iau 超缴漂邵		
əu 路粗兔缩	iəu 鼠油女六		
an 跟案寒判	ian 鞭仙演战	uan 馆锻款窗	yan 专宣泉串
ən 省恩很恒	in 秤升蒸印	uən 坤困魂瘟	yn 军群均允
oŋ 葱空糯嫩	ioŋ 云穷运晕		

3. 声调（5个）

阴平 33　关闩渣纱叉车斋

阳平 13　符瓷曹豪投凡狂常

上声 54　马姐野煮死两厂响

阴去 35　价架数晒毛淘甜楼

阳去 24　字达绝侄核饭剩杂

第二节　永州方言同音字汇

凡例

1. 本表所收的字大部分是永州方言（市政府驻地冷水滩话）中的常用字，主要依据中国社会科学院方言研究室编制的《方言调查字表》调查所得，少部分是笔者考出的方言本字。

2. 所收的字按韵母分类，同韵母按照声母顺序排列，声韵相同的按照声调排列。韵母的顺序是：[ɿ i u y ʅ a ia ua ei e ue ye o io æ uæ ɔ iɔ eɪ ueɪ əɯ iəɯ an ian uan ien yen ən uən in yn oŋ ioŋ m]；声母的顺序是：[p ph b m f v t th d n l ts tsh s z tɕ tɕh ȵ ɕ ʑ ʧ ʧh ʃ ʒ k kh ŋ x ɦ Ø]；声调的顺序是：阴平［33］、阳平［112］、上声［55］、去声［24］。

3. 本表中的异读字，大部分属于文白异读，少部分是辨义异读。文白异读字右下角小字表示：文读用下脚标“文”表示，白读用下脚标“白”表示。辨义异读用解释和例句的方法区别，其中被解释的字用“～”代替。

4. 少部分字本字不明，用同音字代替的，在其后用“＝”上标表示；没有合适的同音字则用“□”表示。

ɿ

ts　［33］资姿咨辎滋兹枝之芝支

[55] 子仔籽指文只副词止址芷姊紫纸
[24] 志痣至次刺翅
tsh [55] 此耻齿
s [33] 私斯撕司思丝师狮蛳诗尸施
[55] 死屎史驶使始矢厕白
[24] 四肆试拭轼
z [112] 词祠慈磁鹚匙时饲茨
[24] 是事士市柿示视氏似祀寺嗜痔字牸自

i

p [33] 屄笔壁碧毕蓖必臂
[55] 比彼
[24] 币闭弊蔽滗箅
ph [33] 匹劈批披癖霹
[55] 鄙譬
[24] 屁
b [112] 皮疲鼻肥白粥愎婢
[55] 陛髲
[24] 备惫被名词味白
m [33] 眯咪
[112] 密蜜猕弥迷谜
[55] 米糜靡
[24] 觅汨
t [33] 低
[55] 底抵
[24] 帝蒂隶滴文第
th [33] 梯踢涕
[55] 体
[24] 剃替屉剔

d　［112］蹄笛敌提$_{文}$迪题狄的$_{目～}$

［24］弟递地缔

l　［112］离篱犁漓梨厘立粒笠栗力历

［55］李理鲤礼里澧

［24］利痢莉吏例厉励丽荔鹂

ȵ　［112］泥尼疑凝嶷霓

［55］你拟

［24］艺$_{白}$逆匿腻

Ø　［33］一衣依医

［112］移姨遗仪怡谊

［55］椅已倚

［24］义蚁易艺$_{文}$意异缢溢逸毅译抑翼忆亿

u

P　［33］卜萝～

［112］不

［55］补

［24］布怖

ph　［33］铺$_{动词}$

［112］朴璞

［55］谱$_{家～}$普圃甫脯

［24］铺$_{名词,店～}$

b　［112］菩蒲葡仆

［55］捕

［24］步部簿

m　［112］吴木目梧穆睦

［55］母拇姆

［24］墓幕暮慕牧悟晤

f　［33］福$_{又}$

[55] 府斧
[24] 付富$_{\text{又}}$副$_{\text{又}}$
v [112] 符扶芙凫伏袱壶浮$_{\text{文}}$佛$_{\text{～像}}$服
[55] 釜
[24] 户父妇负敷
t [112] 督笃都
[55] 赌堵睹
[24] 杜妒
th [112] 秃突
[55] 土
[24] 吐$_{\text{～痰}}$兔
d [112] 图读毒独涂途徒
[55] 肚$_{\text{猪～子}}$
[24] 度渡镀肚$_{\text{～量}}$
n [112] 奴
[55] 努$_{\text{又}}$
[24] 怒
l [112] 芦颅炉庐驴鸬鹿辘六陆绿录禄碌赂戮
[55] 鲁橹卤掳努$_{\text{又}}$弩
[24] 路露鹭
ts [33] 租卒竹粥足烛祝筑
[55] 组祖阻
tsh [33] 粗初畜
[112] 触猝促
[55] 楚础杵
[24] 醋
s [33] 苏酥梳蔬疏束速肃粟诉宿缩叔
[55] 数$_{\text{动词}}$
[24] 数$_{\text{名词}}$素塑漱

z ［112］逐雏矗俗锄族熟～肉属赎
［24］助
k ［33］姑孤辜箍骨谷
［55］古估股鼓牯蛊
［24］故固顾雇
kh ［33］枯哭窟
［55］苦
［24］库裤酷
x ［33］夫肤呼孵$_{文}$
［112］福$_{文}$幅$_{文}$忽复腹
［55］虎府$_{文}$斧$_{文}$抚腐辅
［24］富$_{文}$副$_{文}$赴赋
ɦ ［112］狐湖糊葫蝴
［24］护
ø ［33］乌污巫诬屋
［112］物无蜈
［55］五伍武捂舞午忤
［24］雾焐误务戊骛

y

ȵ ［55］女
tɕ ［33］居车～马炮拘鞠掬猪诸朱珠诛株橘
［112］菊
［55］举煮主拄
［24］据锯剧句距矩柱驻住贮苎
tɕh ［33］区躯驱趋蛆曲屈出黜
［55］取娶
［24］趣去$_{文}$祛
ɕ ［33］虚墟嘘须需圩胥婿枢输鬚抒书

[55] 许栩暑署鼠乳汝
[24] 絮蓄煦
ʑ [112] 除徐厨橱躇渠瞿衢术白~入孺如
[55] 薯暑
[24] 序叙绪树巨拒具俱
ø [112] 律率效~于迂鱼渔娱盂育余俞榆腴愚
[55] 语与雨宇禹羽予旅吕铝侣
[24] 愈寓逾玉喻驭遇芋妪裕欲浴预域誉郁疫役

ʅ

ʧ [33] 鸡机肌讥基知蜘只量词吸指白,手~脐
[112] 急击激迹积圾汲棘执职挚质汁趾即
[55] 己纪虮麂栀
[24] 记季冀寄计祭继既智至致制杞这企剂置济徛
ʧh [33] 欺妻凄痴嗤侈眵七吃尺
[112] 栖漆戚乞膝
[55] 起启岂
[24] 砌沏契气汽器
ʃ [33] 溪十文食习夕西牺希稀什媳锡晰惜
[112] 息熄悉蟋昔析实湿失识饰释
[55] 洗
[24] 细戏世势适室系
ʒ [112] 集缉辑疾及极籍奇骑齐期祈棋迟麒池驰弛稚持直值植侄席日十白拾石携蚀
[24] 技妓治悖誓逝

a

p [33] 八爸巴文疤笆粑
[55] 把量词靶

	[24]	霸把名词坝
ph	[24]	怕帕
b	[33]	趴
	[112]	爬拔扒袜白杷琶罚白
	[24]	耙
m	[33]	妈
	[112]	麻蟆抹
	[55]	马玛码蚂
	[24]	骂
f	[33]	发法
v	[112]	罚文
t	[33]	搭答瘩褡
	[55]	打
th	[33]	他文她它踏塔塌遢獭沓
d	[112]	达挞
	[24]	大
n	[112]	拿纳捺呐
	[55]	哪
	[24]	那
l	[33]	拉~车垃
	[112]	蜡腊邋剌辣
	[55]	喇
	[24]	拉~肚子
ts	[33]	渣砸闸扎
	[55]	眨栅
	[24]	榨
tsh	[33]	叉差~火;差劲插擦
	[112]	察
	[24]	岔诧

s　［33］沙纱砂鲨杉杀煞
　［55］傻洒撒
　［24］萨
z　［33］楂
　［112］炸油~茶搽查铡杂
　［24］炸~弹乍
k　［33］家$_{\text{白}}$痂夹$_{\text{白}}$挟$_{\text{白}}$裌甲$_{\text{白}}$
　［55］假$_{\text{白,真~}}$
　［24］嫁$_{\text{白}}$架$_{\text{白}}$
kh　［33］咖掐$_{\text{白:一~葱}}$
　［55］卡$_{\text{~车}}$
　［24］胯$_{\text{白}}$
ŋ　［33］鸭压$_{\text{白}}$
　［112］牙芽
　［55］哑
　［24］轧
x　［33］虾哈瞎$_{\text{白}}$
ɦ　［112］蛤
　［24］下$_{\text{白:底~}}$
Ø　［33］他阿啊

ia

t　［33］提爹
　［24］滴$_{\text{白}}$
tç　［33］家$_{\text{文}}$痂夹$_{\text{文}}$挟$_{\text{文}}$裌甲$_{\text{文}}$
　［55］假$_{\text{文}}$钾
　［24］嫁$_{\text{文}}$架$_{\text{文}}$价驾
tçh　［33］掐$_{\text{文}}$
　［24］恰瑕$_{\text{迈步}}$

ȵ　［33］黏$_{白}$

　　［55］惹$_{白}$

ç　［33］虾$_{文}$

　　［112］狭霞侠暇瑕辖匣

ʑ　［24］洽夏厦下$_{文}$

ø　［33］丫鸦鸭$_{文}$压$_{文}$

　　［112］牙$_{文}$芽

　　［55］哑$_{文}$雅

　　［24］亚轧$_{文}$

ua

ts　［33］抓

　　［55］爪

s　［33］刷

　　［55］耍

k　［33］瓜刮括

　　［55］寡剐

　　［24］挂卦褂

kh　［33］夸

　　［112］髂$_{\sim 子,手残疾者}$

　　［55］垮侉

　　［24］挎

x　［33］花发$_{又}$髮$_{又}$法$_{又}$

　　［24］化

ɦ　［112］划$_{\sim 船}$铧

　　［24］画$_{又}$

ø　［33］挖

　　［112］华滑猾

　　［55］瓦

［24］划计～话画又

e

p	［33］	百掰伯柏箔舶北
ph	［33］	拍迫粕魄
b	［112］	白
m	［112］	麦脉陌没～有墨默
	［55］	默想：让我～一下
t	［33］	得德
d	［112］	特
l	［33］	勒肋
ts	［33］	则责摘谪仄侧白窄
tsh	［33］	测厕文侧文册拆策
s	［33］	色涩塞啬虱
z	［112］	择宅贼
k	［33］	胳隔格骼疙膈嗝革
	［24］	割白：～断
kh	［33］	客克刻咳
	［24］	去白
ŋ	［112］	额扼轭厄
x	［33］	黑赫吓
ɦ	［112］	核
ø	［112］	儿
	［55］	耳饵洱尔而

ie

p	［33］	蹩鳖逼
	［55］	瘪
ph	［33］	撇～捺

b　［112］别

m　［33］咩乜

　［112］灭

t　［33］爹文跌

th　［33］贴铁帖

d　［112］碟叠谍蝶

l　［112］列烈裂猎劣

tɕ　［33］遮蔗鹧街文节疖结洁接揭竭折蛰浙摺

　［55］姐者

　［24］这文借哲

tɕh　［33］车切窃彻妾怯撤

　［55］且扯

　［24］斜白掣

ȵ　［112］捏文孽聂蹑镊涅业

　［55］捏白

ɕ　［33］些蝎赊

　［112］胁摄设歇慑

　［55］写舍

　［24］泄谢卸屑泻

ʑ　［112］斜文茄邪涉协折蛇舌

　［55］惹

　［24］社射麝

Ø　［33］耶椰叶噎

　［112］爷页

　［55］也野冶

　［24］腋夜

ue

k　［33］国蝈

ɦ　［112］活或惑获

ye

tɕ ［33］决诀抉蕨撅獗攫

tɕh ［33］缺

ɕ ［33］靴雪血削文

ʑ ［112］掘瘸穴绝

［24］倔

Ø ［112］阅悦月越粤

［55］哕抈

o

p ［33］波菠玻播钵剥搏博驳

［55］跛

［24］簸

ph ［33］坡泼

［55］颇剖

［24］破

b ［112］婆薄厚～帛勃渤

［24］薄～荷

m ［33］摸

［112］魔磨动词：～刀蘑摩莫馍模漠寞末沫茉

［24］磨名词：石～

t ［33］多

［55］朵躲垛

［24］剁

th ［33］拖脱托

［55］妥椭

d ［112］夺驮驼鸵坨砣铎踱

［24］舵堕惰

n ［112］诺

［24］糯懦

l　［33］挪捋啰喽～

［112］罗锣萝箩螺骡洛落骆络乐欢～

ts　［33］作卓桌捉琢啄

［55］左佐

［24］做

tsh　［33］搓蹉磋炪戳撮矬～子：目斜视者

［24］错措挫锉

s　［33］蓑梭索

［55］所锁琐唆

z　［112］镯浊昨凿

［24］坐座

k　［33］哥歌锅戈郭廓鸽割搁葛各角白：牛～

［55］果裹粿

［24］个过

kh　［33］科蝌颗棵苛阔壳磕瞌渴扩确白

［55］可

［24］课

ŋ　［112］鹅俄蛾鳄腭

［55］我

［24］卧饿

x　［33］窝白喝豁霍藿鹤

［55］火伙

［24］货

ɦ　［112］禾和荷～花河何合盒

［24］祸和～稀泥

∅　［33］恶窝文莴涡龌屙

io

ȵ ［33］ 虐疟略
［55］ 掠
tɕ ［33］ 角文:一～钱脚酌灼觉感～爵嚼
tɕh ［33］ 确缺榷鹊
ɕ ［33］ 削又
ʑ ［112］ 着～火勺弱学芍若
Ø ［112］ 钥约药跃乐音～
［24］ 岳

æ

p ［33］ 躃～子:跛脚者
［55］ 摆
［24］ 拜
ph ［24］ 派
b ［112］ 牌排簰
［24］ 败稗
m ［112］ 埋霾
［55］ 买
［24］ 卖迈
t ［33］ 呆
［55］ 歹
［24］ 带戴
th ［33］ 胎
［24］ 太态泰傣
d ［112］ 台抬苔
［55］ 逮
［24］ 代袋贷岱黛怠殆待
n ［55］ 乃奶

[24] 耐奈
l [112] 来睐莱
[24] 赖癞籁爤~水:热水
ts [33] 灾栽斋
[55] 宰崽仔
[24] 再载债渍~雨:淋雨
tsh [33] 猜差出~钗
[55] 采彩踩睬
[24] 菜蔡
s [33] 筛腮鳃
[24] 赛晒
z [112] 才财材豺裁
[24] 寨在
k [33] 该赅阶皆街白
[55] 改解~放
[24] 盖丐钙戒~指
kh [33] 开揩
[55] 凯铠楷慨概溉
ŋ [33] 哀挨埃癌呆捱
[55] 矮蔼
[24] 爱暖艾隘
x [55] 海
[24] 蟹揹白
ɦ [112] 鞋孩骸还~有
[24] 害亥骇
ø [24] 二

uæ

ts [33] 栽白

[24] 拽
tsh [55] 揣喘
s [33] 衰摔
[55] 甩
[24] 帅率~领
k [33] 乖
[55] 拐
[24] 怪
kh [55] 蒯
[24] 块快筷会~计侩脍
ɦ [112] 怀淮槐徊
[24] 坏
ø [33] 歪搉动词:舀、掏
[24] 外

ɔ

p [33] 包胞苞
[55] 保堡宝饱
[24] 报豹爆刨
ph [33] 抛泡~~尿
[55] 跑文
[24] 炮泡灯~
b [112] 跑浮白袍
[24] 抱暴鲍孵白
m [33] 猫
[112] 毛矛茅袤
[55] 卯铆
[24] 冒帽貌
t [33] 刀叨

［55］岛捣倒打～祷

［24］到倒～退

th ［33］滔韬涛

［55］讨

［24］套

d ［112］逃桃条淘

［55］蹈

［24］道导稻盗

n ［55］恼脑瑙

［24］闹

l ［112］劳捞涝痨牢

［55］老姥佬

［24］□量词：一～葡萄

ts ［33］遭糟焦白

［55］早枣蚤澡找爪文：～牙

tsh ［33］操做～抄钞超

［55］草吵炒

［24］燥噪糙

s ［33］骚臊瘙

［55］扫～地嫂

［24］扫～杆：扫帚哨潲

z ［112］曹槽漕嘈巢

［24］造皂

k ［33］高镐膏篙羔糕跤白：跌跤

［55］搞稿缟

［24］告窖觉白：睏～教白叫白：～花子

kh ［33］敲白

［55］考烤拷

［24］靠铐

ŋ　[33] 熬翱鳌
　[55] 咬白袄
　[24] 傲坳奥澳懊凹
x　[33] 蒿薅
　[55] 好～人
　[24] 好爱～
ɦ　[112] 豪壕嚎毫
　[24] 浩皓号～码

iɔ

p　[33] 标膘镖飙彪瀌动词:液体喷射而出
　[55] 表裱婊俵
ph　[33] 飘漂～浮缥
　[55] 瞟
　[24] 票漂～亮
b　[112] 瓢嫖
m　[33] 喵
　[112] 苗描瞄
　[55] 秒眇渺藐
　[24] 妙庙谬
t　[33] 刁叼貂雕碉凋挑白
　[55] 屌
　[24] 钓吊掉
th　[33] 挑文
　[24] 跳眺
d　[112] 条调～和迢
　[24] 掉调声～
l　[112] 撩燎僚嘹瞭辽疗聊寥
　[55] 了～结

[24] 料廖镣尥

tɕ [33] 交郊胶蛟姣跤文娇教文焦蕉椒浇召昭招朝文潮

[112] 朝白:今~

[55] 缴皎绞狡饺铰较侥搅文:~拌

[24] 藠觉文叫文教文赵兆肇照罩

tɕh [33] 悄敲文雀跷锹劁

[112] 朝~向嘲

[55] 巧

[24] 俏鞘峭窍

ȵ [55] 鸟咬文

[24] 尿动词

ɕ [33] 肖消宵霄硝销逍梢捎艄潇萧箫骁烧枭

[55] 小晓少多~

[24] 孝酵少~年笑

ʑ [112] 乔侨桥荞瞧樵肴淆

[24] 轿翘效校邵绍

ø [33] 夭妖吆邀要~求

[112] 摇谣瑶遥窑姚

[55] 舀扰绕

[24] 要需~耀

eɪ

p [33] 杯碑卑悲背动词

[24] 贝辈背~诵狈

ph [33] 胚坯

[24] 配佩沛霈

b [112] 培赔陪肥白

[24] 倍焙悖

m [112] 煤媒玫枚霉眉

[55] 美每
[24] 妹魅昧寐
v [112] 肥文
f [33] 飞又
[24] 费又肺又
t [33] 堆
[24] 对碓
th [33] 推
[55] 腿
[24] 退褪蜕
d [24] 队兑
n [55] 馁累积~
[24] 累~死咖了
l [112] 雷蕾擂
[55] 垒磊屡儡
[24] 泪类内

ueI

ts [33] 追锥
[55] 嘴
[24] 最醉赘缀惴
tsh [33] 崔催摧璀吹炊
[24] 脆淬翠悴粹
s [33] 虽
[55] 水
[24] 税岁碎祟
z [112] 垂锤捶陲槌搥谁随遂隧邃
[24] 坠睡瑞遂隧邃穗
k [33] 规归圭闺龟

　　［55］鬼诡轨
　　［24］桂贵鳜
kh　［33］亏盔
　　［112］魁奎
　　［55］跪
　　［24］愧
x　［33］挥辉晖灰恢诙麾飞$_{又}$非扉霏蜚妃
　　［55］毁悔匪诽
　　［24］贿晦诲肺痱讳卉费$_{又}$
ɦ　［112］肥$_{白}$回$_{又}$茴蛔
　　［24］会$_{又}$绘
Ø　［33］威煨危微
　　［112］回$_{又}$为围闱
　　［55］伟玮纬苇违委萎猬尾娓
　　［24］柜溃会$_{又}$绘惠彗慧汇卫未味$_{文}$尉慰胃谓猥魏位

əɯ

b　［112］浮$_{白}$
m　［112］谋牟眸
　　［55］某亩牡
t　［33］兜蔸篼
　　［55］斗$_{名词}$抖蚪陡
　　［24］斗$_{动词}$
th　［33］偷
　　［55］敨$_{\sim气:歇气}$
d　［112］头投
　　［24］豆逗痘
l　［112］楼搂
　　［55］搂娄篓蝼镂髅缕

	[24]	漏陋
ts	[33]	邹诌□动词：蹲
	[55]	走
	[24]	揍皱绉
tsh	[33]	搊动词：用手往上推，~他上墙
	[24]	奏凑
s	[33]	搜馊飕
	[55]	叟艘
	[24]	瘦嗽
z	[112]	愁
	[24]	骤
k	[33]	勾沟钩
	[55]	狗苟枸
	[24]	够垢诟构购
kh	[33]	抠文眍
	[55]	口
	[24]	扣叩寇蔻
ŋ	[33]	欧讴殴鸥
	[55]	偶藕呕
	[24]	怄沤
x	[33]	齁抠白
	[55]	吼
ɦ	[112]	侯猴喉瘊
	[24]	后厚候後

iəɯ

t	[33]	丢
n	[112]	牛
	[55]	扭纽

l　［33］溜
［112］流硫琉刘浏留瘤馏榴
［55］柳
tɕ　［33］周舟州洲赳鸠
［55］九久灸酒韭纠帚肘
［24］究鬏咒纣
tɕh　［33］秋鳅丘邱抽
［55］丑瞅醜
［24］臭
ɕ　［33］修休羞收
［55］朽手首守狩
［24］秀绣锈嗅兽
ʑ　［112］绸稠踌筹仇酬求球裘囚泅柔揉蹂
［24］旧臼舅咎就救袖寿受授
Ø　［33］忧优攸悠幽
［112］由油邮尤犹疣
［55］有友酉
［24］又右保诱幼柚釉

an

p　［33］班斑般搬瘢扳颁邦帮梆
［55］板版坂谤膀榜
［24］扮半伴拌绊办蚌棒泵
ph　［33］攀潘乓蟠
［24］盼襻判叛畔胖
b　［112］房$_{白}$凡$_{白}$盘繁$_{白}$烦$_{白}$旁滂螃膀$_{\sim胱}$庞
［24］饭$_{白}$范$_{白}$万$_{白}$妄$_{白}$
m　［112］蛮瞒馒盲亡忙芒茫
［55］满莽蟒

[24] 曼慢蔓漫幔鳗
f [33] 帆方又
[55] 访又仿又纺又
[24] 贩又放又
t [33] 单箪丹眈当～时裆铛
[55] 胆疸
[24] 当上～蛋凼
th [33] 贪滩摊瘫汤
[55] 毯坦袒倘躺淌忐
[24] 探炭叹趟烫
d [112] 潭谭坛谈痰檀弹～琴唐糖塘搪堂螳膛棠昙
[24] 淡澹但担弹子～诞荡宕
n [112] 男难～为南楠腩囊馕
[24] 难灾～
l [112] 兰栏拦蓝篮岚阑褴郎榔廊狼螂
[55] 懒览榄揽缆朗琅
[24] 烂滥浪
ts [33] 簪沾脏
[55] 斩崭盏
[24] 站赞葬脏心～
tsh [33] 餐参～加仓苍沧舱
[55] 产铲惨阐
[24] 灿璨忏
s [33] 三山汕衫姗删潸桑文丧抬～裳
[55] 伞散嗓颡
[24] 丧～失
z [112] 馋蚕惭残藏～起来
[24] 栈湛藏西～
k [33] 甘柑泔疳干～净竿肝奸间冈刚钢纲岗缸肛

[55] 杆秆赶感橄减港讲$_{\text{白}}$

[24] 干赣监鉴舰间$_{\text{动词：～开}}$杠虹$_{\text{白：出虹}}$

kh [33] 刊勘嵌康慷糠

[55] 坎砍侃槛

[24] 看$_{\text{～见}}$瞰亢抗炕

ŋ [33] 安桉胺鞍氨鹌肮昂

[112] 岩颜$_{\text{白}}$

[55] 眼$_{\text{白}}$

[24] 按案暗黯岸雁$_{\text{白}}$晏

x [33] 憨鼾酣夯

[55] 罕喊

[24] 汉

ɦ [112] 含函涵邯寒鹹衔闲先韩杭航行$_{\text{～列}}$

[24] 撼憾旱悍捍焊翰瀚汗$_{\text{～水}}$陷限苋巷项咸$_{\text{副词：都}}$

ian

l [112] 良凉量$_{\text{丈～}}$粮梁粱

[55] 两辆

[24] 亮谅晾踉量$_{\text{数～}}$

tɕ [33] 刚$_{\text{～才}}$姜江将$_{\text{～来}}$张章樟彰蟑瘴

[55] 桨奖蒋讲$_{\text{文}}$涨

[24] 酱降$_{\text{～落}}$绛将$_{\text{大～}}$障帐胀

tɕh [33] 枪羌腔昌娼猖

[55] 抢厂敞鳖

[24] 唱倡伥呛

ȵ [112] 娘

[55] 仰

ɕ [33] 香乡相$_{\text{～互}}$箱厢湘镶商伤

[55] 想享响饷晌赏

［24］相～片向

ʐ ［112］长～短肠常尝偿强襁详祥翔墙蔷

［55］长队～

［24］丈杖仗犟匠象白像白橡白上白尚

ø ［33］秧殃泱鸯

［112］羊佯洋烊阳杨扬疡

［55］养痒氧

［24］嚷壤恙样漾象文像文橡文让

uan

t ［33］端

［55］短

［24］断

d ［112］团

［24］段缎锻

n ［55］暖

l ［112］峦鸾銮

［55］卵

［24］乱

ts ［33］钻文装庄桩妆簪

［24］钻～子壮攥篡

tsh ［33］氽蹿疮窗

［55］闯

［24］窜创怆

s ［33］酸栓拴闩霜孀双文桑白

［55］爽

［24］算蒜涮

z ［112］床

［55］撞

［24］赚篆撰馔状

k　［33］关官棺倌观～察鳏光胱

［55］管馆管

［24］贯惯掼灌罐盥观何仙～

kh　［33］宽匡框筐眶

［55］款

［24］旷况矿

x　［33］欢番翻藩方文芳妨白荒慌肓

［55］反返访文仿文纺文谎网白惘

［24］贩文放文唤涣

ɦ　［112］凡烦繁黄簧皇蝗凰环房文王亡完纨

［55］晃

［24］换饭文幻患宦豢范文

ø　［33］弯湾汪枉

［112］玩顽狂

［55］往腕碗晚惋豌婉

［24］忘妄文望旺万文

ien

p　［33］边鞭

［55］贬扁匾蝙

［24］变辫辨辩

ph　［33］偏篇翩翩

［24］片遍骗

b　［112］卞汴便～宜

m　［112］棉绵眠

［55］免娩勉冕腼

［24］面麵

t　［33］颠癫滇巅踮掂

［55］点典碘
［24］店惦玷
th ［33］天添
［55］舔
d ［112］甜恬田填
［24］电奠殿佃甸钿淀垫
l ［112］联连莲裢涟鲢怜帘廉镰
［55］脸敛
［24］练炼链楝
tɕ ［33］肩坚艰尖间文詹瞻沾粘
［55］碱检捡俭拣柬剪茧趼展辗
［24］见谏涧箭煎贱溅建键荐占战颤
tɕh ［33］千迁纤谦牵签铅文
［55］浅遣谴
［24］欠芡歉倩堑
ȵ ［33］拈研黏文妍8 2寻找3 3 D0 3 1
［112］年严白言
［55］碾
ʑ ［112］潜钱前钳虔掮嫌涎贤禅然燃蝉
［24］绽渐践件现县善膳鳝蟮擅赡
ɕ ［33］仙掀锨先
［55］险显闪陕
［24］宪献线羡扇骟
Ø ［33］烟胭腌淹
［112］盐炎阎延筵蜒檐颜文言文
［55］掩眼文演
［24］厌艳焰宴彦燕咽雁

yen

tɕ　[33] 专砖娟绢捐鹃
　[55] 转$_{\text{~学}}$卷$_{\text{动词}}$
　[24] 转$_{\text{~圈}}$卷券
tɕh　[33] 川穿圈
　[55] 犬
　[24] 劝串
ɕ　[33] 宣渲喧轩鲜掀$_{\text{白}}$
　[55] 软选癣
ʑ　[112] 椽权拳颧蜷船传$_{\text{~达}}$泉全痊旋旋玄炫眩
　[24] 传$_{\text{自~}}$绚楦
∅　[33] 冤渊
　[112] 员圆园原源缘元沅袁猿援媛沿铅$_{\text{白}}$
　[55] 远
　[24] 院愿怨

ən

p　[33] 奔崩$_{\text{文}}$
　[55] 本
ph　[33] 烹
b　[112] 盆纹坟焚闻$_{\text{白}}$
　[55] 笨
　[24] 问$_{\text{白}}$份$_{\text{白}}$
m　[33] 慒$_{\text{动词:思考、想}}$
　[112] 门们扪蚊$_{\text{白}}$
　[24] 闷焖
t　[33] 登蹬灯敦墩蹲
　[55] 等戥
　[24] 凳顿

th　［33］吞炖
d　［33］屯囤豚臀滕藤腾疼誊
　［24］盾遁钝炖扽
n　［112］能
　［24］嫩
l　［112］仑伦轮抡
　［55］冷
　［24］论愣
ts　［33］尊遵曾姓氏增憎争睁筝狰
　［55］怎
　［24］赠甑罾俊峻竣骏
tsh　［33］村
　［24］寸衬忖蹭
s　［33］森生牲甥笙孙参人～
　［55］旬询循荀
　［24］渗逊
z　［112］层曾～今存巡
k　［33］根跟庚赓羹耕更五～
　［55］埂梗耿
　［24］更～加
kh　［33］坑吭铿
　［55］肯啃恳垦
ŋ　［33］恩
　［24］摁
x　［33］亨哼
　［112］痕
　［55］很擤□否定副词：不
ɦ　［112］衡恒
　［24］恨

uən

k　［55］滚
　［24］棍
kh　［33］昆琨鲲坤
　［55］捆
　［24］困睏
x　［33］昏婚荤分$_{文}$芬吩纷氛
　［55］粉
　［24］粪奋喷愤份$_{文}$忿
ɦ　［112］浑魂馄横
　［24］混
ø　［33］温瘟
　［112］蚊文闻文
　［55］稳吻刎紊
　［24］问$_{文}$

in

p　［33］彬斌宾滨殡膑鬓冰兵
　［55］丙炳柄秉饼禀
ph　［33］拼乒
　［55］品
　［24］聘
b　［112］平评坪苹萍瓶屏凭贫频
　［24］病并牝
m　［112］民岷泯闵闽名茗铭冥瞑鸣
　［55］敏悯抿
　［24］命
t　［33］丁盯叮钉$_{名词}$疔
　［55］顶鼎

　　［24］订钉$_{动词}$

th　［33］厅听$_{又}$

　　［55］挺

　　［24］听$_{又}$

d　［112］亭停婷廷庭

　　［55］艇

　　［24］定锭腚

n　［33］宁拧咛狞泞

l　［33］拎

　　［112］林琳淋鳞麟磷遴嶙临邻泠玲聆龄铃灵凌菱绫棱凛檩

　　［55］领岭

　　［24］令另吝赁蔺

tɕ　［33］今巾金斤筋津禁$_{～不起}$京惊鲸睛精晶经真贞侦斟针正$_{～月}$征蒸砧甄

　　［55］枕诊疹缜紧锦景井颈警拯整

　　［24］进晋禁$_{～止}$震劲径茎敬镇振赈证正$_{～确}$症政

tɕh　［33］亲$_{～人}$钦侵青清蜻轻卿郴嗔抻称$_{～赞}$撑

　　［55］请逞

　　［24］亲$_{～家}$庆磬趁秤称$_{～职}$

ɕ　［33］心芯辛锌新薪欣忻馨身深申伸呻绅声升星腥猩兴～旺

　　［55］醒

　　［24］信兴$_{高～}$性姓衅圣胜

ʑ　［112］沉陈尘橙澄惩呈程丞承辰晨臣成城诚琴芹禽擒勤秦情晴人仁神行寻形型刑仍

　　［55］忍谨馑瑾

　　［24］近竞竟静痉净尽$_{～头}$郑阵盛杏幸肾慎蜃刃仞纫饪任韧认甚剩

Ø　［33］因姻茵阴荫鹰莺英婴樱缨鹦今$_{～朝：今天}$

　　［112］盈楹赢迎营莹吟淫霪银垠龈寅

　　［55］引蚓隐瘾影颍颖

［24］应$_{答\sim}$映印

yn

tɕ　［33］军君均钧谆

［55］准

tɕh　［33］春椿

［55］蠢顷倾

ɕ　［33］熏醺勋

［24］训驯

ʑ　［112］群裙琼绳乘唇纯醇淳

［24］菌肫顺闰润剩

oŋ

p　［33］崩$_{白}$绷

［55］□$_{凸起}$

［24］蹦$_{白}$泵迸

ph　［55］捧

［24］碰

b　［112］彭膨澎朋棚鹏逢缝$_{白}$篷冯

［24］奉$_{白}$俸凤$_{白}$缝$_{名词}$

m　［33］懵

［112］蒙朦虻萌盟

［55］猛蜢锰

［24］孟梦

t　［33］东冬

［55］董懂

［24］冻栋

th　［33］通

［55］桶捅统

[24] 痛
d [112] 同铜桐筒童瞳潼彤
[24] 动洞侗恫垌
n [112] 农脓浓侬
[24] 弄
l [33] 聋
[112] 龙珑笼名词隆窿
[55] 拢垄陇笼~统
ts [33] 宗棕鬃踪中~间忠衷钟盅终
[55] 总种~子肿冢踵
[24] 种动词：~地众纵粽中~奖
tsh [33] 冲动词充匆葱聪囱憧春
[55] 宠
[24] 冲说话~铳
s [33] 松~紧嵩
[55] 耸怂悚
[24] 送宋
z [112] 从丛枞松崇虫重~复
[24] 重轻~仲颂讼诵
k [33] 工攻功公蚣弓躬龚恭宫
[55] 拱巩
[24] 贡共供~应
kh [33] 空~气
[55] 恐孔
[24] 控空~缺
x [33] 烘哄~抢风枫疯丰封峰烽蜂文锋轰
[112] 逢文缝动词,文
[55] 哄~骗讽
[24] 凤文讧

ɦ　　［112］宏弘红洪鸿虹

ø　　［33］翁嗡聡

　　　［24］瓮鼆蕹

ioŋ

tɕ　　［55］迥炯

ɕ　　［33］凶汹匈胸兄 ʑ［112］雄熊穷穹琼

ø　　［33］拥

　　　［112］荣容熔熔榕融庸臃氄戎绒

　　　［55］甬俑涌踊勇蛹

　　　［24］用佣

m̩

ø　　［33］姆称呼母亲为"～妈"

第三节　永州方音与北京音的比较

一　声母的比较

永州方言有 29 个辅音声母和一个零声母，北京有 21 个辅音声母和一个零声母。与北京相比，永州方言声母有如下特点：

（一）大部分古全浊声母字在永州方言中依然读为浊声母。但北京话中的古全浊声母清化，没有浊辅音。如：布 pu^{24} ≠步 bu^{24}，带 tæ^{24} ≠袋 dæ^{24}，试 sɿ^{24} ≠事 zɿ^{24}，笑 ɕiɔ^{24} ≠校 ʑiɔ^{24}，汉 xan^{24} ≠汗 ɦan^{24}，急 ʧʅ^{33} ≠集 ʒʅ^{112}。与北京话相比，永州话多出了［b、d、z、ʑ、ɦ、ʒ］几个浊辅音声母。

（二）永州方言比北京话多出一套舌叶音声母［ʧ、ʧh、ʃ、ʒ］。北京话中的［tɕ、tɕh、ɕ］和［tʂ、tʂh、ʂ］两组声母与［i］相拼时，在永州方言中声母是舌叶音。如：吉［ʧʅ^{33}］、七［ʧhʅ^{33}］、失［ʃʅ^{33}］，制［ʧʅ^{33}］、尺［ʧhʅ^{33}］、世［ʃʅ^{24}］、石［ʒʅ^{112}］。

（三）永州方言比北京话多出一个舌根鼻音声母 ŋ。北京话中部分零声母字，永州话读为 ŋ 声母，如：鹅［ŋo^{112}］、牙［ŋa^{112}］、藕［ŋəɯ^{55}］、岩［ŋan^{112}］。

另外，北京话部分 f 声母字、零声母字在永州方言中读双唇音声母，如房［ban^{112}］、饭［ban^{112}］、万［ban^{24}］、袜［ba^{24}］；北京话的［tʂ、tʂh、ʂ］声母在永州方言里读成［ʦ、ʦh、s、z］、［ʨ、ʨh、ɕ、ʑ］和［ʧ、ʧh、ʃ、ʒ］；此类情况还有很多，具体对应关系见下表4：

表4　永州话与北京话声母对应关系

永州	北京	例字	备注
p	p	北波拜包宝标杯班	
ph	ph	匹铺怕拍坡炮飘盼	
	p	鄙遍	少数字
	f	甫	个别字
b	p	鼻备被步白牌败瓢笨病	
	ph	盘旁平庞膨棚篷	
	f	房凡繁烦饭范焚缝冯凤罚份	文读
	ø	袜味万妄纹闻问	
m	m	木目母墓牧马骂麦磨帽慢命	
	ø	吴悟蚊	
f	f	府斧	
v	f	扶芙伏佛服父妇负敷	
	x	壶户	
t	t	低帝赌打爹刀岛到堆	
	l	隶	个别字
th	th	梯秃塔铁拖太套跳腿偷烫天	
d	t	笛读达碟夺逮蹈掉队豆淡段	
	th	蹄图挞特舵台桃条头潭团唐	
n	n	奴拿诺乃恼	
	l	累	
l	l	离芦六勒列罗来劳撩雷屡兰	
	n	努挪内	

续表

永州	北京	例字	备注
ʦ	ʦ	资租砸作灾遭嘴走簪脏尊增	
	ʦh	刺侧	
	tʂ	指竹抓谪窄卓斋拽找追站壮	
	tʂh	翅	
	tɕ	焦俊	
tsh	ʦ	燥奏	
	tsh	此粗策搓猜草崔凑餐窜村葱	
	tʂh	齿初叉拆戳钗揣超炊产闯衬	
s	tsh	厕$_{白}$	
	s	私苏洒色索赛嫂搜三酸森松	
	ʂ	施叔沙刷虱筛衰水瘦山栓生	
	ɕ	旬	
z	ts	自族杂贼咋凿在造	
	tsh	词才曹残藏层存从	
	s	寺隧松	
	tʂ	逐楂宅浊坠骤湛撞重$_{轻\sim}$	
	tʂh	锄查巢垂愁馋床虫	
	ʂ	是熟谁	
	ʐ	瑞	
	ɕ	巡	
tɕ	tɕ	居姐决脚九江肩今晶军迥鹃	
	tɕh	券	
	k	刚$_{\sim才}$	
	tʂ	煮遮灼召周张粘专针征谆	
	tʂh	潮	
tɕh	tɕh	区恰窃缺悄秋枪千钦庆	
	tʂh	出车扯嘲抽唱川秤春	
	ɕ	斜$_{白}$	

续表

永州	北京	例字	备注
ȵ	n	泥女黏$_{白}$镊虐鸟娘年	
	l	略	
	ø	嶷业咬$_{文}$仰言	
	ʐ	惹$_{白}$	
ɕ	ɕ	虚匣些削修靴香仙醒心勋兄	
	ʐ	汝软	
	ʂ	书赊烧兽伤陕赏胜	
ʑ	tʂ	着$_{～火}$丈绽传$_{自～}$	
	tʂh	除绸肠蝉椽沉成淳	
	ʂ	术$_{白}$厦涉勺绍受尚善绳	
	ʐ	如弱柔燃仁仍润	
	tɕ	具绝轿旧匠件谨菌竞	
	tɕh	渠洽乔求强潜权琴群琼	
	ɕ	徐夏邪穴学肴袖详县寻行雄	
ʧ	tɕ	鸡机肌讥基	
	tɕh	杞企	
	ɕ	吸	
	tʂ	蜘只$_{量词}$指$_{白,手～}$置这	
ʧh	tɕh	欺妻凄起砌	
	ɕ	膝	
	tʂh	吃尺	
ʃ	ɕ	习夕西牺希溪	
	ʂ	食世识饰释	
ʒ	tɕ	集缉辑疾及极	
	tɕh	奇骑齐期祈棋	
	ɕ	携	
	tʂ	直值植侄	
	tʂh	迟麒池驰弛	
	ʂ	石蚀誓逝	
	ʐ	日	

续表

永州	北京	例字	备注
k	k	姑瓜国哥该乖高规狗关滚宫	
	kh	括廓	
	x	虹$_{白:出虹}$	
	tɕ	痂皆跤监讲	
kh	k	溉跪	
	kh	枯胯$_{白}$客扩开考亏口康款恐	
	tɕh	掐去$_{白}$确白敲$_{白}$嵌	
ŋ	ø	鸭额我哀熬咬$_{白}$欧安岩恩	
	t	呆	
x	f	夫发$_{文}$妃反粉风	
	x	忽花黑鹤火海蒿挥吼欢痕昏	
	kh	揩$_{白}$抠$_{白}$	
	ɕ	虾蟹擤	
	tʂh	忿	
	ø	窝$_{白}$惘哼	
ɦ	k	官	
	x	狐核活禾害豪后含幻衡虹	
	ɕ	下鞋闲巷	
	f	肥$_{白}$凡	
	ø	王完	
ø	p	保	
	m	姆	
	tɕ	今	
	tɕh	铅$_{白}$	
	ɕ	象$_{文}$像$_{文}$橡$_{文}$	
	l	律吕	
	t	他	
	k	柜	
	kh	溃狂	
	x	华回滑	
	ʐ	让荣容	
	ø	一乌啊丫挖瓦儿页月药外翁	

二 韵母的比较

永州方言有34个韵母（包括一个自成音节的［m］），北京话有39个韵母。与北京话相比，永州方言韵母整体呈现出如下特征：

1. 北京话的复元音韵母［au、uo、ai］在永州方言中分别是［ɔ、o、æ］。

2. 后鼻韵母与前鼻韵母合流。北京话中的［an、ən、in］和［aŋ、əŋ、iŋ］在永州方言中合并为一组，读为［an、ən、in］。

二者韵母对应关系如下表5：

表5 永州话与北京话韵母对应关系

永州	北京	例字
ɿ	ɿ	资此思姊紫私斯撕司
	ʅ	枝翅师志耻齿史驶使
	e	厕$_{\text{白}}$
i	i	笔匹眯觅低梯蹄离泥一眯咪
	ei	肥$_{\text{白}}$备惫被$_{\text{名词}}$味$_{\text{白}}$
u	u	卜萝～朴仆吴木斧户都秃度奴芦筑
	o	佛$_{\text{～像}}$
y	y	女橘区屈虚序叙侣誉郁距矩
	u	株出乳书薯煮主拄柱驻住贮苎
	i	疫役
ʅ	i	鸡机七溪疾及极籍奇骑齐期
	ʅ	知蜘吃尺这饰释蚀治誓逝
	ie	携
a	a	八帕骂发搭它大拿纳蜡腊渣砸傻洒
	ia	家$_{\text{白}}$痂嫁$_{\text{白}}$架$_{\text{白}}$鸭压$_{\text{白}}$哑瞎$_{\text{白}}$下$_{\text{白:底～}}$
	ua	胯$_{\text{白}}$

续表

永州	北京	例字
ia	i	提滴$_{白}$
	ie	爹
	ia	家$_{文}$痂夹$_{文}$挟$_{文}$袷甲$_{文}$掐$_{文}$虾$_{文}$夏丫鸦
	ian	黏$_{白}$
	e	惹$_{白}$
ua	ua	抓刷瓜寡剐夸花话画$_{又}$滑挂卦挖
	uo	括
	a	法$_{又}$挖瓦
e	ai	百掰拍麦脉拆摘
	o	伯箔迫魄墨默陌
	ei	北没$_{\sim 有}$贼黑
	e	得德特则责谪仄侧$_{白}$色涩革客克赫
	y	去$_{白}$
	er	儿耳而
ie	ie	憋撇$_{\sim 捺}$别灭跌铁列洁劣借切业
	i	逼
	e	遮蔗浙者哲车赊设舍惹社
ue	uo	国蝈活或惑获
ye	ye	决诀缺靴穴绝阅悦
o	o	波菠坡泼剖模漠寞
	uo	多拖诺罗作卓桌果过扩我祸和$_{\sim 稀泥}$
	e	哥个鸽割搁科蝌颗鹅喝
	iao	角$_{白:牛\sim}$
	ye	确白
yo	ye	虐掠觉$_{感\sim}$确学跃乐$_{音\sim}$岳
	iao	角$_{文:一\sim钱}$脚嚼
	uo	酌灼弱若
	ao	着$_{\sim 火}$勺药

续表

永州	北京	例字
æ	ai	摆派买迈呆胎奶来灾栽斋猜差$_{\text{出～}}$钗该开
	ie	阶皆街$_{\text{白}}$
	uan	暖
	ie	鞋
	er	二
uæ	ai	栽$_{\text{白}}$
	uai	拽揣喘衰摔乖蒯怀歪
ɔ	au	包泡$_{\text{一～尿}}$炮猫刀滔韬讨澡找
	iau	窖觉$_{\text{白:睏～}}$教$_{\text{白}}$叫$_{\text{白:～花子}}$敲$_{\text{白}}$
iɔ	iau	标表飘漂$_{\text{～浮}}$缥苗刁挑$_{\text{文}}$撩郊悄敲文
	au	赵兆肇照罩邵绍少$_{\text{多～}}$
eɪ	ei	杯碑卑悲背$_{\text{动词}}$胚坯煤肥$_{\text{文}}$馁累$_{\text{积～}}$
	uei	堆对碓退褪蜕
ueɪ	uei	追坠睡鬼诡醉赘缀亏盔水会$_{\text{文}}$绘伟
	ei	肥$_{\text{白}}$
əɯ	u	浮$_{\text{白}}$
	ou	谋兜斗偷楼邹搜愁狗口偶吼厚
iəɯ	iou	丢牛溜九久秋丑修休忧优攸又右
	ou	周舟绸稠丑瞅仇酬手首守狩
	ao	保
an	an	班攀蛮瞒馒莽帆单耽贪袒男难$_{\text{～为}}$南
	aŋ	妄$_{\text{白}}$房$_{\text{白}}$旁庞访$_{\text{文}}$仿$_{\text{文}}$倘荡宕
	uŋ	虹$_{\text{白:出虹}}$
ian	iaŋ	良凉姜枪羌乡仰娘秧殃泱匠象$_{\text{白}}$
	aŋ	刚$_{\text{～才}}$涨长$_{\text{～短}}$肠常尝偿丈上$_{\text{白}}$尚让
	uan	鸯
uan	uan	端团暖峦钻$_{\text{文}}$蹿酸栓拴闩算涮赚撰
	uaŋ	装庄桩妆闯霜孀双$_{\text{文}}$爽床旷况矿
	an	簪凡烦繁完纨玩顽
	aŋ	桑$_{\text{白}}$房$_{\text{文}}$王亡往忘妄$_{\text{文}}$望旺
ien	ian	边偏棉颠天联电坚尖间$_{\text{文}}$见谏千拈严$_{\text{白}}$
	an	展辗瞻沾粘占战颤闪陕

续表

永州	北京	例字
yen	uan	专砖转~学川穿椽传~达串船
	yan	绢捐鹃卷动词圈宣渲权拳颧蜷玄员圆远
	ian	铅白
ən	ən	奔本盆纹坟笨门们扪嫩怎渗
	əŋ	崩文烹懵动词:思考、想登灯能冷赠埂坑
	uən	纹坟焚吞炖盾仑伦尊寸衬忖
uən	uən	滚棍昆琨鲲坤昏婚荤浑魂馄温瘟蚊文闻文问文
	ən	分文芬
	əŋ	横
in	in	彬斌宾拼民岷贫频林琳今巾钦侵筋
	iŋ	冰乒评病并命丁茗铭凭宁请醒竟静颍颖
	ən	枕诊疹称~赞忍
	əŋ	证正~确症政撑逞仍
yn	yn	军君训驯群裙菌熏醺勋
	uən	准春蠢顺闰润唇纯醇淳
	əŋ	绳剩乘
	iŋ	顷倾
	yŋ	琼
oŋ	eŋ	崩白绷捧篷冯懵蒙风文讽逢文缝动词,文锋
	oŋ	东冬懂通痛农脓聋宏弘鸿嵩贡总种~子冲说话~铳
	uəŋ	翁嗡聈瓮鼆蕹
ioŋ	yŋ	迥炯凶胸兄拥雄熊穷穹琼用佣
	oŋ	荣容熔熔榕融戎绒
m	m	姆称呼母亲为"~妈"

三　声调的比较

从调类上看，永州方言和北京话调类一样，都是阴平、阳平、上声、去声四个声调。但每个调类的具体调值不同：永州方言的四个调值分别是33、112、55、24；北京话的四个调值是55、35、214、53。具体到每个调类中所辖的字，也有差异。下面列表说明：

表6　永州话与北京话声调对应关系

永州	北京	例字
阴平33	阴平55	多三心金单肝割八铁憋刮
	阳平35	夹闸折协习急结决
	上声214	塔甲法渴雪笔
	去声53	踏叶设撤阔
阳平112	阳平35	锣河爬茶牙蛇牌皮池流蓝直极择
	阴平55	铅突击激汁熄湿
	上声214	朴仆乞跑
	去声53	饲捺蜡立入灭热袜月密物药麦木肉
上声55	上声214	左朵锁马假府武老草走
	阴平55	捏擦稍
	去声53	跪撞笨概
去声24	去声53	大个饿辈配妹柜瘦拜报叫校
	阴平55	滴垃
	阳平35	哲斜
	上声214	蚁企簸导壤咏

从比较表可见，永州话的四个声调和北京话的四个声调所辖的字差异较大。造成这种差异的一个主要原因是古入声字的分派规律不同：清声母入声字分派入四声，次浊大多归阳平，全浊大多派入阴平和阳平两类；清声母古入声字在北京话中派入四声，次浊归去声，全浊归阳平。

第三章　永州方言分类词表

本章辑录永州方言词语约3200多条，分为29类。分别是：

1. 天文2. 地理3. 时间时令4. 农事5. 植物6. 动物7. 房舍8. 器具用品9. 人品10. 亲属称谓11. 身体12. 疾病医疗13. 服饰穿戴14. 饮食15. 红白大事16. 迷信17. 讼事18. 日常起居19. 交际20. 商业交通21. 文化教育22. 文体活动23. 动作24. 方位25. 代词26. 形容词27. 副词、介词、连词28. 数词29. 量词

每条先列出方言词语，然后用国际音标注音。同一个词有两种或两种以上说法，第二种以后的词后退两字空。轻声在音节后加“^{0}”表示。无字可写的用方框“□”代替，同音替代字用上标“ = ”表示。对难理解的词语后面用普通话注释，举例用～代替本词条。

一　天文

日头　ʒʅ^{112}dəɯ^{0}太阳

日头大　ʒʅ^{112}dəɯ^{0}da^{24}太阳烈

日头晒　ʒʅ^{112}dəɯ^{0}sæ^{24}

日头小　ʒʅ^{112}dəɯ^{0}ɕiɔ^{55}

躲阴　to^{55}Øin^{33}在阴凉的地方躲太阳

背阴　peɪ^{24}Øin^{33}太阳照不到的地方

阴当$^{=}$ Øin^{33}tan^{33}

亮当$^{=}$ lian^{24}Øin^{33}太阳照得到的地方、有光亮的地方

月亮　Øye^{112}lian^{0}

半边月亮　pan^{24}pien^{33}Øye^{112}lian^{0}半月

圞月亮　luan^{112}Øye^{112}lian^{0}满月

月亮大　Øye^{112}lian^{0}da^{24}月光很亮

月亮小　Øye^{112}lian^{0}ɕiɔ^{55}月光不亮

月亮生毛　Øye^{112}lian^{0}sən^{33}mɔ^{112}月晕

星子　ɕin^{33}tsʅ^{0}星星

北斗星　pe^{33}təɯ^{55}ɕin^{33}

扫把星　sɔ^{24}pa^{55}ɕin^{33}

星子屙屎　ɕin^{33}ʦʅ^{0}Øo^{33}sʅ^{55}流星

天河　thien^{33}ɦo^{112}银河

云　Øyn^{112}

火烧云　xo^{55}ɕiɔ^{33}Øyn^{112}

红云　ɦoŋ^{112}Øyn^{112}

鲤鱼云　li^{55}Øy^{112}Øyn^{112}

鱼鳞甲云　Øyn^{112}lin^{112}ka^{55}Øyn^{112}

雨云　Øy^{55}Øyn^{112}黑云

风　xo^{33}

妖风　Øiɔ^{33}xo^{33}

大风　da^{24}xo^{33}

小风　ɕiɔ^{55}xo^{33}

旋风　ʑyen^{24}xo^{33}

台风　dæ^{112}xoŋ^{33}

毛毛风　mɔ^{112}mɔ^{112}xo^{33}微风

雷　lueɪ^{112}

打雷　ta^{55}lueɪ^{112}

大雷　da^{24}lueɪ^{112}声音很响的炸雷

闷雷　mən^{24}lueɪ^{112}声音不清脆响亮的雷

闪　ɕien^{55}闪电

火捻子　xo^{55}ȵien^{55}ʦʅ^{0}

雨　Øy^{55}

落雨　lo^{112}Øy^{55}下雨

淋天大雨　lin^{112}thien^{33}da^{24}Øy^{55}暴雨

猛子雨　moŋ^{55}ʦɿ^{0}Øy^{55}阵雨

毛毛雨　mɔ^{112}mɔ^{112}Øy^{55}

禾花雨　ɦo^{112}xua^{33}Øy^{55}连阴雨

细雨　ʃʅ^{24}Øy^{55}小雨

□雨　zæ^{24}Øy^{55}淋雨

晒　sæ^{24}～粮食

雪　ɕye^{33}

落雪　lo^{112}ɕye^{33}

棉花雪　mien113xua^{0}ɕye^{33}

米沙子　mi^{55}sa^{55}ʦɿ^{0}雪粒子

冰　pin^{33}

　　冰构　pin^{33}kəɯ^{24}

起构子　ʧhʅ^{55}kəɯ^{24}ʦɿ^{0}结冰

烊雪　Øian^{112}ɕye^{33}雪融化

冰雹　pin^{33}bɔ^{112}

夹雨夹雪　ka^{33}Øy^{55}ka^{33}ɕye^{33}雨夹雪

霜　suan^{33}

打霜　ta^{55}suan^{33}下霜

雾　Øu^{24}

　　雾气　Øu^{24}tʃhʅ^{24}

　　雾头　Øu^{24}dəɯ^{0}

起雾　ʧhʅ^{55}Øu^{24}

露水　lu^{21}sueɪ^{55}

下露水　ʑia^{24}lu^{21}sueɪ^{55}

七条杠　tʃhʅ^{33}dɔ^{112}kan^{24}虹

　　彩虹　tshæ^{55}ɦo^{112}

出虹　ʧhy^{33}kan^{24}

天狗吃太阳　thien^{33}kəɯ^{55}tʃhʅ^{33}thæ^{21}Øian^{0}日食

天狗吃月亮　thien^{33}kəɯ^{55}tʃhʅ^{33}Øye^{112}lian^{0}月食

天气　thien^{33}tʃhʅ^{21}

晴天　ʑin^{112}thien^{33}

阴天　Øin^{33}thien^{33}

落雨天　lo^{24}Øy^{55}thien^{33}下雨天

干　kan^{33}干旱：天～

水浸倒嘎了　sueɪ^{55}tɕin^{21}tɔ^{55}ka^{0}liɔ^{0}涝天

发水　xua^{33}sueɪ^{55}

涨水　ʨian^{55}sueɪ^{55}

南风天　nan^{112}xoŋ^{33}tien^{33}湿热天气

北风天　pe^{55}xoŋ^{33}tien^{33}干冷天气

天气爤　tien^{33}ʧhʅ^{24}næ^{24}天气热

天气冷　tien^{33}ʧhʅ^{24}lən^{55}

天光　thien^{33}kuan^{33}天亮

二　地理

平圹　bin^{112}khuan^{24}大片的平地

田　dien^{112}种水稻的地

　　水田　sueɪ^{55}dien^{112}

　　稻田　dɔ^{24}dien^{112}

旱土　ɦan^{24}thu^{55}旱地，浇不上水的耕地

　　地　di^{24}

田土　dien^{112}thu^{55}泛指可以种庄稼的水田和旱地

沙土　sa^{33}thu^{55}

沙泥　ȵi^{112}sa^{33}

荒地　xuan^{33}di^{24}

空地　khoŋ^{33}di^{24}

坪当$^{=}$ bin^{112}tan^{24}

田埂　dien^{112}kən^{55}

田基　dien^{112}tʃʅ^{33}

路　lu^{24}

毛路　mɔ^{112}lu^{0}野外的路

山路　san^{33}lu^{24}

水路　sueɪ^{55}lu^{24}

旱路　ɦan^{24}lu^{24}

泥巴路　ȵi^{112}pa^{0}lu^{24}

石板路　ʒʅ^{112}pan^{55}lu^{24}

马路　ma^{55}lu^{24}

远路　Øyen^{55}lu^{24}

近路　ʑin^{24}lu^{24}

短路　tuan^{55}lu^{24}

山　san^{33}

□□山　po^{55}po^{55}san^{33}小山包

山顶　san^{33}tin^{55}

山坳坳　san^{33}Øɔ^{24}Øɔ^{0}山谷

山中间　san^{33}ʦoŋ^{33}kan^{33}

山底下　san^{33}ti^{55}ʑia^{24}

山水　san^{33}sueɪ^{55}山间流水、山涧

河　ɦo^{112}较大的河流

江　ʨian^{33}

江子　kan^{33}tsɿ^{0}小河、小溪

渠道　ʑy^{112}tɔ^{24}水渠

水沟　sueɪ^{55}kəɯ^{33}较小的水道

湖　ɦu^{112}

水塘　sueɪ^{55}dan^{112}池塘

　　塘　dan^{112}
凼古　dan^{21}ku^{55}小水坑、地面上有积水的小洼儿
水凼　sueɪ^{55}dan^{24}水坑
清水　ʨhin^{33}sueɪ^{55}
浑水　ɦuən^{112}sueɪ^{55}
冷水　lən^{55}sueɪ^{55}
河水　ɦo^{112}sueɪ^{55}
井水　ʨin^{55}sueɪ^{55}
大水　da^{24}sueɪ^{55}洪水
转涡　ʨyen^{24}Øo^{33}旋涡
浪　lan^{24}
浸　ʨin^{24}淹：被水～了
河边　ɦo^{112}pien^{33}河岸
大坝　da^{24}pa^{24}拦河修筑拦水的水坝
　　水坝　sueɪ^{55}pa^{24}
地震　di^{21}ʨin^{55}
眼古$^{=}$ ŋan^{55}ku^{0}小窟窿
缝子　boŋ^{21}tsɿ^{0}缝的统称
石头　ʒʅ^{112}dəɯ^{0}
　　马拉古$^{=}$ ma^{55}la^{0}ku^{55}
沙子　sa^{33}tsɿ^{0}
泥沙　ȵi^{112}sa^{33}
河沙　ɦo^{112}sa^{33}
粗沙　ʦhu^{33}sa^{33}沙中带有碎石块
土　thu^{55}
泥巴　ȵi^{112}pa^{0}湿的泥
泻泥巴　çie^{24}ȵi^{112}pa^{0}淤泥
泥巴窝　ȵi^{112}pa^{0}xo^{33}泥堆
洋灰　Øian^{112}xueɪ^{33}水泥的旧称

石灰　ʒʅ^{112}xueɪ^{33}

好砖　xɔ^{55}tɕyen^{33}整块的砖

砖马古　tɕyen^{33}ma^{55}ku^{55}半截砖

红砖　ɦoŋ^{112}tɕyen^{33}

青砖　tɕhin^{33}tɕyen^{33}

水砖　sueɪ^{55}tɕyen^{33}泥土制成的砖

瓦片　Øua^{55}phien^{21}整块的瓦

　　瓦　Øua^{55}

瓦渣　Øua^{55}ʦa^{33}碎瓦

金子　tɕin^{33}ʦɿ^{0}

银子　Øin^{112}ʦɿ^{0}

铜　doŋ^{112}

铁　thie^{33}

锡　ʃʅ^{33}

煤　meɪ^{112}

洋油　Øian^{112}Øiəɯ^{112}煤油

炭　than^{24}木炭

灰　xueɪ^{33}火烧后的灰烬；尘土

火　xo^{55}

烟子　Øien^{33}tsɿ^{0}烧火形成的烟

起火　ʃʅ^{55}xo^{55}失火

水　sueɪ^{55}

冷水　lən^{55}sueɪ^{55}凉水

㶣水　næ^{21}sueɪ^{55}热水

磁铁　zɿ^{112}thie^{33}

马口铁　ma^{55}khəɯ^{55}thie^{33}白铁皮

玉石　Øy^{24}ʒʅ^{112}

硫磺　liəɯ^{112}Øuan^{112}

三　时间节令

时间　zʅ^{112}kan^{33}

　　□家　Øien^{55}ka^{0}时候：吃饭的～

什么时间　ʃʅ^{55}mo^{55}zʅ^{112}kan^{33}

　　什么□家　ʃʅ^{55}mo^{55}Øien^{55}ka^{0}什么时候

现在　ʑien^{24}zæ^{24}

如今　ʑy^{112}ʨin^{33}

以前　Øi^{55}ʑien^{112}十年～

　　先前　ɕien^{33}ʑien^{112}

　　原先　Øyen^{112}ɕien^{33}

以后　Øi^{55}ɦəɯ^{24}十年～

后来　ɣəu^{24}lai^{53}

　　后头　ɣəu^{24}dəu^{53}

哪牌子　na53bai44ʦʅ^{0}什么时候

　　哪牌辰　na53bai^{44}ʑin^{22}

这牌子　ʧʅ^{24}bai^{44}ʦʅ^{0}这时候

一生世　Øi^{33}sən^{33}ʃʅ^{21}一辈子

年份　ɳien^{112}xuən^{24}

月份　Øye^{24}xuən^{24}

今年　tɕin^{33}ɳien^{0}

明年　mən^{112}ɳien^{0}

　　下年　ɦa^{24}ɳien^{0}

后年　ɦəɯ^{24}ɳien^{0}后年

上后年　ʑian^{24}ɦəɯ^{24}ɳien^{0}大后年

去年　khe^{24}ɳien^{0}

　　隔年　ke^{33}ɳien^{0}也有“头年、上年”的说法。

前年　ʑien^{112}ɳien^{0}

上前年　ʑian^{24}ʑien^{112}ȵien^{0}大前年

往年　Øuan^{55}ȵien^{0}前些年

年搭年 ȵien^{112}ta^{33}ȵien^{112}每一年、一年又一年

年初　ȵien^{112}tshu^{33}

　年头　ȵien^{112}dəɯ^{112}

上半年　ʑian^{24}pan^{21}ȵien^{112}

下半年　ɦa^{21}pan^{21}ȵien^{112}

年底　ȵien^{112}ti^{55}

月初　Øye^{112}ʦhu^{33}

月底　Øye^{112}ti^{55}

闰月　Øyn^{24}Øye^{112}

五黄六月　Øu^{55}ɦuan^{112}lu^{112}Øye^{112}

十冬腊月　ʒʅ^{112}toŋ^{33}la^{33}Øye^{112}

头个月　dəɯ^{112}ko^{0}Øye^{112}上个月

下个月　ɦa^{21}ko^{0}Øye^{112}

个搭个月　ko^{24}ta^{55}ko^{24}Øye^{112}每个月

前半个月　ʑien^{112}pan^{24}ko^{0}Øye^{112}

后半个月　ɦəɯ^{21}pan^{24}ko^{0}Øye^{112}

一个月　Øi^{33}ko^{24}Øye^{112}整个月；表数目，后面是“两个月、三个月……”

礼拜天　li^{55}pæ^{55}thien^{33}星期天

一个礼拜　Øi^{33}ko^{24}li^{55}pæ^{55}一个星期

今朝　Øin^{33}tɕiɔ^{0}今天

明朝　mən^{112}tɕiɔ^{0}明天

后朝　ɦəɯ^{21}tɕiɔ^{0}后天

大后朝　da^{24}ɦəɯ^{21}tɕiɔ^{0}大后天

老后天　lɔ^{55}ɦəɯ^{21}thien^{33}

昨朝　zo^{112}tɕiɔ^{0}昨天

昨天　zo^{112}thien^{33}

前朝　ʑien^{112}tɕiɔ^{0}前天

前天　ʑien^{112}thien^{33}

向前朝　ɕian^{24}ʑien^{112}tɕiɔ^{0}大前天

前几天　ʑien^{112}ʧʅ^{55}thien^{33}

整天　tɕin^{55}thien^{33}一整天

每天　meɪ^{55}thien^{33}

麻麻亮　ma^{112}ma^{112}lian^{24}

开亮口　khæ^{33}lian^{24}khəɯ^{55}

清早晨　ʨhin^{33}ʦɔ^{55}ʑin^{112}大清早

清早起　ʨhin^{33}ʦɔ^{55}ʧhʅ^{55}

天光　thien^{33}kuan^{33}天亮

早上　tsɔ^{55}ʑian^{0}早晨

上半日　ʑian^{21}pan^{21}Øi^{55}上午

晌午　ɕian^{55}Øu^{55}中午

下半日　ɦa^{21}pan^{21}Øi^{55}下午

日里　ʒʅ^{112}li^{0}白天

夜边些　Øie^{21}pien^{33}ɕie^{33}傍晚

夜些嘎　Øie^{21}ɕie^{33}ka^{0}

煞黑　sa^{33}xe^{33}

夜里　Øie^{21}li^{0}夜晚，与白天相对

半夜里　pan^{21}Øie^{21}li^{0}半夜

上半夜　ʑian^{21}pan^{21}Øie^{24}

下半夜　ɦa^{21}pan^{21}Øie^{24}

一夜　Øi^{33}Øie^{24}

通夜　thoŋ^{33}Øie^{24}通宵

夜搭夜　Øie^{24}ta^{33}Øie^{24}每一夜

打更　ta^{33}kən^{33}

一更　Øi^{33}kən^{33}

二更　Øæ^{24}kən^{33}

三更　san^{33}kən^{33}

四更　si^{24}kən^{33}

五更　Øu^{55}kən^{33}

半夜三更　pan^{24}Øie^{24}san^{33}kən^{33}

春天　tɕhyn^{33}thien^{0}

　　春上　tɕhyn^{33}ʑien^{24}

夏天　ʑia^{24}thien^{33}

秋天　tɕhiəɯ^{33}thien^{33}

冬天　toŋ^{33}thien^{33}

　　冷天　lən^{24}thien^{33}

立春　li^{112}tɕhyn^{33}

　　交春　tɕiɔ^{33}tɕhyn^{33}

雨水　Øy^{55}sueɪ^{55}

惊蛰　tɕin^{33}ʧʅ^{112}

春分　tɕhyn^{33}xuən^{33}

清明　tɕhin^{33}min^{112}

谷雨　ku^{112}Øy^{55}

立夏　li^{112}ʑia^{24}

小满　ɕiɔ^{55}man^{55}

芒种　man^{112}tsoŋ^{24}

夏至　ʑia^{24}tsɿ^{24}

小暑　ɕiɔ^{55}ɕy^{55}

大暑　da^{24}ɕy^{55}

立秋　li^{24}tɕhiəɯ^{33}

处暑　tɕhy^{24}ɕy^{55}

白露　be^{112}lu^{24}

秋分　tɕhiəɯ^{33}xuən^{33}

寒露　xan^{112}lu^{24}

霜降　suan^{33}tɕian^{24}

立冬　li^{112}toŋ^{33}

小雪　$ɕiɔ^{55}ɕye^{33}$

大雪　$da^{24}ɕye^{33}$

冬至 $to^{33}tsʅ^{24}$

小寒　$ɕiɔ^{55}xan^{112}$

大寒　$da^{24}xan^{112}$

过小年　$ko^{24}ɕiɔ^{55}nien^{112}$

送灶王爷　$soŋ^{24}tsɔ^{24}Øuan^{112}Øie^{112}$腊月二十三

年三十　$ȵien^{112}san^{33}ʒʅ^{33}$除夕

三十夜里　$san^{33}ʃʅ^{33}Øie^{21}li^{0}$除夕夜

大年初一　$da^{24}ȵien^{112}tshu^{33}Øi^{33}$

正月初一　$ʨin^{33}Øye^{112}ʦhu^{33}Øi^{33}$

拜年　$pæ^{24}ȵien^{112}$

正月里　$tɕin^{33}Øye^{112}li^{0}$农历正月

正月十五　$tɕin^{33}Øye^{112}ʒʅ^{112}Øu^{55}$元宵节

　　元宵节　$Øyen^{112}ɕiɔ^{33}tɕie^{33}$

清明节　$tɕhin^{33}min^{112}tɕie^{33}$清明

端午节　$to^{33}Øu^{55}tɕie^{33}$端午

七月半　$tʃhʅ^{33}Øye^{112}pan^{24}$中元节，农历七月十五

八月十五　$pa^{33}Øye^{112}ʒʅ^{112}Øu^{55}$

　　中秋节　$tsoŋ^{33}tɕhiəɯ^{33}tɕie^{33}$

拜月　$pæ^{24}Øye^{112}$中秋赏月

重阳　$zoŋ^{112}Øian^{112}$

阴历十二月　$Øin^{33}li^{0}ʒʅ^{112}Øæ^{21}Øye^{112}$腊月农历十二月

皇历　$ɦuan^{112}li^{21}$历书

阴历　$Øin22li^{21}$

阳历　$Øian^{112}li^{21}$

四　农事

事　$zʅ^{24}$事情

年成　ȵien^{112}Øin^{112}

撒秧　sa^{55}Øian^{33}撒秧种

扯秧　ʨhie^{55}Øian^{33}

插田　tsha^{33}dien^{112}插秧

割禾　ko^{33}ɦo^{112}割稻

打禾　ta^{55}ɤo^{112}

糊田埂　ɤu^{33}dien^{33}kən53

犁田　li^{112}dien^{112}

耙田　ba22dien^{112}

挖地　Øua^{33}di^{24}

晒谷坪　sai^{24}ku^{33}bin^{112}

种菜　tsoŋ^{24}tshæ^{24}

肥　Øuei44

大肥　da^{24}Øuei44　用大便做肥料

小肥　ɕiao53Øuei44　用小便做肥料

积肥　ʧʅ22bei22

沤肥料　ŋəu^{24}bei22liau^{24}

屎坑　sɿ^{55}khən^{33}粪坑

化肥　xua^{24}bei22

锄头　zu^{112}dəɯ^{0}

镰刀　lien^{112}tɔ^{0}

镰子　lien^{112}ʦɿ^{0}割禾的镰刀

柴刀　ʥæ^{112}tɔ^{33}

铡草刀　ʥa^{33}ʦhɔ^{55}tɔ^{33}

锹子 ʨhiɔ^{33}ʦɿ^{0}

圆锹　yen^{112}ʨhiɔ^{33}

把子　pa^{24}tsɿ^{0}把儿：刀～

担杆　tan^{24}kan^{55}扁担

　　扁担　pien^{55}tan^{21}

箩筐　$lo^{112}khuan^{0}$

箩箩　$lo^{112}lo^{112}$小筐

扫杆　$sɔ^{24}kan^{55}$扫帚

高粱扫杆　$kɔ^{33}lian53sɔ^{24}kan^{55}$

扫地　$sɔ^{55}di^{24}$

□□东西　$ŋe^{21}tɕian^{0}toŋ^{33}ʃʅ^{0}$垃圾

　　垃圾　$la^{33}ʧʅ^{0}$

别笱　$bie^{33}kəu^{55}$别在腰间的装鱼竹器

笼子　$loŋ^{112}ʦɿ^{0}$捞鱼竹器

篙子　$xɔ^{112}ʦɿ^{0}$捕鱼竹器

虾耙　$xa^{33}pa^{55}$口部宽阔的捕鱼竹器

渔网子　$Øy^{112}xuan^{55}ʦɿ^{0}$

粪箕　$xuən^{24}ʧʅ^{44}$

撮斗　$ʦho^{112}təu^{55}$

筲箕　$ɕiɔ^{33}ʧʅ53$

篮子　$lan^{112}ʦɿ^{0}$

筛子　$sæ^{33}ʦɿ^{0}$筛子的统称

禾筛　$ɤo^{112}sæ^{33}$筛谷子，用以去除里面的灰土

　　灰筛　$xuei^{33}sæ^{33}$

米筛　$mi^{55}sæ^{33}$筛米用

粑粑筛子　$pa^{33}pa^{33}sæ^{33}ʦɿ^{0}$孔目很细的筛子

簸箕　$po^{24}tʃʅ^{0}$可用作簸米等

粪箕　$fən^{24}tʃʅ^{0}$农具，有梁

板车　$pan^{55}tɕhie^{33}$

马车　$ma^{55}tɕhie^{33}$

独轮车　$du^{112}nən^{112}tɕhie^{33}$

滚龙　$kuən^{55}lo^{112}$旧式的轮子，如独轮车上的轮子

　　滚子　$kuən^{53}ʦɿ^{0}$

车篷子　$tɕhie^{44}boŋ^{22}ʦɿ^{0}$

车把手　tɕhie^{44}pa^{53}ɕiəu^{53}

牛轭　niəu^{22}ŋa^{22}　耕田时卡在牛脖子上的 Y 形木叉。

牛笼嘴　niəu^{221}oŋ^{22}tsuei^{53}套在牛嘴上防止其吃庄稼的笼子。

犁　li^{22}名词

犁拱子　li^{22}koŋ^{53}tsɿ^{0}犁的曲拱形主体部分

犁手　li^{22}ɕiəu^{53}犁扶手

犁头　li^{22}dəu^{44}犁铧

挂耙　kua^{24}ba^{44}耕田后碎土用具，有齿。

铁挂耙　thie^{44}kua^{24}ba^{44}

木挂耙　mu^{22}kua^{24}ba^{44}

钉耙　tin^{33}ba^{33}

柜子　ɣueɪ^{24}tsɿ^{0}谷仓

磨子　mo^{21}tsɿ^{0}磨，名词

磨盘　mo^{24}ban^{44}

磨手把　mo^{24}ɕiəu^{55}pa^{24}

磨心　mo^{24}ɕin^{33}石磨中间的圆孔

风车　xoŋ^{33}tɕhie^{33}

水车　suei^{55}tɕhie^{33}

脚车　tɕyo^{33}tɕhie^{33}

浇水　tɕiɔ^{33}suei^{53}

车水　tɕhie^{33}suei^{55}

碓坎　tueɪ^{24}khan^{33}整个碓的统称

坎　khan^{33}臼

搭米　ta^{33}mi^{53}

锄头　dzu^{44}dəu^{0}

羊角锄　Øian^{112}ko^{112}dzu^{44}

薅草　xɔ^{33}tshɔ^{53}

扯草　tɕhie^{55}tshɔ^{53}拔草

割草　ko^{33}tshɔ^{53}

养牛　Øian^{24}ȵiəu^{112}

打猪草　ta^{55}ʧy^{33}ʦɔ^{55}

五　植物

树　ʑy^{24}

树秧子　ʑy^{24}Øien^{33}ʦɿ^{0}小树苗

树蔸巴　ʑy^{24}təu^{33}pa^{0}树根

木头　mu^{112}dəɯ^{0}

松树　zoŋ^{112}ʑy^{21}松树的统称

松毛树　zoŋ^{112}mɔ^{112}ʑy^{21}

臭椿　ʨhiəu^{24}ʨhyn^{33}

枣树　ʦɔ^{55}ʑy^{24}

棕树　ʦoŋ^{33}ʑy^{24}

柏枳树　pe^{33}ʧʅ^{33}ʑy^{21}柏树

杉树　sa^{33}ʑy^{21}

柳树　liəɯ^{55}ʑy^{21}

桑叶树　san^{33}Øie^{55}ʑy^{21}桑树

栅子　za^{24}ʦɿ^{0}荆条

苦楝子树　khu^{55}lien^{55}ʦɿ^{0}ʑy^{24}

桐子树　doŋ^{112}ʦɿ^{0}ʑy^{24}

皂角树　zɔ^{24}ko22ʑy^{24}

梧桐木树　mu22doŋ^{33}mu22ʑy^{24}

调羹仔仔树　diɔ^{112}kən44ʦæ^{55}ʦæ^{0}ʑy^{24}

茶子树　za^{112}ʦɿ^{0}ʑy^{24}

枇杷树　bi^{33}ba22ʑy^{24}

樟木树　ʨian^{33}mu22ʑy^{24}

果木　ko^{55}mu22 桃树

桃子树　dɔ^{33}ʦɿ^{0}ʑy^{24}

李子树　li^{55}tsɿ^{0}ʐy^{24}

梨子树　li^{112}tsɿ^{0}ʐy^{24}

石榴树　ʒʅ^{112}liəɯ^{0}ʐy^{24}

柑子树　kan^{33}tsɿ^{0}ʐy^{24}

橙子树　ʐin^{112}tsɿ^{0}ʐy^{24}

柚子树　øiəu^{24}tsɿ^{0}ʐy^{24}

竹子　tsu^{33}tsɿ^{0}竹子的统称

毛竹　mɔ^{112}tsu44

钓竹　tiɔ^{24}tsu44

苦竹　khu^{55}tsu44

笋子　sən^{55}tsɿ^{0}竹笋

冬笋　toŋ44sən53

叶子　øie^{33}tsɿ^{0}

花　xua^{33}

花□□　xua^{33}po^{55}po^{55}花的蓓蕾、花骨朵

梅花　meɪ^{112}xua^{0}

牡丹　məɯ^{55}tan^{33}

荷花　ɦo^{112}xua^{0}

月月红　øye^{112}øye^{112}ɦoŋ^{33}月季花

海棠花　xæ^{55}dan^{112}xua^{33}

桂花　kueɪ^{24}xua^{33}

栀子花　ʧʅ^{33}tsɿ^{0}xua^{33}

菊花　ʧy^{33}xua^{33}

指甲花　ʧʅ^{33}ka^{33}xua^{33}

清明花　ʨhin^{33}min53xua^{33}映山红

草　tshɔ^{55}

巴茅草　pa^{33}mɔ^{112}tshɔ^{55}

艾叶　ŋæ^{24}øie^{33}

狗茅草　kəu^{55}mɔ^{112}tshɔ^{55}

马鞭子草　ma^{55}pien^{33}ʦɿ^{0}ʦhɔ^{55}

满天星　man^{53}tien^{33}ɕin^{33}

蒿子草　xɔ^{33}ʦɿ^{0}ʦhɔ^{53}

丝草　sɿ^{33}ʦhɔ^{53}

香附子草　ɕian^{33}xu^{24}ʦɿ^{0}ʦhɔ^{53}

地菜　di^{24}ʦhæ^{24}

蕨菜　ʨye^{33}ʦhæ^{24}

藤子　dən^{112}tsɿ^{0}藤

刺　tsɿ^{24}名词

水果　sueɪ^{55}ko^{55}

苹果　bin^{112}ko^{55}

果木　ko^{55}mɔ^{112}桃子

毛桃子　mɔ^{112}dɔ^{112}tsɿ^{0}

梨子　li^{112}tsɿ^{0}梨

李子　li^{55}tsɿ^{0}

杏子　ɕin^{24}tsɿ^{0}

橘子　ʨy^{33}tsɿ^{0}

柚子　Øiəɯ^{24}tsɿ^{0}

柿花　zɿ^{21}xua^{0}柿子

石榴　ʒʅ^{112}liəɯ^{0}

枣子　tsɔ^{55}tsɿ^{0}

毛栗　mɔ^{112}li^{112}

板栗　pan^{55}li^{112}

大栗　da^{24}li^{112}

核桃　ɦe^{112}dɔ^{0}

白果　be^{112}ko^{55}银杏

甘蔗　kan^{33}ʨie^{33}

西瓜　ʃʅ^{33}kua^{44}

木耳　mu^{112}Øe^{55}

菌子　ʑyn^{21}tsɿ^{0}野生的蘑菇

伞把菌　san^{55}pa^{55}ʑyn^{21}

牛屎菌　niəu^{112}sɿ53ʑyn^{21}

绿豆菌　lu^{112}dəu^{24}ʑyn^{21}

鸡渣菌　ʧʅ^{33}ʦa^{33}ʑyn^{21}

清明菌　ʨhin^{33}min53ʑyn^{21}

石灰菌　ʒʅ^{33}xueɪ^{33}ʑyn^{21}

香菇　ɕian^{33}ku^{33}

水稻　sueɪ^{55}dɔ^{21}稻子，指植物

　　禾　ɣo^{112}

禾线　ɣo^{112}ɕien^{24}稻穗

谷子　ku^{33}tsɿ^{0}

早禾　ʦɔ^{55}ɤo^{112}早稻

二禾　Øæ^{24}ɤo^{112}二季稻

糯谷　no^{24}ku22　糯稻

秆草　kan^{55}tshɔ^{55}稻草，稻谷脱粒后的剩下的秸秆

麦子　me^{112}tsɿ^{0}小麦，指植物

麦秆草　me^{112}kan^{55}tshɔ^{55}麦秸，麦子脱粒后剩下的秸秆

高粱　kɔ^{33}lian^{112}高粱，指植物

包谷　pɔ^{33}ku^{0}指成株的玉米

荞麦　ʥiɔ^{112}me^{33}

稗子　bæ^{24}ʦɿ^{0}

棉花　mien^{113}xua^{0}

油菜籽　Øiəɯ^{112}tshæ^{21}tsɿ^{0}油料作物，不是蔬菜

芝麻　ʧʅ^{33}ma^{112}

麻子　ma^{112}ʦɿ^{0}

向脸虫$^{=}$ ɕian^{24}lien^{55}zoŋ^{112}向日葵

蚕豆　zan^{112}dəɯ^{21}

滚豆　kuən^{55}dəɯ^{21}豌豆

扁豆　pien53dəu^{24}

刀豆　tɔ44dəu^{24}

四季豆　sɿ^{24}ʧʅ53dəu^{24}

落花生　lo^{24}xua^{33}sən^{33}指花生果实

花生　xua^{33}sən^{33}

黄豆　Øuan113dəɯ^{21}

绿豆　lu^{112}dəɯ^{21}

豆角　dəɯ^{21}ko^{33}豇豆，长条形的

黄芽白　Øuan^{112}Øia^{112}be^{112}大白菜：东北～

包菜　pɔ^{33}tshæ^{21}卷心菜，圆白菜，球形

　　包心菜　pɔ^{33}ɕin^{33}tshæ^{21}

扯根菜　ʨhie^{55}kən^{33}tshæ^{21}菠菜

芹菜　ʑin^{112}tshæ^{21}芹菜

莴笋　Øo^{33}sən^{55}

茭笋　kɔ^{33}sən^{55}茭白

韭菜　ʨiəɯ^{55}tshæ^{21}

芫荽　Øyen^{112}ɕy^{0}香菜

生菜　sən^{33}ʦhæ^{24}

苋菜　xan^{24}ʦhæ^{24}

茼蒿　doŋ^{112}xɔ44

蕹菜　ɣoŋ^{24}ʦhæ^{24}

空心菜　khoŋ^{33}ɕin^{33}ʦhæ^{24}

油菜　Øiəu^{112}ʦhæ^{24}一种青菜，有的地方叫小青菜

红菜苔　ɦoŋ^{112}ʦhæ^{24}dæ^{112}色紫红、花金黄、茎粗大，也叫芸菜苔、紫菜苔。

葱子　tsho^{33}tsɿ^{0}葱

蒜子　suan^{21}tsɿ^{0}大蒜头

生姜　sən^{33}ʨian^{33}

洋葱　Øian^{112}tsho^{33}

藠头　$tɕiɔ^{24}dəu53$　“薤”的别称，葱属

蓖麻子　$pin^{33}ma^{112}tsɿ^{0}$

辣椒　$la^{112}tɕiɔ^{33}$辣椒统称

　　海椒　$xæ^{55}tɕiɔ^{33}$

茄子　$ʑie^{112}tsɿ^{0}$

洋辣椒　$Øian^{112}la^{112}tɕiɔ^{33}$西红柿

洋海椒　$Øian^{112}xæ^{55}tɕiɔ^{33}$

三伏椒　$san^{33}ɤu^{112}tɕiɔ^{33}$花椒

萝卜　$lo^{112}pu^{0}$

红萝卜 $ɦioŋ^{112}lo^{112}pu^{0}$胡萝卜

黄瓜　$ɦuan^{112}kua^{0}$

丝瓜　$sɿ^{33}kua^{0}$

菜瓜　$tshæ^{24}kua^{33}$

苦瓜　$khu53kua^{33}$

冬瓜　$toŋ^{33}kua^{33}$

葫芦瓜　$ɣu^{33}lu^{112}kua^{33}$

南瓜　$nan^{112}kua^{0}$扁圆形或梨形，成熟时赤褐色

北瓜　$pe^{55}kua^{33}$

茈牯　$zɿ^{112}ku^{0}$荸荠

　　麻茈　$ma^{112}zɿ^{112}$

菱角　$lin^{112}ko^{55}$

红薯　$ɦioŋ^{112}ʑy^{0}$

马铃薯　$ma^{55}lin^{112}ʑy^{0}$

芋头　$Øy^{21}dəɯ^{0}$

凉薯　$lien^{112}ʒy53$

淮山　$ɦuæ^{112}san^{33}$山药圆柱形的

莲藕　$lien^{112}ŋəɯ^{55}$藕

六　动物

老虎　$lɔ^{55}xu^{55}$

野狗　Øie^{55}kəu^{55}

豺狗　zæ^{112}kəu53 狼

猴子　ɦəɯ^{112}tsɿ^{0}

狗熊　kəu^{55}ɕioŋ^{112}

豹子　pɔ^{24}ʦɿ^{0}

黄鼠狼　Øuan^{112}ɕy53lan^{112}

蛇　ʑie^{112}

麻蛇　ma^{112}ʑie^{112}

草鱼蛇　ʦhɔ53Øy^{112}ʑie^{112}

青竹标　ʨhin^{33}ʦu^{33}piɔ^{33}青蛇

四十八段 sɿ^{24}ʒʅ^{33}pa^{112}tuan^{24}银环蛇

壁虎　pi^{112}xu^{55}

狗婆蛇　kəu^{55}bo^{33}ʑie^{112}四脚蛇

大狗婆　da^{24}kəu^{55}bo^{33}ʑie^{112}蜥蜴

耗子　xɔ^{21}tsɿ^{0}老鼠

　　老鼠子　lɔ^{55}ɕy^{55}tsɿ^{0}

檐耗子　Øien^{112}xɔ^{21}tsɿ^{0}蝙蝠

　　檐老鼠　Øien^{112}lɔ^{55}ɕy^{55}

鸟崽　ȵiɔ^{55}tsæ^{55}鸟儿，飞鸟的统称

麻雀　ma^{112}ʨhiɔ^{0}

燕子　Øien^{55}ʦɿ^{0}

鸽子　ko^{33}tsɿ^{0}

喜鹊　ʃʅ^{55}ʨhyo^{0}喜鹊

牛屎鸟　ȵiəɯ^{112}sɿ^{55}ȵiɔ^{55}乌鸦

　　黑八哥　xeɪ^{33}pa^{33}ko^{33}

　　老哇　lɔ53Øua53

斑鸡　pan^{33}ʧʅ^{33}斑鸠

鹌鹑　ŋan^{33}ʑin^{112}

清明鸟　ʨhin^{33}min^{112}ȵiɔ53　布谷鸟

啄木鸟　ʦo^{112}mu^{112}ȵiɔ53

夜猫子　øie^{24}miɔ^{33}ʦɿ^{0}猫头鹰

八哥鸟　pa^{33}ko^{33}ȵiɔ53

雁鹅　øien^{24}ŋo22　天鹅

岩鹰　ŋan^{112}øin^{33}老鹰

水鸭子　sueɪ^{55}øia^{112}ʦɿ^{0}

　　野鸭子　øie^{55}øia^{112}ʦɿ^{0}

鸬鹚　lu^{112}zɿ^{112}

野鸡　øie^{55}ʧʅ^{33}

孔雀　khoŋ^{55}ʨhio^{112}

翅杆　tsɿ^{21}kan^{55}鸟的翅膀

爪子　tsɔ^{55}tsɿ^{0}

脚爪　ʨio^{112}ʦɔ53

尾巴　ȵi^{55}pa^{0}

窠　xo^{33}鸟的窝

虫子　zo^{112}tsɿ^{0}

蝴蝶　ɦu^{112}die^{112}

洋□□　øian^{112}no^{55}no^{55}蜻蜓

萤火虫　øian^{112}xo^{55}zoŋ^{112}

打屁虫　ta^{55}phi^{24}zoŋ^{112}放屁虫

飞毛毛　xueɪ^{33}mɔ22mɔ53　飞蛾

铁牛　thie^{33}ȵiəu^{112}学名天牛，一般为黑色，有白色斑点，头上有两条弯角。

蜂子　boŋ^{33}ʦɿ^{0}

蜜蜂　mi^{112}boŋ^{33}

鬼头蜂　kueɪ^{55}dəu^{33}boŋ^{33}马蜂

蜜糖　mi^{112}dan^{112}蜂蜜

叫叽叽　ʨiɔ^{24}ʧʅ^{33}ʧʅ^{33}　知了

叽呀屎　ʧʅ^{55}øia^{112}sɿ^{55}

蚂蚁子　man^{55}øi^{21}tsɿ^{0}　蚂蚁

虫蟮　zoŋ^{112}çien^{21}蚯蚓

　　蚁蟮　øi^{112}çien^{21}

滚屎虫　kuən^{55}sɿ^{55}zoŋ^{112}屎壳郎

蜈蚣　øu^{112}koŋ^{33}

百脚虫　be^{112}ʨio^{112}zoŋ^{112}

毛古虫　mɔ^{112}ku^{55}zoŋ^{112}

螺蛳　lo^{112}sɿ^{33}

铜螺蛳　doŋ^{33}lo^{112}sɿ^{33}

铁螺蛳　thie^{33}lo^{112}sɿ^{33}

天螺螺　thien^{33}lo^{112}lo^{112}

蚕　zan^{112}

蚕果果　zan^{112}ko^{55}ko^{55}蚕蛹

播丝　po^{33}sɿ^{33}会结网的蜘蛛

蚊子　mən^{112}tsɿ^{0}　蚊子，有的苍蝇也叫蚊子

蛆虫蚊子　ʨhy^{33}zoŋ^{112}mən^{112}tsɿ^{0}绿头苍蝇

饭蚊子　ban^{24}mən^{112}tsɿ^{0}一种家蝇

鸡蚊子　ʧʅ^{33}mən^{112}tsɿ^{0}蠓虫

牛蚊子　ȵiəu^{112}mən^{112}tsɿ^{0}牛虻

狗蚤　kəɯ^{55}tsɔ^{55}跳蚤

虱子　se^{33}tsɿ^{0}

虮子　ʧʅ^{55}ʦɿ^{0}虱子的幼虫

叫叽叽　ʨiɔ^{24}ʧʅ^{33}ʧʅ^{33}蟋蟀

蚤蚂　ʦɔ^{55}ma53　蝗虫

　　蚂蚱　ma^{55}ʦa^{112}

锯子蚤蚂　ʨy^{24}ʦɿ^{0}ʦɔ^{55}ma^{55}

　　螳螂虫　dan^{33}lan^{112}zoŋ^{112}

牙屎虫　ŋa^{112}sɿ^{55}zoŋ^{112}

鱼　øy^{112}

鲤鱼　li^{55}Øy^{112}

鳙鱼　zoŋ^{112}Øy^{112}胖头鱼

鲫鱼　ʧʅ^{33}Øy^{112}

白鱼　be^{112}Øy^{112}

鲶拐鱼　nien^{112}kuæ^{55}Øy^{112}鲶鱼

鳊鱼　pien^{55}Øy^{112}

螺蛳青　lo^{112}sʅ^{33}tɕhin^{33}青鱼

黄沙古　Øuan^{33}sa^{33}ku^{112}黄颡鱼，头背部有三根尖刺，无鳞，体表有黏液。

标杆子　piɔ^{33}kan^{55}tsʅ^{0}白条鱼，体型细长，游速快。

财鱼　zæ^{33}Øy^{112}学名乌鳢，有的地方也叫黑鱼、花鱼、乌鱼等。

鳅鱼　tɕhiəu^{33}Øy^{112}泥鳅

鳝鱼　ʑien^{24}Øy^{112}黄鳝

团鱼　duan^{112}Øy^{112}甲鱼

鳞　lin^{112}鱼鳞

虾公　xa^{33}ko^{33}虾的统称

螃虾　ban^{112}xa^{33}螃蟹的统称

蟆拐$^{=}$　ma^{112}kuæ^{0}蛙类动物的统称

　　蛤蟆　ɦa^{112}ma^{0}

田鸡蟆拐$^{=}$　dien^{112}ʧʅ^{33}ma^{112}kuæ^{0}

青皮蟆拐$^{=}$　tɕhin^{33}bi^{33}ma^{112}kuæ^{0}

蛇皮蟆拐$^{=}$　ʑie^{112}bi^{33}ma^{112}kuæ^{0}

土地蟆拐$^{=}$　thu^{55}di^{24}ma^{112}kuæ^{0}

钉子蟆拐$^{=}$　tin^{33}tsʅ^{0}ma1^{112}kuæ^{0}癞蛤蟆

　　癞头蟆拐$^{=}$　læ^{21}dəɯ^{0}ma^{112}kuæ^{0}

蚂蟥　ma^{55}Øuan^{33}水蛭

马　ma^{55}

马牯子　ma^{55}ku^{55}tsʅ^{0}公马

马婆子　ma^{55}bo^{112}tsʅ^{0}母马

马崽崽　ma^{55}tsæ^{55}tsæ^{55}小马驹

驴子　lu^{112}tsɿ^{0}

骡子　lo^{112}tsɿ^{0}

牛　ȵiəɯ^{112}

生牯牛　sən^{33}ku^{55}ȵiəɯ^{112}公牛的统称

　　牛牯子　ȵiəɯ^{112}ku^{55}ʦɿ^{0}

牛婆娘　ȵiəɯ^{112}bo^{112}ȵian^{112}母牛的统称

　　牸牛　zɿ^{24}ȵiəɯ^{112}

牛崽崽　ȵiəɯ^{112}tsæ^{55}tsæ^{55}小牛犊

养牛　Øian^{24}ȵiəɯ^{112}放牛

牛角　ȵiəɯ^{112}ko^{112}

羊　Øian^{112}

猪　ʨy^{33}

猪郎公　ʨy^{33}lan^{112}ko^{33}配种用的种猪

豮猪　Øuən^{112}ʨy^{33}成年已阉的公猪

猪婆　ʨy^{33}bo^{112}成年未阉的母猪

草猪　ʦhɔ^{55}ʨy^{33}

猪崽崽　ʨy^{33}tsæ^{55}tsæ^{55}小猪

喂猪　Øueɪ^{24}ʨy^{33}

养猪　Øian^{55}ʨy^{33}

猫头　mɔ^{33}dəɯ^{0}猫

猫头公子　mɔ^{33}dəɯ^{112}ko^{33}tsɿ^{0}公猫

　　牯猫　ku^{55}mɔ^{33}

猫头婆子　mɔ^{33}dəɯ^{112}bo^{112}tsɿ^{0}母猫

　　牸猫　zɿ^{24}mɔ^{33}

狗　kəɯ^{55}

牯狗　ku^{55}kəɯ^{55}公狗

　　狗公　kəɯ^{55}ko^{33}

牸狗　zɿ^{21}kəɯ^{55}母狗

　　狗婆　kəɯ^{55}bo^{112}

兔子　thu^{24}tsɿ^{0}

头牲　dəɯ^{112}sən^{33}鸡

生鸡公　sən^{33}ʧʅ^{33}ko^{33}成年未阉的公鸡

　　叫鸡公　tɕiɔ^{24}ʧʅ^{33}koŋ^{33}

鸡婆娘　ʧʅ^{33}bo^{112}ȵian^{112}已下过蛋的母鸡

　　鸡婆　ʧʅ^{33}bo^{112}

菢鸡婆　bɔ^{24}ʧʅ^{33}bo^{112}

生蛋　sən^{33}dan^{24}

菢小鸡　bɔ^{24}ɕiɔ^{55}ʧʅ^{33}

鸭子　Øa^{33}tsɿ^{0}

鹅　Øo^{112}

鹅公　Øo^{112}koŋ^{33}

鹅婆　Øo^{112}bo^{112}

七　房舍

院子　Øyen^{21}tsɿ^{0}村庄

　　村子　tshən^{33}tsɿ^{0}

巷子　ɦan^{21}tsɿ^{0}　胡同

井眼　tɕin^{55}ŋan^{55}水井

马路　ma^{55}lu^{21}街道

屋　Øu^{33}整座的房子，不包括院子

房子　ban^{112}tsɿ^{0}

起屋　ʃʅ^{55}Øu^{33}盖新房子

修屋　ɕiəu^{33}Øu^{33}修缮房屋

院墙　Øyen^{24}ʑian^{112}围墙

地垸子　di^{24}Øyen^{24}tsɿ^{0}地皮

园秆箕　Øyen^{112}kan^{55}ʧʅ^{33}篱笆

间子　kan^{21}tsɿ^{0}房子里分隔而成的房间

房里　ban^{112}li^{0}卧室

堂屋　dan^{33}Øu^{33}旧式房屋的起居活动空间，一般在房子的中间。

厢房　ɕian^{33}ban^{112}正房两边的小房子

前间　ʑien^{112}kan^{33}

后间　ɣəu^{24}kan^{33}

客厅　khe^{24}thin^{33}新式房屋的起居活动空间

客房　khe^{24}ban^{112}

门栓子　mən^{112}suan^{33}ʦɿ^{0}

槛垞　ʨien^{24}ʦha^{33}台阶

　　阶基　kæ^{33}ʧʅ^{33}

门槛　mən^{112}khan^{55}

天花板　tien^{33}xua^{33}pan^{55}

花窗　xua^{33}tshuan^{33}旧式的窗户

天井　tien^{33}ʨin^{55}

拖水　tho^{33}sueɪ^{55}倚墙而建的附加建筑

门楼　mən^{112}ləu^{112}

大门　da^{24}mən^{112}

槽门　zɔ^{33}mən^{112}

耳门　Øe^{55}mən^{112}小门

楼梯　ləɯ^{112}thi^{33}可移动的梯子

板楼　pan^{55}ləu^{112}楼梯，不可移动的

平台　bin^{112}dæ^{33}平的楼顶上面

凉台　lian^{112}dæ^{33}

阳台　Øian^{112}dæ^{33}

过道　ko^{24}tɔ^{24}

屋顶　Øu^{112}tin^{55}

瓦脊　Øua^{55}ʧʅ^{112}

盖瓦　kæ^{24}Øua^{55}传统房屋顶部防水的瓦，使用时凸面朝上

槽瓦　zɔ^{33}øua^{55}与盖瓦配合使用，凹面朝上与盖瓦扣合

墙壁　ʑien^{33}bi22

屋檐　øu^{33}øien^{112}

风檐　xoŋ^{33}øien^{112}

屋梁　øu^{33}lien^{112}

横条　ɦən^{112}diɔ^{21}檩子

椽皮　ʑyen^{33}bi^{33}椽子

柱子　ʑy^{21}tsɿ^{0}

茅厂厂　mɔ^{112}tɕhian^{55}tɕhian^{55}茅草盖的茅屋

火落　xo^{55}lo^{55}厨房；一户人家

　　灶房　ʦɔ^{24}ban^{112}

　　火房　xo^{55}ban^{33}

灶　tsɔ^{24}

大灶 da^{24}ʦɔ^{24}煮潲水喂猪用

小灶　ɕiɔ^{55}ʦɔ^{24}做饭做菜用的

茅厕　mɔ^{112}sɿ^{0}旧式的厕所

排屋　bæ^{33}øu^{33}磨房和碓房的统称

磨房　mo^{24}ban^{112}

猪楼　ʨy^{33}ləɯ^{112}猪圈

潲盆　sɔ^{24}bən^{33}装潲水的盆

牛栏　ȵiəu^{112}lan^{112}

鸡笼　ʧʅ^{33}loŋ^{112}统称，包括器具和建筑等

罩子　ʨiɔ^{24}ʦɿ^{0}一般为竹制

墩子　tən^{33}ʦɿ^{0}矮而粗大的整块石头或木头

八　器具、用品

把子　pa^{55}tsɿ^{0}物品的总称

　　东西　toŋ^{33}ʃʅ^{0}

木器　mu112ʧʅ24家具的总称
　　家具　ʨia33ʑy0
床　zuan112
床搭凳　zuan112ta112tən24旧式床前搭脚的凳子
凉床　lian112zuan112
枕头　tɕin55dəɯ0
枕头帕子　tɕin55dəɯ0pha24tsɿ0
枕头套子　tɕin55dəɯ0thɔ24tsɿ0
被窝　beɪ21Øo0被子
被窝里子　beɪ21Øo0li24tsɿ0被里子
被窝面子　beɪ21Øo0mien24tsɿ0被面子
絮被　ɕy24beɪ21棉絮
毯子　than55tsɿ0床单，有时也包括毛毯
垫被　dien24beɪ21褥子
席子　ʒʅ112tsɿ0
灯草席子　tən33ʦhɔ55ʒʅ112tsɿ0
篾簟子　mie112dien24tsɿ0竹席
帐子　ʨian21tsɿ0蚊帐
帐帘　ʨian24lien24蚊帐正面的帘子
帐钩挂　ʨian24kəu33kua24蚊帐打开时挂撩起帐门的钩子
桌子　tso33tsɿ0
八仙桌　pa112ɕien33ʦo33
四方桌子　sɿ24xuan33tso33tsɿ0
圞桌子　luan112tso33tsɿ0圆桌
条桌　diɔ33tso33长方形小桌子
条案　diɔ44ŋan21
柜子　Øueɪ21tsɿ0
橱柜　ʑy112Øueɪ21
抽斗　ʨhiəɯ33təɯ55桌子的抽屉

屉子　thi^{21}tsɿ^{0}

木箱子　mu^{112}ɕian^{33}tsɿ^{0}

板箱　pan^{55}ɕian^{33}

挑箱　thiɔ^{33}ɕian^{33}

锅子　ko^{33}tsɿ^{0}锅

鼎锅　tin^{55}ko^{33}煮饭的锅

爬⁼锅　ba^{112}ko^{33}炒菜的锅

灶锅　tsɔ^{24}ko^{33}

锅盖　ko^{33}kæ^{24}

蒸笼　tɕin^{33}loŋ^{112}

甑子　tsən^{24}tsɿ^{0}煮米饭的炊具，木制、桶形

案板　ŋan^{21}pan^{55}长条形的案子

菜刀　tshæ^{24}tɔ^{33}

砧板　tin^{33}pan^{55}

马瓢　ma^{55}biɔ^{112}舀水的瓢

餤䉶　dan^{24}kan^{55}放碗的小柜

瓜箪子　kua^{33}tan^{33}tsɿ^{0}用成熟后的葫芦从中间剖开制成的舀水工具，即水瓢。

水箪子　sueɪ^{55}tan^{33}tsɿ^{0}用一节毛竹制成的舀水工具，有手柄。

铲子　tshan^{55}tsɿ^{0}炒菜的铲子

刷帚　sua^{112}tɕiəu^{55}刷锅把子

研子　ȵien^{33}tsɿ^{0}类似研磨中药的器具

缸　kan^{33}

坛子　than^{33}tsɿ^{0}

酒坛坛　tɕiəɯ^{55}dan^{112}dan^{112}装酒的坛子

酒瓶瓶　tɕiəɯ^{55}bin^{112}bin^{112}装酒的瓶子

酒壶　tɕiəu^{55}vu^{112}

茶壶　za^{112}vu^{112}

盖盖　kæ^{21}kæ^{0}杯子等容器的盖子

瓢子　biɔ^{112}ʦɿ^{0}汤勺子

碗　Øuan^{55}

盘子　ban^{33}ʦɿ^{0}

茶盅　za^{112}ʦoŋ^{33}

钵子　po^{112}ʦɿ^{0}

筷子　khuæ^{21}tsɿ^{0}

筷子筒　khuæ^{21}tsɿ^{0}doŋ^{33}装筷子用的，相当于筷笼子

调羹　diɔ^{112}kən^{33}汤匙

瓢子　biɔ^{112}ʦɿ^{0}

柴火　zæ^{112}xo^{55}

茅柴　mɔ^{112}zæ^{112}

大柴　da^{24}zæ^{112}烧火的木头

洋火　Øian^{112}xo^{55}火柴

炉子　lu^{112}ʦɿ^{0}

勾勾　kəu^{33}kəu^{33}烧炉子用来捅炉底的铁条

烧火棍　ɕiɔ^{33}xo^{53}kuən^{24}

吹火筒　ʦhueɪ^{33}xo^{53}thoŋ^{33}

火铗　xo^{55}ka^{112}

戗锹　ʨhian^{33}ʨhiɔ^{44}　火铲

　　戗镐　ʨhian^{33}kɔ^{33}

椅子　Øi^{55}tsɿ^{0}

靠椅　khɔ^{24}Øi^{55}

懒椅　lan^{55}Øi^{55}躺椅

凳子　tən^{21}tsɿ^{0}

马马凳　ma^{55}ma^{55}tən^{24}小板凳

蒲凳　phu^{112}tən^{24}

马桶　ma^{55}toŋ^{55}

尿桶　ȵiɔ^{21}tho^{55}有盖的马桶

火桶　xo^{55}thoŋ^{55}坐式烤火器具

火箱　xo^{55}çien^{33}手提式烘笼

炭盆　than^{24}bən^{33}烧木炭的火盆

搓板　ʦho^{33}pan^{55}

洗衣棒棒　ʃʅ^{55}Øi^{33}pan^{24}pan53　棒槌

三脚叉　san^{33}ʨyo^{112}ʦha^{33}晾衣服器具

鸡毛掸子　ʧʅ^{33}mɔ^{112}tan^{55}ʦʅ^{0}

锁　so^{55}

钥匙　Øyo^{112}zʅ^{21}

热水瓶　ʑie^{112}sueɪ^{55}bin^{112}

洗脸架子　ʃʅ^{55}lien^{55}ka^{24}ʦʅ^{0}放置洗脸盆的架子

脸盆　lien^{55}bən^{112}

洗脸水　ʃʅ^{55}lien^{55}sueɪ^{55}

洗脸帕子　ʃʅ^{55}lien^{55}pha^{24}tsʅ^{0}洗脸用的毛巾

手巾帕子　çiəɯ^{55}ʨin^{33}pha^{24}tsʅ^{0}手绢

脚盆　ʨyo^{33}bən^{112}

抹脚帕子　ma^{112}ʨyo^{33}pha^{24}ʦʅ^{0}擦脚布

抹桌帕子　ma^{112}ʦo^{112}pha^{24}ʦʅ^{0}抹布

肥皂　bi^{112}zɔ^{21}

梳子　su^{33}tsʅ^{0}

剃头刀　thi^{24}dəu^{33}tɔ^{33}

荡刀布　tan^{24}tɔ^{33}pu^{24}鐾刀布

缝衣针　bo^{112}Øi^{33}ʨin^{33}

针线篓篓　ʨin^{33}çien^{24}ləu^{55}ləu^{55}放置针线等的器具

针筒古　ʨin^{33}doŋ^{33}ku^{55}

顶手指　ti^{55}çiəu^{55}ʦʅ^{0}顶针

线坨坨　çien^{24}do^{112}do^{112}

剪刀　ʨien^{55}tɔ^{0}

尺子　ʧʅ^{33}ʦʅ^{0}

织布机子　ʧʅ^{33}pu^{24}ʧʅ^{33}ʦʅ^{0}

梭子　so^{33}ʦɿ^{0}

灯盏　tən^{33}ʦan^{55}

蜡烛　la^{112}tsu^{33}

手电筒　ɕiəɯ^{55}dien^{24}doŋ^{112}

油纸伞　øiəɯ^{112}tsɿ^{0}san^{55}

　　雨伞　øy^{55}san^{55}

拐棍　kuæ^{55}kuən^{24}

烟杆　øien^{33}kan^{55}

火镰石　xo^{55}lien^{112}ʒʅ^{112}

烟　øien^{33}

旱烟　ɦan^{24}øien^{33}

潮烟丝　ziɔ^{112}øien^{33}sɿ^{33}

烟叶子　øien^{33}øie^{112}ʦɿ^{0}

烟屎　øien^{33}sɿ^{55}眼袋杆里面的油垢

蓑衣　so^{33}øi^{33}旧时用草编织的雨衣

雨衣　øy^{55}øi^{33}

扇子　ɕien^{24}ʦɿ^{0}

蒲扇　phu^{112}ɕien^{24}

斧子　fu^{55}tsɿ^{0}

刨子　pɔ^{24}tsɿ^{0}

锯子　ʨy^{24}ʦɿ^{0}

凿子　zo^{112}ʦɿ^{0}

墨斗　me^{33}təu^{55}

榫头　sən^{55}dəu^{0}

锤子　zueɪ^{112}tsɿ^{0}

砌刀　ʧʅ^{24}tɔ^{33}瓦刀

镗子　than^{24}ʦɿ^{0}粉刷墙壁时用的大抹刀

鍲子　min^{55}ʦɿ^{0}粉刷墙壁时用的小抹刀

錾子　ʦan^{24}ʦɿ^{0}

灰桶　xueɪ^{33}thoŋ^{55}建房时用来装混凝土的桶

老虎夹子　lɔ^{55}xu^{55}ka^{33}tsɿ^{0}钳子

起子　ʃʅ^{55}tsɿ^{0}螺丝刀

钉子　tin^{33}tsɿ^{0}

索子　so^{33}tsɿ^{0}绳子

棍棍　kuən^{24}kuən^{0}棍子

竹篙　ʦu^{33}kɔ^{33}竹竿

九　人品

人　ʐin^{112}

男人家　nan^{112}ʐin^{112}ka^{0}成年男子

　　男的　nan^{112}ti^{0}

女人家　ȵy^{55}ʐin^{112}ka^{0}三四十岁已婚女子

　　女的　ȵy^{55}ti^{0}

　　妇道人家　vu^{24}tɔ^{24}ʐin^{112}ka^{33}

单身公　tan^{33}ɕin^{33}ko^{33}单身汉

老黄花女　lɔ^{55}ɦuan^{112}xua^{33}ȵy^{55}未出嫁的老姑娘

毛毛　mɔ^{112}mɔ^{112}婴儿

小孩子　ɕiɔ^{55}xa^{55}tsɿ^{0}

赖$^{=}$崽家　læ^{55}tsæ^{0}ka^{0}男孩的统称

女崽家　ȵy^{55}tsæ^{0}ka^{0}女孩的统称

姑娘家　ku^{33}ȵian^{112}ka^{33}

老人家　lɔ^{55}ʐin^{112}ka^{0}七八十岁的老人

老老　lɔ^{55}lɔ^{55}

老头子　lɔ^{55}dəɯ^{33}ʦɿ^{0}指老年男子，有时也指老太婆（略有贬义）

后生家　ɦəɯ^{24}sən^{33}ka^{33}

后生子　ɦəɯ^{24}sən^{33}ʦɿ^{0}

童养媳　doŋ^{112}Øian^{55}ʃʅ^{112}

寡婆　kua55bo33寡妇

寡婆头子　kua55bo33dəɯ33ʦʅ0

半路婆　pan24lu24bo112改嫁的女人

老家　lɔ55ʨia33同姓的人

家门　ʨia33mən112

亲戚家　ʨhin33ʧhʅ0ka0

隔壁 ke33pi33邻居

乡里人　ɕian33li55ʑin112

　　农民　no112min112

　　农民牯子　no112min112ku55tsʅ0贬称

别当人　bie33tan24ʑin112外地人

　　外头的　Øuæ24dəu33ti0

做生意的　tso24sən33Øi21ti0商人

做手工的　tso24ɕiəɯ55ko33ti0手艺人统称

砌墙师傅　ʧhʅ24ʑian112sʅ33vu0泥水匠

木匠师傅　mu112ʑian21sʅ33vu0木匠

裁缝师傅　zæ112bo112sʅ33vu0裁缝

剃头师傅　thi24dəɯ33sʅ33vu0

　　剪头发的　ʨien55dəɯ112xua0ti0理发师

教书的先生　kɔ24ɕy33ti0ɕien33sən33

　　老师　lɔ55sʅ33

诊病的先生　ʨin55bin24ti0ɕien33sən33医生

八字先生　ba112zʅ24ɕien33sən33看八字的

叫花子　kɔ24xua33tsʅ0乞丐

　　叫花卵　kɔ24xua33luan55

兵牯子　pin33ku55ʦʅ0当兵的

船夫佬　ʑyen33xu33lɔ55船工

挑脚的　thiɔ33ʨyo112ti0挑夫

轿夫佬　ziɔ24xu33lɔ53　抬轿的

大师傅　da^{24}sɿ^{33}vu^{0}厨师

　伙夫佬　xo^{55}xu^{33}lɔ^{55}

杀猪佬　sa^{33}tɕy^{33}lɔ^{55}屠夫

长工　zien^{33}koŋ^{33}

零工　lin^{112}koŋ^{33}短工

小工　ɕiɔ^{55}koŋ^{33}打下手的人

师傅　sɿ^{33}vu^{0}

徒弟　du^{112}di^{21}

祖师爷　tsu^{55}sɿ^{33}øie^{112}

里手　li^{55}ɕiəu^{55}内行

外行　øuæ^{24}xan^{112}

养汉婆　øian^{55}xan^{24}bo^{33}有婚外情的女人

窑板　øiɔ^{112}pan^{55}妓女

　卖菜的　mæ^{24}tshæ^{24}ti^{0}

野老婆　øie^{55}lɔ^{55}bo^{33}姘头，指女的

野老公　øie^{55}lɔ^{55}koŋ^{33}姘头，指男的

流氓痞子　liəɯ^{112}man^{112}phi^{55}tsɿ^{0}流氓

贼头□子　ze^{112}dəɯ^{112}pɔ^{55}tsɿ^{0}贼

　贼牯子　ze^{112}ku^{55}tsɿ^{0}

　扒子手　ba^{33}tsɿ^{0}ɕiəu^{55}

土匪　thu^{55}xuən^{55}

强盗　zian^{33}dɔ^{24}

烂崽　lan^{24}tsæ^{55}

烂崽头　lan^{24}tsæ^{55}dəɯ^{33}

差牯子　tshæ^{33}ku^{55}tsɿ^{0}旧时当差的人

警察牯子　tɕin^{55}tsha^{112}ku^{55}tsɿ^{0}

瞎子　xa^{33}tsɿ^{0}

聋子　loŋ^{33}tsɿ^{0}

哑巴　øa^{55}pa^{0}

哑子　Øa^{55}tsɿ^{0}

驼子　do^{112}tsɿ^{0}

跰子　pæ^{33}tsɿ^{0}瘸子

左撇子　ʦo^{55}phie^{55}ʦɿ^{0}

疨巴手　ɕia^{112}pa^{33}ɕiəɯ^{55}

跛子手　po^{55}ʦɿ^{0}ɕiəɯ^{55}

麻子　ma^{112}ʦɿ^{0}　脸部有麻点的人

麻婆　ma^{112}bo^{33}脸部有麻点的女人

对子眼　teɪ^{24}ʦɿ^{0}Øien^{55}

瞟子　phiɔ^{55}ʦɿ^{0}目斜视的人

睃子　ʦho^{55}ʦɿ^{0}

独眼龙　tu^{33}Øien^{55}loŋ^{112}

驼子　do^{33}ʦɿ^{0}

半边驼子　pan^{55}pien^{33}do^{33}ʦɿ^{0}一个肩膀高一个肩膀低

虾公背　xa^{33}koŋ^{33}pei^{24}驼背

癫子　tien^{33}tsɿ^{0}疯子

蠢子　ʨhyn^{55}tsɿ^{0}傻子

菜坨坨　ʦhæ^{24}do^{112}do^{112}笨蛋

差胡子　ʦha^{24}ɦu^{112}tsɿ^{0}差劲的人

小气鬼　ɕiɔ^{55}ʧʅ^{24}kueɪ^{55}

败家子　bæ^{24}ʨia^{33}ʦɿ^{0}

拐子　kuæ^{55}ʦɿ^{0}骗子

骗子手　phien^{24}ʦɿ^{0}ɕiəu^{55}

现世宝　ʑien^{24}ʃʅ^{24}pɔ^{55}

十　亲属称谓

长辈　zian^{55}peɪ^{24}

晚辈　Øuan^{55}peɪ^{24}

平辈　bin^{112}peɪ^{24}

老爹爹　lɔ^{55}tia^{33}tia^{0}曾祖父

老奶奶　lɔ^{55}næ^{33}næ^{0}曾祖母

爹爹　tia^{33}tia^{0}爷爷呼称

奶奶　næ^{33}næ^{0}奶奶呼称

老外公　lɔ^{55}Øuæ^{21}ko^{0}外曾祖父

老外婆　lɔ^{55}Øuæ^{21}bo^{0}外曾祖母

外公　Øuæ^{21}ko^{0}外祖父

外婆　Øuæ^{21}bo^{0}外祖母

爷老子　Øie^{112}lɔ^{55}tsɿ^{0}父亲，叙称

　　老子　lɔ^{55}tsɿ^{0}

爸爸　pa^{33}pa^{0}爸爸，呼称

姆妈　m^{0}ma^{33}母亲，叙称

　　老娘　lɔ^{55}ȵian^{112}

继父老子　ʧʅ^{24}Øu^{21}lɔ^{55}tsɿ^{0}继父，叙称

后娘　ɦəɯ^{24}ȵian^{112}继母，叙称

　　后妈　ɦəɯ^{24}ma^{33}

亲爷　ʨhin^{33}Øie^{112}岳父，叙称

　　丈人老子　ʑian^{24}zin^{112}lɔ^{55}tsɿ^{0}

　　岳父老　Øyo^{24}Øu^{21}lɔ^{55}tsɿ^{0}

亲娘　ʨhin^{33}ȵian^{112}岳母、叙称

　　岳母娘　Øyo^{24}mu^{55}ȵian^{112}

阿公老子　Øa^{33}ko^{33}lɔ^{55}tsɿ^{0}公公、叙称

阿婆娘　Øa^{33}bo^{112}ȵian^{112}婆婆、叙称

伯伯　pe^{33}pe^{0}包括伯父、伯母和比父亲大的姑姑

晚晚　man^{55}man^{0}包括叔父和比父亲小的姑姑

小晚晚　ɕiɔ^{55}man^{55}man^{0}排行最小的叔父

婶娘 ɕin^{55}ȵian^{112}叔母的呼称

姑爷　ku^{33}Øie^{0}姑父的呼称

舅爷　ʑiəɯ^{21}øie^{0}舅舅的呼称

舅娘　ʑiəɯ^{21}ȵian^{0}舅妈的呼称

姨娘　øi^{112}ȵian^{0}姨

姨爹　øi^{112}tie^{0}姨父的呼称

弟兄家　di^{21}ɕioŋ^{33}ka^{0}兄弟的合称，有时也指好朋友之间的关系

姊妹家　tsɿ^{55}meɪ^{21}ka^{0}姊妹的合称

哥哥　ko^{33}ko^{0}

嫂嫂　sɔ^{55}sɔ^{0}嫂子的呼称

兄弟　ɕioŋ^{33}di^{0}弟弟的叙称

　　老弟　lɔ^{55}di^{24}

兄弟媳妇　ɕioŋ^{33}di^{0}ʃʅ^{33}øu^{0}弟媳的叙称

两姑嫂　lian^{55}ku^{33}sɔ^{55}姑嫂俩

姐姐　tɕie^{55}tɕie^{0}

姐夫　tɕie^{55}fu^{0}

妹妹　meɪ^{21}meɪ^{0}

妹夫　meɪ^{21}fu^{0}

堂兄弟　dan^{112}ɕioŋ^{33}di^{0}

　　叔伯兄弟　su^{112}be^{112}ɕioŋ^{33}di^{0}

堂姊妹　dan^{112}tsɿ^{55}meɪ^{21}

　　叔伯姊妹　su^{112}be^{112}ʦɿ^{55}meɪ^{24}

老表　lɔ^{55}piɔ^{55}表兄弟

叔婆　su^{33}bo^{112}妯娌的合称

亲家　tɕhin^{24}ka^{33}

　　老亲　lɔ^{55}tɕhin^{24}

亲家爷　tɕhin^{24}ka^{33}øie^{112}自己父母对配偶父亲的称呼

亲家娘　tɕhin^{24}ka^{33}ȵian^{112}自己父母对配偶母亲的称呼

老姨　lɔ^{55}øi^{112}连襟

崽　tsæ^{55}儿子的叙称

　　儿子　øe^{112}tsɿ^{0}

晚崽　man^{55}ʦæ^{55}最小的儿子

儿媳妇　Øe^{112}ʃʅ^{33}Øu^{0}儿媳妇的叙称

新媳妇娘　ɕin^{33}ʃʅ^{112}Øu^{0}ȵian^{112}新娘子

女婿　ȵy^{55}ɕy^{0}

女崽　ȵy^{55}tsæ^{55}女儿的叙称

　　女　ȵy^{55}

晚女　man^{55}ȵy^{55}最小的女儿

两爷崽　lian^{55}Øie^{112}ʦæ^{55}爷俩

两娘崽　lian^{55}ȵiaŋ^{112}ʦæ^{55}娘俩

孙崽　sən^{33}tsæ^{55}儿子之子

孙媳妇　sən^{33}ʃʅ^{33}Øu^{0}

两公孙　lian^{55}koŋ^{33}sən^{33}爷孙俩

重孙崽　zoŋ^{112}sən^{33}tsæ^{55}儿子之孙

侄儿子　ʒʅ^{112}Øe^{112}tsɿ^{0}弟兄之子

外甥崽　Øuæ^{21}sən^{33}tsæ^{55}姐妹之子

外甥媳妇　Øuæ^{21}sən^{33}ʃʅ^{33}Øu^{0}

外孙　Øuæ^{24}sən^{33}女儿之子

外孙媳妇　Øuæ^{24}sən^{33}ʃʅ^{33}Øu^{0}

两公婆　lian^{55}koŋ^{33}bo^{112}夫妻合称

　　两根佬　lian^{55}kən^{33}lɔ^{55}

　　两口子　lian^{55}khəɯ^{55}tsɿ^{0}

男人家　nan^{112}ʑin^{112}ka^{0}丈夫的叙称

老公　lɔ^{55}koŋ^{33}

屋里男人　Øu^{112}li^{55}nan^{112}ʑin^{112}

女人家　ȵyn^{55}ka^{0}妻子的叙称

　　老婆　lɔ^{55}bo^{112}

　　屋里女人家　Øu^{112}li^{55}ȵy^{55}ʑin^{112}ka^{0}

名字　min^{112}zɿ^{21}

外号　Øuæ^{24}ɦɔ^{21}绰号

十一　身体

身子　çin^{33}ʦɿ^{0}

身材　çin^{33}zæ^{112}

脑壳　nɔ^{55}kho^{0}头

暴头　bɔ^{24}dəu^{33}前额突出

光头　kuan^{33}dəu^{33}没有头发的脑袋

光脑壳　kuan^{33}nɔ^{55}kho^{0}

后脑壳　ɦəɯ^{21}nɔ^{55}kho^{0}

后颈窝　ɦəɯ^{21}ʨin^{55}Øo^{33}

后颈　ɦəɯ^{21}ʨin^{55}

颈颡　ʨin^{55}san^{55}脖子

头发　dəɯ^{112}fa^{0}

辫子　pien^{24}tsɿ^{0}

刷把　sua^{112}pa^{55}马尾辫

髽髽毛　ʦua^{24}ʦua^{24}mɔ^{112}刘海

八八鬏　pa^{112}pa^{112}ʨiəɯ^{24}

白米疯　be^{112}mi^{55}xoŋ^{33}头屑

明囟　min^{112}çin^{33}囟门

转窝　ʨyen^{24}Øo^{33}发旋

　　旋　ʑyen^{24}

额头　ŋe^{112}dəɯ^{0}

额角头　ŋe^{112}ko^{112}dəɯ^{33}

太阳心　thæ^{24}Øian^{112}çin^{33}太阳穴

样子　Øian^{21}tsɿ^{0}相貌

脸　lien^{55}

腮壳　sæ^{33}kho^{112}

酒凼古$^{=}$　ʨiəɯ^{55}daŋ^{24}ku^{55}酒窝

□□骨头　tɕhy^{55}tɕhy^{55}ku^{112}dəɯ^{0}颧骨

眼睛　ŋan^{55}tɕin^{0}

眼睛凼古$^{=}$　ŋan^{55}tɕin^{0}daŋ^{24}ku^{55}眼窝

眼珠子　ŋan^{55}tɕy^{33}tsɿ^{0}

眼泪水　ŋan^{55}lueɪ^{21}sueɪ^{55}

眼皮　ŋan^{55}bi^{33}

眼睛毛　ŋan^{55}tɕin^{0}mɔ^{112}睫毛

眉毛　mi^{112}mɔ^{112}

眼屎　ŋan^{55}sɿ^{55}

耳朵　Øe^{55}to^{55}

　　耳朵皮　Øe^{55}to^{55}bi^{33}

耳朵根　Øe^{55}to^{55}kən^{33}

耳朵眼窟　Øe^{55}to^{55}ŋan^{55}khu^{112}

耳朵屎　Øe^{55}to^{55}sɿ^{24}耵聍

鼻头　bi^{112}dəɯ^{33}

　　鼻子　bi^{112}tsɿ^{0}

　　鼻公　bi^{112}koŋ^{33}

鼻孔　bi^{112}koŋ^{55}

鼻子眼窟　bi^{112}tsɿ^{0}ŋan^{55}khu^{112}

鼻窟毛　bi^{112}khu^{112}mɔ^{112}

鼻鼻　bi^{112}bi^{112}鼻涕

鼻涕屎　bi^{112}thi^{33}sɿ^{55}鼻腔分泌物

擤　xən^{55}～鼻涕

嘴巴　tsueɪ^{55}pa^{0}

嘴皮子　tsueɪ^{55}bi^{112}tsɿ^{0}嘴唇

口水　khəɯ^{55}sueɪ^{55}

舌子　ʑie^{112}tsɿ^{0}舌头

舌苔　ʑie^{112}dæ^{33}

小舌子　ɕiɔ^{55}ʑie^{112}tsɿ^{0}

牙子　ŋa^{112}tsɿ^{0}牙齿

暴牙子　bɔ^{112}ŋa^{112}tsɿ^{0}虎牙

当面牙子　tan^{33}mien^{24}ŋa^{112}tsɿ^{0}

　　门牙　mən^{112}ŋa^{112}

嚼牙　zo^{112}ŋa^{112}

喉管子　ɦəɯ^{112}kuan^{55}tsɿ^{0}喉咙

　　咽喉　Øien^{33}ɦəɯ^{112}

喉嗓　ɦəɯ^{112}san^{55}

嗓子　san^{55}ʦɿ^{0}

鸭公嗓子　Øia^{112}koŋ^{33}san^{55}ʦɿ^{0}

坼嗓子　ʦhe^{112}san^{55}ʦɿ^{0}哑嗓子

下巴　ɦa^{21}pa^{0}

下颏　ɦa^{21}kho^{33}

胡子　ɦu^{112}tsɿ^{0}

连腮胡子　lien^{112}sæ^{33}ɦu^{112}tsɿ^{0}

八字胡子　pa^{112}zɿ^{24}ɦu^{112}tsɿ^{0}

下巴胡子　ʑia^{24}pa^{33}ɦu^{112}tsɿ^{0}

肩□　tɕien^{33}pɔ^{0}肩膀

手梗子　ɕiəɯ^{55}kən^{55}tsɿ^{0}胳膊

手　ɕiəɯ^{55}包括臂

手掌　ɕiəɯ^{55}ʨian^{55}

　　手板　ɕiəɯ^{55}pan^{55}

手板心　ɕiəɯ^{55}pan^{55}ɕin^{33}手掌心

手背　ɕiəɯ^{55}pei^{24}

手趼子　ɕiəɯ^{55}ʨien^{55}ʦɿ^{0}

左手　tso^{55}ɕiəɯ^{55}

右手　Øiəɯ^{24}ɕiəɯ^{55}

锤子　zueɪ^{112}tsɿ^{0}拳头

手腕　ɕiəɯ^{55}Øuan^{55}

转转骨头　tɕyen^{24}tɕyen^{24}ku^{112}dəɯ^{0}手腕骨

手曲曲　ɕiəɯ^{55}tɕhy^{55}tɕhy^{55}胳膊肘

胳颈窝　ke^{112}tɕin^{55}Øo^{33}胳肢窝

手指头　ɕiəɯ^{55}ʧʅ^{33}dəɯ^{0}手指

大指头　da^{24}ʧʅ^{33}dəɯ^{0}大拇指

二指头　Øæ^{24}ʧʅ^{33}dəɯ^{0}食指

中指头　tsoŋ^{33}tʃʅ^{33}dəɯ^{0}中指

四指头　sʅ^{24}ʧʅ^{33}dəɯ^{0}无名指

晚指头　man^{55}ʧʅ^{33}dəɯ^{0}小拇指

脶　lo^{112}手指圆形的纹

半边脶　pan^{24}pien^{33}lo^{112}手指上非圆形的纹，有的地方叫“簸箕”。

指甲　ʧʅ^{33}ka^{33}

脚梗子　tɕyo^{33}kən^{55}tsʅ^{0}腿

脚　tɕyo^{33}下肢的总称

连巴肚子　lien^{112}pa^{33}tu^{24}ʦʅ^{0}腿肚子

当面骨头　tan^{33}mien^{24}ku^{112}dəɯ^{0}胫骨

跪□箩　khueɪ^{55}po^{55}lo^{0}膝盖

背心　peɪ^{24}ɕin^{33}背

肚子　tu^{55}tsʅ^{0}

肚脐眼　tu^{21}ʧʅ^{33}ŋan^{55}肚脐

　　肚肚眼　tu^{21}tu^{21}ŋan^{55}

奶子　næ^{55}tsʅ^{0}女性的乳房

奶嘴嘴　næ^{55}ʦueɪ^{55}ʦueɪ^{55}奶头

腰　Øiɔ^{33}

腰子　Øiɔ^{33}ʦʅ^{0}肾

背心　peɪ^{24}ɕin^{33}后背

胯骨　khua^{24}ku^{112}

　　胯拉　khua^{55}la^{33}

　　胯胯　khua^{55}khua^{55}

屁股 phi^{21}ku^{55}

屁眼珠子 phi^{21}ŋan^{55}ʨy^{33}tsɿ^{0}肛门

　　屁眼 phi^{24}ŋan^{55}

屌崽 tiɔ^{55}tsæ^{0}成人的阴茎

麻⁼屄 ma^{112}phi^{0}女阴

　　麻⁼拐⁼ ma^{112}kuæ^{0}

覼扎骨头 lo^{112}za^{112}ku^{112}dəɯ^{0}踝骨

脚板 ʨyo^{112}pan^{55}

脚掌 ʨyo^{112}ʦan^{55}

脚筋 ʨyo^{112}ʨin^{33}跟腱

寒毛 xan^{112}mɔ^{112}

寒毛眼窟 xan^{112}mɔ^{112}ŋan^{55}khu^{112}寒毛孔

黄心 ɦuan^{33}ɕin^{33}

肚子 tu^{24}ʦɿ^{0}

肝 kan^{33}

肺 xueɪ^{24}

胆 tan^{55}

肠子 ʑian^{33}ʦɿ^{0}

阑尾 lan^{112}Øueɪ^{55}

肏 ʒʅ^{112}性交

水 sueɪ^{55}精液

来红 læ^{112}ɦoŋ^{112}来月经

　　做好事 tso^{24}xɔ^{55}zɿ^{21}

十二　疾病医疗

病 bin^{24}

生病 sən^{33}bin^{21}

　　得病 te^{112}bin^{24}

不舒服　pu^{33} ɕy^{33} Øu^{0}

有毛病　Øiəɯ^{55} mɔ^{112} bin^{24}

急病　ʧɿ^{112} bin^{24}

小毛病　ɕiɔ^{55} mɔ^{112} bin^{24}

冷到　lən^{55} tɔ^{0}着凉

伤风　ɕian^{33} xoŋ^{33}

咳嗽　khe^{33} səɯ^{24}

鼻头齉到　bi^{33} dəɯ^{33} Øoŋ^{24} tɔ^{55}鼻塞

发烧　fa^{33} ɕiɔ^{33}

发燳　xua^{33} læ^{24}发热

有火气　Øiəɯ^{55} xo^{55} ʧɿ^{24}上火

火气重　xo^{55} ʧɿ^{24} zoŋ^{24}

打冷颤　ta^{55} lən^{55} ʨien^{21}发抖

　　打摆子　ta^{55} pæ^{55} tsɿ^{0}

肚子痛　tu^{55} tsɿ^{0} thoŋ^{24}

泻肚子　ɕie^{21} tu^{55} tsɿ^{0}拉肚子

　　屙肚子　Øo^{33} tu^{55} tsɿ^{0}

　　肚子丑　tu^{55} tsɿ^{0} ʨhiəɯ^{55}

打摆子　ta^{55} pæ^{55} tsɿ^{0}患疟疾

中暑　tsoŋ^{21} ɕy^{55}

发痧　xua^{33} sa^{33}

泥鳅痧　ȵi^{112} ʨhiəɯ^{33} sa^{33}痧病的一种，也叫标蛇痧

蚂蟥痧　ma^{55} ɦuan^{33} sa^{33}痧病的一种

伤寒　ɕian^{33} xan^{112}

痨病　lɔ^{112} bin^{24}

羊癫疯　Øian^{112} tien^{33} xoŋ^{33}

癞子　læ^{24} tsɿ^{0}

生疮　sən^{33} ʦhuan^{33}

疔疮　tin^{33} ʦhuan^{33}

痔疮　zɿ^{24}tshuan^{33}

疖子　tɕie^{112}tsɿ^{0}

癣　ɕyen^{55}

肉痣　zu^{24}tsɿ^{24}凸起的痣

疤子　pa^{33}tsɿ^{0}蚊子咬后形成的疙瘩

　　□□　po^{55}po^{55}

　　包　pɔ^{33}

痂□　ka^{33}tsa^{0}伤口好后结的痂

痱子　xueɪ^{24}tsɿ^{0}

火眼　xo^{55}Øien^{55}眼睛发红

生挑针　sən^{33}thiɔ^{33}tɕin^{33}眼睛长麦粒肿

起鸡婆肉　tʃhʅ^{55}tʃʅ^{33}bo^{33}zu^{33}起鸡皮疙瘩

失枕　ʃʅ^{112}tɕin^{55}落枕

寸耳风　tshən^{24}Øe^{55}xoŋ^{33}腮腺炎

脬颈　bɔ^{112}tɕin^{55}大脖子病

结巴　tɕie^{112}pa^{33}

缺子　tɕhye^{112}tsɿ^{0}豁唇

眏子　die^{112}tsɿ^{0}疤眼

六指　lu^{112}tʃʅ^{33}

虫牙　zoŋ^{112}ŋa^{112}

闷车　mən^{24}tɕhie^{33}

　　昏车　xuən^{33}tɕhie^{33}

呕　ŋəɯ^{55}呕吐

打干哕　ta^{55}kan^{33}Øye^{55}

　　打呃　ta^{112}ŋe^{55}

肿　tsoŋ^{55}

灌汁　kuan^{24}tʃʅ^{33}化脓

狐痧气腥　ɦu^{112}sa^{33}tʃhʅ^{21}ɕin^{33}狐臭

狐骚气　ɦu^{112}sɔ^{33}tʃhʅ^{21}

诊病　tɕin^{55}bin^{24}看病

　　看病　khan^{24}bin^{24}

拿脉　na^{112}me^{112}诊脉

扎钢针　tsa^{33}kan^{33}tɕin^{33}针灸

开方子　kæ^{33}xuan^{33}ʦɿ^{0}

药引子　Øyo^{112}Øin^{55}ʦɿ^{0}

中药　tsoŋ^{33}Øyo^{112}汤药

捡药　tɕien^{55}Øyo^{112}抓中药

熬药　ŋɔ^{112}Øyo^{112}

打针　ta^{55}tɕin^{33}

打吊针　ta^{55}tiɔ^{24}tɕin^{33}

吃药　tʃhʅ^{33}Øyo^{112}

发汗　xua^{33}xan^{24}

掐痧　kha^{112}sa^{33}

打火筒　ta^{55}xo^{55}doŋ^{33}拔火罐

病好些了　bin^{24}xɔ^{55}ɕie^{33}liɔ^{0}病轻了

爽快些了　suan^{55}khuæ^{24}ɕie^{33}liɔ^{55}

十三　服饰穿戴

衣裳　Øi^{33}san^{0} 衣服

穿着　tɕhyen^{33}tɕyo^{112}

布　pu^{24}

家织布　tɕia^{33}ʧʅ^{112}pu^{24}

　　土布　thu^{55}pu^{24}

穿衣裳　tɕhyen^{33}Øi^{33}san^{0}

脱衣裳　tho^{33}Øi^{33}san^{0}

扎　tsa^{55}系，～鞋带

大衣　da^{24}Øi^{33}

马褂子　ma^{55}kua^{24}tsɿ^{0}

长袍子　ʑian^{33}bɔ^{112}tsɿ^{0}长衫

短袍子　tuan^{55}bɔ^{112}tsɿ^{0}

旗袍　ʒʅ^{112}bɔ^{112}

小衣　ɕiɔ^{55}Øi^{33}衬衫

　　衬衣　tshən^{24}Øi^{33}

　　里衣　li^{55}Øi^{33}

汗衫　xan^{24}san^{33}短袖衣服

汗背心　xan^{24}peɪ^{24}ɕin^{33}

背褡子　peɪ^{24}ta^{33}tsɿ^{0}背心

　　背心　peɪ^{24}ɕin^{0}

洋索衣　Øian^{112}so^{33}Øi^{33}毛衣

　　毛线衣　mɔ^{112}ɕien^{21}Øi^{33}

夹衣　ka^{33}Øi^{33}棉衣

　　棉衣　mien^{112}Øi^{33}

单衣　tan^{33}Øi^{33}

长袖子　ʑian^{33}ɕiəu^{24}tsɿ^{0}

大衣襟　da^{24}Øi^{33}tɕin^{33}旧时妇女穿的大襟衣服

风衣　xoŋ^{33}Øi^{33}

连脚衣　lien^{112}tɕyo^{112}Øi^{33}婴幼儿穿的裤子，下面包住脚

裙子　ʑyn^{33}tsɿ^{0}

领子　lin^{55}tsɿ^{0}

袖子　ʑiəɯ^{21}tsɿ^{0}

大襟　da^{24}tɕin^{33}旧式衣服的后襟

小襟　ɕiɔ^{55}tɕin^{33} 旧式衣服的前襟

下摆　ʑia^{24}pæ^{55}

袋婆　dæ^{21}bo^{0}衣服上的口袋

　　袋袋　dæ^{21}dæ^{0}

裤子　khu^{21}tsɿ^{0}

棉裤　mien^{112}khu^{24}

单裤　tan^{33}khu^{24}

裹裹裤子　ko^{55}ko^{55}kh^{24}ʦɿ^{0}旧式裤子，腰大，穿时需裹起扎带子

开裆裤　khæ^{33}tan^{33}khu^{24}

圞裆裤　luan^{112}tan^{33}khu^{24}

锁头裤子　so^{55}dəɯ^{0}khu^{21}tsɿ^{0}外穿的短裤

　　西装短裤　ʃʅ^{33}tsuan^{33}tuan^{55}khu^{21}

裤腰　khu^{24}Øiɔ^{33}

裤裆　khu^{24}tan^{33}

裤脚　khu^{24}ʨyo^{33}裤腿

腰带　Øiɔ^{33}tæ^{24}

松紧带　soŋ^{33}ʨin^{55}tæ^{24}

帽子　mɔ^{21}tsɿ^{0}

礼帽　li^{55}mɔ^{24}

草帽子　ʦhɔ^{55}mɔ^{24}ʦɿ^{0}

帽遮遮　mɔ^{24}ʦua^{112}ʦua^{112}帽沿子

斗篷　təo^{55}moŋ^{0}斗笠

筒篁　thoŋ^{55}Øu^{33}

鞋子　ɦæ^{112}tsɿ^{0}

草鞋　ʦhɔ^{55}xæ^{112}

拖鞋　tho^{33}xæ^{112}

踏踏鞋　tha^{112}tha^{112}xæ^{112}

猫崽鞋子　mɔ^{112}ʦæ^{55}xæ^{112}虎头鞋

小脚婆鞋子　ɕiɔ^{55}ʨyo^{112}bo^{33}xæ^{112}ʦɿ^{0}旧时裹脚妇女穿的鞋

鞋面子　xæ^{112}mien^{24}ʦɿ^{0}

鞋底子　xæ^{112}ti^{55}ʦɿ^{0}

鞋带子　xæ^{112}tæ^{24}ʦɿ^{0}

鞋楦头　xæ^{112}ɕyen^{33}dəu^{0}旧时做鞋时塞进鞋里的模子

袜子　ba^{112}tsɿ^{0}

袖套　ɕiəu^{24}thɔ^{24}

汗帕　xan^{24}pha^{24}

围巾　Øueɪ^{112}ʨin^{0}

手套　ɕiəu^{55}thɔ^{24}

裹脚布　ko^{55}ʨyo^{112}pu^{24}

横衣　Øuən^{112}Øi^{33}围裙

　　围衣　Øueɪ^{112}Øi^{33}

兜兜　təɯ^{33}təɯ^{33}肚兜；围嘴

尿布　ȵiɔ^{24}pu^{21}

　　尿片子　ȵiɔ^{24}phien^{21}tsɿ^{0}

扣子　khəɯ^{21}tsɿ^{0}

扣扣子　khəɯ^{24}khəɯ^{21}tsɿ^{0}

扣襻　khəu^{24}phan^{24}旧式布制的扣子

扣眼窟　khəu^{24}ŋan^{55}khu^{112}

锁扣眼窟　so^{55}khəu^{24}ŋan^{55}khu^{112}锁扣眼

钉扣子　tin^{24}khəu^{24}ʦɿ^{0}

打补巴　ta^{55}pu^{55}pa^{0}打补丁

戒指　kæ^{21}tʃʅ^{33}

镯头　zo^{112}dəɯ^{0}手镯

手环　ɕiəu^{55}khuan^{112}

耳环　Øe^{55}ɦuan^{112}

环子　ɦuan^{112}ʦɿ^{0}

颈环　ʨin^{55}khuan^{112}项圈

项链　ɦan^{24}lien^{24}

簪子　ʦan^{33}ʦɿ^{0}

眼睛架子　ŋan^{55}ʨin^{33}ka^{24}ʦɿ^{0}眼镜

剪头　ʨien^{55}dəɯ^{112}理发

梳头　su^{33}dəɯ^{112}

头发夹子　dəɯ^{112}xua^{33}ka^{112}ʦɿ^{0}发夹

头夹　dəɯ^{112}ka^{112}

十四　饮食

饭　ban^{24}米饭

早饭　tsɔ^{55}ban^{21}

晌饭　ɕian^{55}ban^{21}午饭

　　晌午　ɕian^{55}Øu^{55}

夜饭　Øie^{24}ban^{21}

　　夜晚　Øie^{24}Øuan^{55}

急火饭　ʧʅ^{112}xo^{55}ban^{24}

蒸饭　ʨin^{33}ban^{24}

烂饭　lan^{24}ban^{24}水份较大的米饭

硬饭　ŋən^{24}ban^{24}水份少、较硬的米饭

锅巴饭　ko^{33}pa^{33}ban^{24}

粥饭　tsu^{33}ban^{24}用米熬的稀饭

　　稀饭　ʃʅ^{33}ban^{24}

面灰　mien^{24}xueɪ^{33}麦子磨的面粉

面　mien^{24}指面条，不是面粉

光头面　kuan^{33}dəɯ^{112}mien^{24}清水煮面，不放别的东西

面灰坨坨　mien^{24}xueɪ^{33}do^{112}do^{0}面疙瘩

粉　xuən^{55}

　　米粉　mi^{55}xuən^{55}

汤粉　than^{33}xuən^{55}

卤粉　lu^{55}xuən^{55}用卤水作调料的米粉

光头粉　kuan^{33}dəɯ^{112}xuən^{55}无作料的粉

凉拌粉　lian^{112}pan^{24}xuən^{55}

粉丝　xuən^{55}sɿ^{33}

红薯粉　ɦoŋ^{112}ʑy^{0}xuən^{55}

烤饼　$kh\text{ɔ}^{55}pin^{55}$烧饼
辣椒灰　la^{112}ȶɕiɔ^{33}xueɪ^{33}磨成面儿的辣椒
馒头　man^{112}dəɯ^{0}
包子　pɔ^{33}tsɿ^{0}
蜂糕　xoŋ^{33}kɔ^{33}面粉或米发酵后做的糕点，中间有孔。
发糕　xua^{33}kɔ^{33}
饺子　ȶɕiɔ^{55}tsɿ^{0}
馄饨　ɦuən^{112}thən^{0}
馅心　xan^{24}ɕin^{33}包子、饺子等食物的馅
老料　lɔ^{55}liɔ^{24}旧时自制的酵母
　　娘婆　nian^{112}bo^{112}
油条　Øiəɯ^{112}diɔ^{0}
豆浆　dəɯ^{24}ȶɕian^{33}
豆脑子　dəɯ^{21}nɔ^{55}tsɿ^{0}豆腐脑
元宵粑粑　Øyen^{112}ɕiɔ^{33}pa^{33}pa^{33}元宵
粑粑　pa^{33}pa^{33}将米磨成粉后制成的黏软的食物，根据添加材料和做法可以分为不同的品种。
糯米粑粑　no^{21}mi^{55}pa^{33}pa^{33}用黏性大的米或米粉做的
粽子　tso^{21}tsɿ^{0}
嘴食　ʦueɪ^{55}ʃʅ^{33}零食
点心　tien^{55}ɕin^{0}
菜　tshæ^{24}
干菜　kan^{33}tshæ^{24}
荤菜　xuən^{33}ʦhæ^{24}
猪肉　ȶɕy^{33}zu^{33}
　　肉　zu^{33}
　　菜　ʦhæ^{24}
猪血　ȶɕy^{33}ɕye^{33}
猪脚　ȶɕy^{33}ȶɕyo^{33}猪蹄

猪脚爪　tɕy^{33}tɕyo^{33}ʦua^{55}

髈蹄　ban^{55}di^{112}猪肘子

猪舌子　tɕy^{33}ʑie^{112}tsɿ^{0} 猪舌头

猪肝花　tɕy^{33}kan^{33}xua^{0}猪肝

里弯肉　li^{55}Øuan^{33}zu^{24}里脊肉

排骨　bæ^{112}ku^{33}

猪耳朵　tɕy^{33}Øe^{55}to^{55}

肠肝肚腑　ʑian^{112}kan^{33}du^{21}fu^{55}猪牛羊的内脏等下水的合称。

杂碎　za^{112}sueɪ^{24}

猪肠子　tɕy^{33}ʑian^{112}tsɿ^{0}

猪油　tɕy^{33}Øiəɯ^{112}

扣肉　khəɯ^{24}zu^{33}

米粉肉　mi^{55}xuən^{55}zu^{33}

腊肉　la^{24}zu^{33}

鸡肉　ʧʅ^{33}zu^{33}

鸡肫子　ʧʅ^{33}tɕyn^{33}ʦɿ^{0}

鸡翅杆　ʧʅ^{33}ʦɿ^{24}kan^{55}鸡翅膀

胈脚　pa^{24}tɕyo^{33}鸡鸭的大腿肉

鸡翘　ʧʅ^{33}tɕhiɔ^{24}鸡屁股

鸭子肉　ŋa^{33}tsɿ^{0}zu^{33}

炒血鸭　ʦhɔ^{55}ɕye^{55}Øia^{33}本地名菜，将鸭子炒好后，起锅前加鸭血。

鹅肉　ŋo^{112}zu^{33}

泥鳅汆汤　ȵi^{112}tɕhiəu^{33}ʦhuan^{33}than^{33}

盘龙鳝鱼　ban^{112}loŋ^{112}ʑien^{24}Øy^{112}

鳝鱼片　ʑien^{24}Øy^{112}phien^{24}

酿苦瓜　ȵian^{24}khu^{55}kua^{33}　将苦瓜切成段，去除内心后塞入肉馅

酿海椒　ȵian^{24}xæ^{55}tɕiɔ^{33}将辣椒去蒂后塞入肉馅

酿豆腐　ȵian^{24}dəɯ^{21}Øu^{0}

茄子鲊　ʑie^{112}ʦɿ^{0}ʦa^{55}茄子剁碎后制成的酱

辣椒酱　la^{112}tɕiɔ^{33}tɕian^{24}

蛋　dan^{24}鸡蛋

皮蛋　bi^{112}dan^{21}松花蛋

炒蛋　tshɔ^{55}dan^{24}

煎蛋　tɕien^{33}dan^{24}

煮圞蛋　tɕy^{33}luan^{112}dan^{24}鸡蛋煮熟后去壳整个放入汤里

冻蛋　toŋ^{24}dan^{24}鸡蛋打碎后加入调料搅拌，蒸制而成

豆腐　dəɯ^{21}Øu^{0}

白豆腐　be^{112}dəɯ^{21}Øu^{0}

　　水豆腐　sueɪ^{55}dəɯ^{21}Øu^{0}

豆干子　dəɯ^{24}kan^{33}tsɿ^{0}

　　豆腐干　dəɯ^{21}Øu^{0}kan^{33}

香干子　ɕian^{33}kan^{33}tsɿ^{0}

油豆腐　Øiəɯ^{112}dəɯ^{21}Øu^{0}

豆腐皮子　dəɯ^{21}Øu^{0}bi^{112}tsɿ^{0}

霉豆腐　meɪ^{112}dəɯ^{21}Øu^{0}

魔芋豆腐　mo^{112}Øy^{24}dəɯ^{21}Øu^{0}用魔芋制成的豆腐

芽菜　Øai^{112}tshæ^{24}

素菜　su^{24}tshæ^{24}

坛子菜　than^{112}tsɿ^{0}tshæ^{24}

酸豆角　suan^{33}dəɯ^{24}ko^{33}

走油圆子　tsəɯ^{55}Øiəɯ^{112}Øyen^{112}tsɿ^{0}用油稍微炸一下的圆子

麻油　ma^{112}Øiəɯ^{112}

　　香油　ɕian^{33}Øiəɯ^{112}

酱油　tɕian^{24}Øiəɯ^{112}

盐　Øien^{112}

醋　tshu^{24}

　　小酒　ɕiɔ^{55}tɕiəɯ^{55}

茶籽油　za^{112}tsɿ^{55}Øiəɯ^{112}

猪油　tɕy^{33}Øiəɯ^{112}

香料　ɕian^{33}liɔ^{24}

豆豉　dəɯ^{24}zɿ^{33}

八角　pa^{112}ko^{33}

胡椒　ɦu^{112}tɕiɔ^{33}

银耳　Øin^{112}Øe^{55}

蘑菇　mo^{112}ku^{33}

葱花　tshoŋ^{33}xua^{33}

姜丝　tɕian^{33}sɿ^{33}

烟　Øien^{33}香烟

旱烟　xan^{24}Øien^{33}

高度酒　kɔ^{33}du^{21}tɕiəɯ^{55}白酒

米酒　mi^{55}tɕiəɯ^{55}用米酿的酒，度数较低。

米烧酒　mi^{55}ɕiɔ^{33}tɕiəɯ^{55}

　　火酒　xo^{55}tɕiəɯ^{55}

黄酒　ɦuan^{112}tɕiəɯ^{55}

胡酿酒　ɦu^{112}ȵian^{21}tɕiəɯ^{55}江米酒酒酿，醪糟

　　胡子酒　ɦu^{112}tsɿ^{0}tɕiəɯ^{55}

红薯酒　ɦoŋ^{112}ʑy^{0}tɕiəɯ^{55}

□酒　Øia^{112}tɕiəɯ^{55}烧酒与糯米酒兑制而成的酒。

饼药　pin^{55}Øyo^{112}酒麯

茶叶　za^{112}Øie^{0}

开水　khæ^{33}sueɪ^{55}可以喝的烧开的水

白开水　be^{112}khæ^{33}sueɪ^{55}没加任何东西的开水

㸐开水　næ^{24}khæ^{33}sueɪ^{55}热开水

毛㸐开水　mɔ^{112}næ^{24}khæ^{33}sueɪ^{55}温热的开水

冷开水　lən^{55}khæ^{33}sueɪ^{55}

白糖　be^{112}dan^{112}

冰糖　pin^{33}dan^{112}

花生糖 xua^{33}sən^{33}dan^{112}

冰棒 pin^{33}ban^{21}冰棍儿

煮 tɕy^{55}

煎 tɕien^{33}

泡 phɔ^{24}

炸 tsa^{24}

蒸 tɕin^{33}

揉 ʑiəɯ^{112}揉面做馒头等

擀 kan^{55}～饺子皮儿

味道 bi^{21}dɔ^{0}

十五　红白大事

做媒 tso^{24}meɪ^{112}说媒

做介绍 tso^{24}kæ^{24}ɕiɔ^{21}

媒婆 meɪ^{112}bo^{112}

媒人 meɪ^{112}ʑin^{112}

做媒的 ʦo^{24}meɪ^{112}ti^{33}

介绍人 kæ^{24}ɕiɔ^{24}ʑin^{112}

媒公 meɪ^{112}koŋ^{33}

亲事 ʨhin^{33}zɿ^{0}

红喜事 ɦoŋ^{33}ʃʅ^{55}zɿ^{24}结婚的喜事

看亲 khan^{24}tɕhin^{33}相亲

订亲 din^{24}tɕhin^{33}订婚

嫁妆 ka^{24}tsuan^{33}

好日子 xɔ^{55}ʒʅ^{33}ʦɿ^{0}喜期

喜礼 ʃʅ^{55}li^{55}

做酒 ʦo^{24}ʨiəɯ^{24}办喜酒

吃喜酒 ʧhʅ^{33}ʃʅ^{55}ʨiəɯ^{24}

送嫁奁 soŋ^{24}ka^{24}lien53

成家 ʑin^{112}tɕia^{33}

讨亲 thɔ^{55}ʨhin^{33}

结婚 tɕie^{33}xuən^{33}

讨老婆 thɔ^{55}lɔ^{55}bo^{112}娶妻子

开脸 kæ^{33}lien^{55}旧时女子出嫁前用线绞掉脸上的汗毛

出嫁 ʨhy^{112}ka^{24}

过门 ko^{24}mən^{112}

嫁女 ka^{24}ȵy53

接亲 ʨie^{112}ʨhin^{33}

送亲 soŋ^{24}ʨhin^{33}

拜堂 bæ^{24}dan^{112}

拜天地 bæ^{24}thien^{33}di^{24}

作合面揖 zo^{112}ɦo^{112}mien^{24}Øi^{112}夫妻对拜

新郎公 ɕin^{33}lan^{112}koŋ^{33}新郎

媳妇娘 ʃʅ^{33}vu^{0}ȵian^{112}新娘子

怀肚婆 ɦuæ^{112}du^{24}bo^{112}孕妇

怀毛毛 ɦuæ^{112}mɔ^{112}mɔ^{112}怀孕

有性格 Øiəɯ^{55}ɕin^{24}ke^{33}妊娠反应

生毛毛 sən^{33}mɔ^{112}mɔ^{112}分娩

嬔毛毛 ban^{24}mɔ^{112}mɔ^{112}流产

双巴佬 suan^{33}pa^{33}lɔ^{24}双胞胎

接生 ʨie^{112}sən^{33}

衣胞 Øi^{33}pɔ^{33}

头胎 dəɯ^{112}thæ^{33}

二胎 Øæ^{24}thæ^{33}

私崽 sɿ^{33}ʦæ^{55}私生子

背生子 peɪ^{24}sən^{33}ʦɿ^{0}遗腹子

坐月子 zo^{24}Øye^{112}tsɿ^{0}

吃奶　tʃhʅ^{33}næ^{55}

隔奶　ke^{33}næ^{55}断奶

满月　man^{55}Øye^{112}

打三朝　ta^{55}san^{33}ʨiɔ^{33}小孩出生的第三天到第七天，女方亲属来男方家举行的庆祝仪式。

生日　sən^{33}Øi^{55}

长尾巴　ʑian^{55}Øueɪ^{55}pa^{33}小孩过生日

暖寿　nuan^{55}ʑiəɯ^{24}年龄较大的人过寿时，子女等晚辈在寿诞前一天举行的仪式。

做寿　tso^{24}ʑiəɯ^{24}

寿星　ʑiəɯ^{24}ɕin^{33}过生日的人

丧事　san^{33}zʅ^{24}

　　白事　be^{112}zʅ^{24}

　　当大事　tan^{33}da^{24}zʅ^{24}

死咖了　sʅ^{55}ka^{0}liɔ^{0}去世

　　老了　lɔ^{55}liɔ^{0}

　　过世　ko^{24}ʃʅ^{24}

　　过咖了　ko^{24}ka^{0}liɔ^{55}

自杀　zʅ^{24}sa^{33}

　　寻短路　ʑin^{112}tuan^{55}lu^{24}

　　寻死　ʑin^{112}sʅ^{55}

吊颈　tiɔ^{24}ʨin^{55}

　　上吊　ʑian^{24}tiɔ^{24}

跌气　tie^{33}ʧhʅ^{24}咽气

断气　tuan^{24}ʧhʅ^{24}

孝家　ɕiɔ^{24}ka^{33}

孝子　ɕiɔ^{24}ʦʅ^{55}

谢孝　ɕie^{24}xɔ^{24}旧时丧礼过程中孝子向客人行磕头礼答谢。

入材　ʑy^{112}zæ^{112}入殓

入棺　ʑy^{112}kuan^{33}

老木　lɔ^{55}mu^{112}棺材

长生　ʑian^{112}sən^{33}

棺材　kuan^{33}zæ^{33}

灵屋　lin^{112}Øu^{112}灵堂

灵床　lin^{112}zuan^{112}

灵板　lin^{112}ban^{55}

照灵头灯　tɕiɔ^{24}lin^{112}dəɯ^{33}tən^{33}

灵牌　lin^{112}bæ^{112}灵位

孝棍　xɔ^{24}kuən^{24}哭丧棒

纸扎　ʦɿ^{55}ʦa^{112}

纸屋　ʦɿ^{55}Øu^{112}

钱纸　ʑien^{112}tsɿ^{55}纸钱

花圈　xua^{33}tɕhyen^{33}

金宝银宝　tɕin^{33}pɔ^{55}Øin^{112}pɔ^{55}

买路钱　mæ^{55}lu^{24}ʑien^{33}

骨灰盒子　ku^{112}xueɪ^{33}ɦo^{112}ʦɿ^{0}

守灵　ɕiəɯ^{55}lin^{112}

七天功　ʧhʅ^{112}thien^{33}koŋ^{33}又称烧七或斋七。指人死后，亲属每七天祭奠一次，前后七次，共七七四十九天，第一个七天称头七，以下依次为二七、三七……。

做七　ʦo^{24}ʧhʅ^{112}

守孝　ɕiəɯ^{55}ɕiɔ^{24}

穿麻衣　tɕhyen^{33}ma^{112}Øi^{33}

孝帽　ɕiɔ^{24}mɔ^{24}

孝衣　ɕiɔ^{24}Øi^{33}

吊孝　tiɔ^{24}ɕiɔ^{24}

戴孝　dæ^{24}xɔ^{24}

拖头　tho^{33}dəɯ^{33}头上垂下的白布条

祭奠　ʧʅ^{24}dien^{24}

拜忏　pæ^{24}ʦhan^{24}

发引　xua^{33}Øin^{55}

出丧　ʨhy^{112}san^{33}出殡

　　出门　ʨhy^{33}mən^{112}

　　出殡　ʨhy^{112}pin^{33}

送葬　soŋ^{24}ʦan^{24}

抬丧　dæ^{33}san^{33}抬棺木下葬

　　举重　ʨy^{55}zoŋ^{24}

　　抬杠子　dæ^{33}kan^{24}ʦɿ^{0}

吹鼓手　ʦhueɪ^{33}ku^{55}ɕiəɯ^{55}

做道场　ʦo^{24}tɔ^{24}ʑian^{33}

垒祖　leɪ^{55}ʦu^{55}堆坟堆

祖　tsu^{55}坟墓

挂清　kua^{24}ʨhin^{33}上坟

　　挂山　kua^{24}san^{33}

　　扫墓　sɔ^{55}mu^{24}

十六　迷信

天老爷　thien^{33}lɔ^{55}Øye^{112}老天爷

菩萨　vu^{112}sa^{21}

观音娘娘　kuan^{33}Øin^{33}ȵian^{112}ȵian^{112}

　　观音菩萨　kuan^{33}Øin^{33}vu^{112}sa^{21}

灶王爷　tsɔ^{24}Øuan^{112}Øie^{112}

　　灶王菩萨　tsɔ^{24}Øuan^{112}vu^{112}sa^{21}

财神菩萨　zæ^{112}ʑin^{112}vu^{112}sa^{21}

土地菩萨　thu^{55}di^{24}vu^{112}sa^{21}

四仙菩萨　sɿ^{24}ɕien^{33}vu^{112}sa^{21}

阎王老子　Øien^{112}Øuan^{112}lɔ^{55}ʦɿ^{0}

神仙　ʑin^{112}ɕien^{33}

神龛　ʑin^{112}khan^{33}

祠堂　zɿ^{112}dan^{112}

公屋　koŋ^{33}Øu^{112}

庙堂　miɔ^{24}dan^{112}

　　庙　miɔ^{24}

土地庙　thu^{55}di^{24}miɔ^{24}

城隍庙　ʑin^{33}ɦuan^{33}miɔ^{24}

寺　zɿ^{24}

观　kuan^{24}

香案　ɕian^{33}ŋan^{24}

供桌　koŋ^{24}ʦo^{112}

供果　koŋ^{24}ko^{55}

烛台　ʦu^{33}dæ^{33}

线香　ɕien^{24}ɕian^{33}

烧香　ɕiɔ^{33}ɕian^{33}

香头钵子　ɕian^{33}dəɯ^{33}po^{112}ʦɿ^{0}

敬菩萨　ʨin^{24}vu^{112}sa^{21}

长明灯　ʑian^{33}min^{112}tən^{33}

喊魂　xan^{55}Øuən^{112}

积阴功　ʧʅ^{112}Øin^{33}koŋ^{33}

　　积德　ʧʅ^{112}te^{112}

短阳寿　tuan^{55}Øian^{112}ʑiəɯ^{24}

　　折寿　ʨie^{112}ʑiəɯ^{24}

城隍爷　ʑin^{33}ɦuan^{33}Øie^{112}

判官　phan^{24}kuan^{33}

小鬼　ɕiɔ^{55}kueɪ^{55}

生死簿　sən^{33}sɿ^{55}bu^{24}

奈何桥　næ^{24}ɦo^{112}ʑiɔ^{33}

鬼门关　kueɪ^{55}mən^{112}kuan^{33}

望乡台　Øuan^{24}çian^{33}dæ^{33}

财气　zæ^{112}ʧhʅ^{21}运气

运气　Øyn^{24}ʧhʅ^{24}

走运　ʦəɯ^{55}Øyn^{24}

鬼气　kueɪ^{24}ʧhʅ^{21}

煞气　sa^{112}ʧhʅ^{21}

阴气　Øin^{33}ʧhʅ^{21}

出家　ʨhy^{33}ʨia^{33}

吃斋　ʧhʅ^{33}ʦæ^{33}

和尚师傅　ɦo^{112}ʑian^{21}sɿ^{33}vu^{0}和尚

尼姑婆　ȵi^{112}ku^{33}bo^{112}尼姑

道场师傅　dɔ^{24}ʑian^{112}sɿ^{33}vu^{0}道士

　　道士　dɔ^{24}zɿ^{24}

师公　sɿ^{33}koŋ^{33}

木鱼□□　mu^{112}Øy^{112}po^{55}po^{55}

许愿　çy^{55}Øyen^{24}

还愿　ɦuan^{112}Øyen^{24}

磕头　kho^{33}dəɯ^{33}

解罪　kæ^{55}zueɪ^{24}求神原谅自己所犯的错误

保佑　pɔ^{55}Øiəɯ^{21}

看八字　khan^{24}pa^{33}zɿ^{21}算命

算八字　suan^{24}pa^{33}zɿ^{21}

测字　ʦhe^{33}zɿ^{24}

算命　suan^{24}min^{24}

看手相　khan^{24}çiəɯ^{55}çien^{24}

抽签　ʨhiəɯ^{33}ʨhien^{33}

扯彩头　ʨhie^{55}ʦhæ^{55}dəɯ^{0}抽纸制的签

打卦　ta^{55}kua^{24}

打醮　ta^{55}tɕiɔ^{24}

拜菩萨　bæ^{24}vu^{112}sa^{21}

送鬼　soŋ^{24}kueɪ^{55}请道士跳神

念经　ȵien^{24}tɕin^{33}

看地　khan^{24}di^{24}看风水

娘娘婆　ȵian^{112}ȵian^{112}bo^{33}巫婆

问娘娘　Øuən^{24}ȵian^{112}ȵian^{112}请巫婆看病

传教的　ʑyen^{33}tɕiɔ^{24}ti^{0}基督教传教士

阴阳先生　Øin^{33}Øian^{112}ɕien^{33}sən^{33}看风水的

八字先生　pa^{112}zɿ^{24}ɕien^{33}sən^{33}

十七　讼事

衙门　Øia^{112}mən^{112}

打官司　ta^{55}kuan^{33}sɿ^{33}

告状　kɔ^{24}zuan^{24}

状纸　zuan^{24}tsɿ^{55}

审官司　ɕin^{55}kuan^{33}sɿ^{33}

惊堂木　tɕin^{33}dan^{33}mu^{112}

坐堂　zo^{24}dan^{112}

问案子　Øuən^{24}ŋan^{24}tsɿ^{0}

过堂　ko^{24}dan^{112}

口供　khəɯ^{55}koŋ^{24}

对口　teɪ^{24}khəɯ^{55}对质

　　对证　teɪ^{24}tɕin^{24}

法官　xua^{33}kuan^{33}

清官　tɕhin^{33}kuan^{33}

　　青天老爷　tɕhin^{33}thien^{33}lɔ^{55}Øie^{112}

昏官　xuən^{33}kuan^{33}

贪官　than^{33}kuan^{33}

律师　ly^{112}sɿ^{33}

法院　xua^{55}Øyen^{24}

法庭　xua^{55}din^{112}

原告　Øyen^{112}kɔ^{24}

被告　bi^{24}kɔ^{24}

写状子　ɕie^{55}zuan^{24}ʦɿ^{0}

传票　ʑyen^{112}phiɔ^{24}

调解　diɔ^{112}kæ53

判　phan^{24}

出庭　ʨhy^{33}din^{112}

判刑　phan^{24}ʑin^{112}

服判　Øu^{112}phan^{24}

不服　pu^{112}Øu^{112}

上诉　ʑian^{24}su^{24}

立字据　li^{112}zɿ^{24}ʨy^{24}

订合同　tin^{24}ɦo^{112}doŋ^{112}

地契　di^{24}ʧhʅ^{24}

房契　ban^{112}ʧhʅ^{24}

画押　ɦua^{24}Øia^{112}

按手印　ŋan^{24}ɕiəɯ^{55}Øin^{24}

用刑　Øioŋ^{24}ʑin^{112}

打屁股　ta^{55}phi^{24}ku^{55}

上夹子　ʑian^{24}ka^{112}ʦɿ^{0}旧时用竹签夹住犯人手指的刑罚，即拶刑

戴铐子　tæ^{24}khɔ^{24}ʦɿ^{0}

苦打成招　khu^{55}ta^{55}ʑin^{112}ʨiɔ^{33}屈打成招

砍脑壳　khan^{55}nɔ^{55}kho^{112}砍头

　　杀人　sa^{33}ʑin^{112}

枪毙　tɕhian^{33}bi^{55}

同伙　doŋ^{112}xo^{55}

犯法　ban^{24}xua^{33}

犯罪　ban^{24}zueɪ^{24}

诬告　Øu^{33}kɔ^{24}

赖　læ^{24}

耍赖　sua^{55}læ^{24}

连坐　lien^{112}zo^{24}受牵连

担保　tan^{33}pɔ^{55}

解起走咖了　kæ^{55}ʧʅ^{55}tsəɯ^{55}ka^{0}liɔ^{0}押解走了

牢车　lɔ^{112}tɕhie^{33}囚车

手铐子　ɕiəɯ^{55}khɔ^{24}tsʅ^{0}

脚铐子　tɕyo^{112}khɔ^{24}tsʅ^{0}脚镣

抓人　tsua^{33}ʑin^{112}

绑起来　pan^{55}ʧhʅ^{55}læ^{112}

捆起来　khuən^{55}ʧhʅ^{55}læ^{112}

拘留　tɕy^{33}liəɯ^{112}

劳改　lɔ^{112}kæ^{55}

坐牢　zo^{24}lɔ^{112}

坐班房　zo^{24}pan^{33}ban^{33}

劳改犯　lɔ^{112}kæ^{55}ban^{24}

十八　日常起居

起床　ʧhʅ^{55}zuan^{112}

起来　ʧhʅ^{55}læ^{0}

穿衣裳　tɕhyen^{33}Øi^{33}san^{0}

穿裤子　tɕhyen^{33}khu^{21}tsʅ^{0}

穿鞋子　tɕhyen^{33}ɦæ^{112}tsʅ^{0}

打赤脚　ta^{55}ʧhʅ^{24}ʨyo^{55}光脚

漱口　su^{21}khəɯ^{55}

　　刷牙子　sua^{33}ŋa^{112}ʦʅ53

洗脸　ʃʅ^{55}lien^{55}

洗澡　ʃʅ^{55}tsɔ^{55}

洗头　ʃʅ^{55}dəɯ^{112}

洗手　ʃʅ^{55}ɕiəɯ^{55}

洗脚　ʃʅ^{55}ʨyo^{55}

爁脚　næ^{24}ʨyo^{55}热水烫脚

抹澡　ma^{33}ʦɔ^{24}

梳头发　su^{33}dəɯ^{112}xua^{0}

捆辫子　khuən^{55}pien^{24}ʦʅ^{0}

夹指甲　ka^{112}tʃʅ^{33}ka^{0}剪指甲

刮脸　kua^{55}lien^{55}

剃胡子　thi^{24}ɦu^{112}tsʅ^{0}

挖耳朵　Øua^{33}Øe^{55}to^{55}

叠被窝　die^{112}beɪ^{21}Øo^{0}

屙尿　Øo^{33}ȵiɔ^{24}

小解　ɕiɔ^{55}kæ^{55}

　　解小手　kæ^{55}ɕiɔ^{55}ɕiəɯ^{55}

屙屎　Øo^{33}sʅ^{55}

　　解大手　kæ^{55}da^{24}ɕiəɯ^{55}

　　屙粑粑　Øo^{33}pa^{55}pa^{55}

打屁　ta^{55}phi^{24}放屁

搊屎　ʦhəɯ^{33}sʅ^{55}给小孩子把屎

搊尿　ʦhəɯ^{33}ȵiɔ^{24}给小孩子把尿

敨凉　thəɯ^{55}lien^{112}乘凉

　　歇凉　ɕie^{112}lien^{112}

敨气　thəɯ^{55}ʧhʅ^{24}休息

打呵闪　ta^{55}xo^{112}ɕien^{55}

晒太阳　sæ^{24}thæ^{21}Øian^{0}

夹火　ʨia^{112}xo^{55}烤火

打眼闭　ta^{55}ŋan^{55}bi^{0}打瞌睡

脱衣裳　tho^{33}Øi^{33}san^{33}

脱鞋子　tho^{33}xæ^{112}ʦɿ^{0}

上床　ʑian^{24}zuan^{112}

　睏倒　khuən^{24}tɔ^{55}

睏下去　khuən^{24}ʑia^{24}khe^{0}

睏眼闭　khuən^{24}ŋan^{55}bi^{0}睡觉

睏午觉　khuən^{24}Øu^{55}kɔ^{24}

摆起睏　pæ^{55}ʧʅ^{55}khuən^{24}

侧起睏　ʦe^{112}ʧʅ^{55}khuən^{24}

鼓鼻　ku^{55}bi^{24}打呼噜

　打鼾　ta^{55}xan^{33}

得梦　te^{112}moŋ^{24}

　做梦　tso^{24}moŋ^{24}

讲梦话　kan^{55}moŋ^{24}Øua^{24}

发梦癫　xua^{33}moŋ^{24}tien^{33}

梦魇倒咖了　moŋ^{24}Øien^{55}tɔ^{55}ka^{0}liɔ^{0}

锉牙子　zo^{24}ŋa^{112}tsɿ^{0}磨牙

坐夜　zo^{24}Øie^{24}

熬通宵　ŋɔ^{112}thoŋ^{33}ɕiɔ^{33}

下地　ʑia^{24}di^{24}

做事　tso^{24}zɿ^{24}干活儿的统称

上班　ʑian^{24}pan^{33}

上工　ʑian^{24}koŋ^{33}

下班　ʑia^{24}pan^{33}

走一下　ʦəɯ^{55}Øi^{33}散步

口干　kan^{33}渴

饿　ŋo^{24}

噎　Øie^{33}

胀　ʨian^{24}吃得撑了

嘴没得味　ʦueɪ^{55}me^{24}te^{112}Øueɪ^{24}没食欲

吃早饭　tʃhʅ^{33}tsɔ^{55}ban^{21}

吃晌饭　tʃhʅ^{33}ɕian^{55}ban^{21}吃午饭

吃夜饭　tʃhʅ^{33}Øie^{24}ban^{21}吃晚饭

吃嘴食　ʧhʅ^{33}ʦueɪ^{55}ʃʅ^{112}吃零食

煮饭　tɕy^{55}ban^{24}做饭

煮菜　tɕy^{55}tshæ^{24}炒菜

开饭　khæ^{33}ban^{24}

舀饭　Øiɔ^{55}pan^{24}

添饭　thien^{33}pan^{24}

挟菜　ka^{112}ʦhæ^{24}

舀汤　Øiɔ^{55}than^{33}

喝酒　xo^{33}ʨiəɯ^{55}

泡茶　phɔ^{24}za^{112}

喝茶　xo^{33}za^{112}

吃茶　ʧhʅ^{33}za^{112}

吃烟　tʃhʅ^{33}Øien^{33}

烤酒　khɔ^{55}ʨiəɯ^{55}蒸米酒

渫酒　ʨia^{112}ʨiəɯ^{55}

夹菜　ka^{33}ʦhæ^{24}

酌酒　tɕyo^{33}ʨiəɯ^{55}斟酒

　　筛酒　sæ^{33}ʨiəɯ^{55}

　　倒酒　tɔ^{55}ʨiəɯ^{55}

打架　ta^{55}ʨia^{24}

十九　交际

耍　sua^{55}游玩；应酬

应酬　Øin^{24}tɕhiəɯ^{112}

到屋里耍　tɔ^{24}Øu^{33}li^{0}sua^{55}串门儿

走人家　tsəɯ^{55}ʑin^{112}ka^{0}走亲戚

往来　Øuan^{55}læ^{112}

待人接客　dæ^{24}ʑin^{112}tɕie^{33}khe^{24}

看人　khan^{24}ʑin^{112}看望别人

熟悉人　zu^{112}ʃʅ^{33}ʑin^{112}

生人　sən^{33}ʑin^{112}

朋友三四　boŋ^{112}Øiəɯ^{55}san^{33}sɿ^{24}朋友们

客　khe^{33}客人

男客　nan^{112}khe^{24}

女客　ȵy^{55}khe^{24}

接客　tɕie^{33}khe^{24}迎接客人

做客　tso^{24}khe^{24}当客人；讲客气

莫做客　mo^{24}tso^{24}khe^{24}别客气

送人情　soŋ^{24}ʑin^{112}ʑin^{112}

送礼　soŋ^{24}li^{55}

做酒　tso^{24}tɕiəɯ^{55}

请客　tɕhin^{55}khe^{24}

招呼　tɕiɔ^{33}xu^{33}

　　招待　tɕiɔ^{33}dæ^{24}

主客　tɕy^{55}khe^{24}

陪客　beɪ^{112}khe^{24}

摆桌子　pæ^{55}tso^{33}tsɿ^{0}

坐起　tso^{24}tʃhʅ^{55}入席

正席　tɕin^{24}ʒʅ^{112}

上席　ʑien^{24}ʒʅ^{112}

挂角　kua^{24}ko^{55}坐在方形桌子拐角的席位

出菜　tɕhy^{33}ʦhæ^{24}

　　上菜　ʑian^{24}ʦhæ^{24}

端杯子　tuan^{33}peɪ^{33}ʦɿ^{0}

敬酒　tɕin^{24}tɕiəɯ^{55}

打通关　ta^{55}thoŋ^{33}kuan^{33}向同桌的人逐一敬酒

喝起　xo^{33}ʧhʅ^{55}干杯

斟酒　ɕin^{33}tɕiəɯ^{55}

　　酌酒　tɕyo^{112}tɕiəɯ^{55}

猜枚　ʦhæ^{33}meɪ^{112}猜拳

　　喊枚　xan^{55}meɪ^{112}

招待不周　tɕiɔ^{33}dæ^{24}pu^{33}tɕiəɯ^{33}

多谢　to^{33}ʑie^{24}

　　难为你　nan^{112}Øueɪ^{112}ȵi^{55}

麻烦了　ma^{112}van^{0}liɔ^{0}

吵烦　ʦhɔ^{55}ban^{33}

讲白话　kan^{55}be^{112}Øua^{21}聊天儿

　　聊白　diɔ^{112}be^{112}

搭白　ta^{33}be^{112}插话

扯起嗓子喊　tɕhie^{55}ʃʅ^{55}san^{55}tsɿ^{0}xan^{55}吆喝大声喊

吵架　tshɔ^{55}tɕia^{24}

　　骂架　ma^{24}tɕia^{24}

回嘴　ɦueɪ^{112}ʦueɪ^{55}

不对头　pu^{112}teɪ^{24}dəɯ^{33}

和不来　ɦo^{112}pu^{112}læ^{112}

不讲话　pu^{112}kan^{55}Øua^{24}

赌咒　tu^{55}tɕiəɯ^{24}

扯皮　tɕhie^{55}bi^{112}

对头　teɪ^{24}dəɯ^{33}

讲公话　kan^{55}koŋ^{33}Øua^{21}

冤枉　Øyen^{33}ɦuan^{55}

斗把　təɯ^{24}pa^{24}

丢脸　tiəɯ^{33}lien^{55}

　　出丑　tɕhy^{33}tɕhiəɯ^{55}

　　扫面子　sɔ^{55}mien^{24}tsɿ^{0}

拿唐⁼　na^{112}dan^{112}倨傲自尊

　　拿唐⁼作怪　na^{112}dan^{112}zo22kuæ^{24}

看得起　khan^{24}te^{112}tʃhʅ^{53}

看不起　khan^{24}pu^{33}tʃhʅ^{53}

要得　Øiɔ^{24}te^{33}

要不得　Øiɔ^{24}pu^{33}te^{33}

搭伙　ta^{33}xo^{55}

作不得声　zo^{112}pu^{33}te^{112}ɕin^{33}无话可说

嘴巴硬　tsueɪ^{55}pa^{0}ŋən^{24}

嘴巴乖　tsueɪ^{55}pa^{0}kuæ^{33}善于说好听的话

过话　ko^{24}Øua^{24}传话给别人

笑话　ɕiɔ^{24}Øua^{0}嘲笑

摆架子　pæ^{55}tɕia^{24}tsɿ^{0}

搞名堂　kɔ^{55}min^{112}dan^{112}

搞鬼　kɔ^{55}kueɪ^{55}

口水话　khəɯ^{55}sueɪ^{55}Øua^{24}无用的话

讨口风　thɔ^{55}khəɯ^{55}xoŋ^{33}探口风

得罪　te^{112}zueɪ^{24}

讲鬼话　kan^{55}kueɪ^{55}Øua^{21}撒谎

　　扯谎　tɕhie^{55}xuan^{55}

夸大话　khua^{55}da^{24}Øua^{24}吹牛

扯卵谈　tɕhie^{55}luan^{55}dan^{112}胡说八道

乱讲　luan^{24}kan^{55}

乱讲三千　luan^{24}kan^{55}san^{33}tɕhien^{33}

捧脬　phoŋ^{55}phɔ^{33}拍马屁

　　拍马屁　phe^{33}ma^{55}phi^{21}

开玩笑　khæ^{33}Øuan^{112}ɕiɔ^{21}

告诉　kɔ^{24}sɿ^{0}

不好意思　pu^{33}xɔ^{55}Øi^{24}sɿ^{0}对不起，致歉语

走了　tsəɯ^{55}liɔ^{0}再见

慢走　man^{24}tsəɯ^{55}

留步　liəɯ^{112}bu^{24}

好走　xɔ^{55}tsəɯ^{55}

二十　商业交通

闯江湖　tshuan^{55}tɕian^{33}ɦu^{112}走江湖

做生意　tso^{24}sən^{33}Øi^{55}做买卖

招牌　tɕiɔ^{33}bæ^{33}

店子　dien^{24}tsɿ^{0}店铺的统称

　　铺子　phu^{24}tsɿ^{0}

　　门面　mən^{112}mien^{24}

商店　ɕian^{33}dien^{24}

开店子　khæ^{33}dien^{24}tsɿ^{0}

　　开铺子　khæ^{33}phu^{24}tsɿ^{0}

摆摊子　pæ^{55}than^{33}tsɿ^{0}

杂货铺　za^{112}xo^{24}phu^{24}

馆子　kuan^{55}tsɿ^{0}饭馆

旅社　Øy^{55}ʑie^{24}旅馆的旧称

药铺　Øyo^{112}phu^{24}

瓷器铺子　zɿ^{112}ʧhʅ^{24}phu^{24}ʦɿ^{0}

剃头铺子　thi^{24}dəɯ^{112}phu^{24}ʦɿ^{0}

铁匠铺　thie^{55}ʑian^{21}phu^{24}

棺材铺　kuan^{33}zæ^{33}phu^{24}

裁缝铺　zæ^{112}boŋ^{112}phu^{24}

当铺　tan^{24}phu^{24}

油厂　Øiəɯ^{112}ʨhien^{55}榨油作坊

豆腐店　dəɯ^{21}Øu^{0}tien^{24}

茶馆　za^{112}kuan^{55}

开张　khæ^{33}ʨian^{33}

开业　khæ^{33}ȵie^{24}

关门　kuan^{33}mən^{112}

盘货　ban^{112}xo^{24}

点货　tien^{55}xo^{24}

算账　suan^{24}ʨian^{24}

老板　lɔ^{55}pan^{55}

老板娘　lɔ^{55}pan^{55}ȵian^{112}

做事的　ʦo^{24}zɿ^{24}ti^{0}

管帐先生　kuan^{55}ʨien^{24}ɕien^{33}sən^{33}

会计　kuæ^{24}ʧʅ^{24}

出纳　ʨhy^{33}na^{112}

学徒　ʑyo^{112}du^{112}

学手艺　ʑyo^{112}ɕiəɯ^{55}Øi^{24}

打工　ta^{55}koŋ^{33}

买主　mæ^{55}ʨy^{55}

卖主　mæ^{24}ʨy^{55}

要价　Øiɔ^{24}ʨia^{24}

出价　ʨhy^{33}ʨia^{24}

不讲价　pu^{33}kan^{55}ʨia^{24}

贵　kueɪ^{24}

便宜　bien^{112}øi^{0}

划得来　ɦua^{112}te^{0}læ^{112}合算

　　合算　ɦo^{112}suan^{24}

出手　tɕhy^{33}ɕiəɯ^{55}货物脱手

折扣　tɕie^{33}khəɯ^{24}

亏本　khueɪ^{33}pən^{55}

　　赔钱　beɪ^{112}ʑien^{112}

　　折本　ʑie^{112}pən^{55}

钱　ʑien^{112}

零钱　lin^{112}ʑien^{112}

毫子　ɦɔ^{112}tsɿ^{0}硬币

捣烂　tɔ^{55}lan^{24}整钱换成零钱

找钱　tsɔ^{55}ʑien^{112}

本　pən^{55}本钱

工钱　koŋ^{33}ʑien^{112}

薪水　ɕin^{33}sueɪ^{55}

车费　tɕhie^{33}feɪ^{21}路费

　　盘缠　ban^{112}ʑien^{112}

花红　xua^{33}ɦoŋ^{112}

用钱　øioŋ^{24}ʑien^{112}

　　花钱　xua^{33}ʑien^{112}

赚钱　zuan^{24}ʑien^{112}

有搞手　øiəɯ^{55}kɔ^{55}ɕiəɯ^{55}有利可图，事情值得做

该　kæ^{33}欠：~他十块钱

算盘　suan^{24}ban^{112}

秤　tɕhin^{24}

称　tɕhin^{33}用秆秤~

闹子　lɔ^{24}tsɿ^{0}集市

赶闹子　kan^{55}lɔ^{21}tsʅ^{0}赶集

劁猪　ʨhiɔ^{33}ʨy^{33}阉母猪

骟鸡　ɕien^{24}ʧʅ^{33}将鸡阉割；阉割过的公鸡

　　劁鸡　ʨhiɔ^{33}ʧʅ^{33}

喂猪　Øueɪ^{24}ʨy^{33}

杀猪　sa^{33}ʨy^{33}

破鱼　pho^{24}Øy^{112}

马路　ma^{55}lu^{24}

汽车　ʧhʅ^{24}ʨhie^{33}

摩托车　mo^{112}tho^{33}ʨhie^{33}

线车　ɕien^{24}ʨhie^{33}

　　单车　tan^{33}ʨhie^{33}

渡口　du^{24}khəɯ^{55}

船　ʑyen^{112}

铁壳子船　thie^{33}kho^{112}ʦʅ^{0}ʑyen^{112}

轮船　lən^{112}ʑyen^{112}

渡船　du^{24}ʑyen^{112}

小船　ɕiɔ^{55}ʑyen^{112}

风蓬　xoŋ^{33}boŋ^{112}

桅杆　Øueɪ^{112}kan^{33}

舵　do^{24}

桨　ʨian^{55}

锹子　ʨhiɔ^{33}ʦʅ^{0}小的船桨

篙子　kɔ^{33}ʦʅ^{0}竹或木制的撑船工具

翘板　ʨhiɔ^{24}pan^{55}　上船用的跳板

桥　ʑiɔ^{112}

石拱桥　ʒʅ^{112}koŋ^{55}ʑiɔ^{112}

木桥　mu^{112}ʑiɔ^{112}

桥墩子　ʑiɔ^{112}tən^{55}ʦʅ^{0}

桥栏杆　ʑiɔ^{112}lan^{112}kan^{33}

二十一　文化教育

读书人　du^{112}ɕy^{33}ʑin^{112}

学堂　ʑyo^{112}dan^{112}学校的旧称

学校　ʑyo^{112}ʑiɔ^{21}

私馆　sɿ^{33}kuan^{55}

蒙馆　moŋ^{112}kuan^{55}

坐馆　zo^{24}kuan^{55}

开蒙　khæ^{33}moŋ^{112}

教室　tɕiɔ^{24}ʃʅ^{21}

寝室　tɕhin^{55}ʃʅ^{21}

座位　zo^{24}Øueɪ^{24}

讲台　tɕian^{55}dæ^{112}

黑板　xe^{33}pan^{55}

粉笔　xuən^{55}pi^{33}

刷子　sua^{33}tsɿ^{0}黑板擦

上学　ʑian^{24}ʑyo^{112}

放学　fan^{24}ʑyo^{112}

打铃　ta^{55}lin^{112}

上课　ʑian^{24}kho^{24}

下课　ʑia^{24}kho^{24}

放假　xuan^{24}tɕia^{55}

寒假　xan^{112}tɕia^{55}

暑假　ɕy^{55}tɕia^{55}

农忙假　noŋ^{112}man^{112}tɕia^{55}

考试　khɔ^{55}sɿ^{21}

考场　kɔ^{55}ʑian^{112}

监考　kan^{33}kɔ^{55}

卷子　ʨyen^{24}ʦʅ^{0}

做题　ʦo^{24}di^{112}

满分　man^{55}xuən^{33}

及格　ʒʅ^{112}ke^{33}

不及格　pu^{33}ʒʅ^{112}ke^{33}

零分　lin^{112}xuən^{33}

头名　dəɯ^{112}min^{112}

末名　mo^{55}min^{112}

小学　ɕiɔ^{55}ʑyo^{112}

中学　ʦoŋ^{33}ʑyo^{112}

大学　da^{24}ʑyo^{112}

背书　peɪ^{24}ɕy^{33}

写字　ɕie^{55}zʅ^{24}

错字　ʦho^{24}zʅ^{24}

升级　ɕin^{33}ʧʅ^{112}

留级　liəɯ^{112}ʧʅ^{112}

跳级　thiɔ^{24}ʧʅ^{112}

开除　khæ^{33}ʑy^{112}

毕业　pi^{112}ȵie^{24}

毕业证　pi^{112}ȵie^{24}ʨin^{24}

书包　ɕy^{33}pɔ^{0}

课本　kho^{24}pən^{55}

作文　zo^{24}bən^{112}

演草　Øien^{55}ʦhɔ^{55}打草稿

抄写　ʦhɔ^{33}ɕie^{55}

默写　me^{112}ɕie^{55}

听写　thin^{33}ɕie^{55}

本子　pən^{55}tsʅ^{0}

铅笔　Øyen^{112}pi^{33}

铰子　tɕiɔ^{55}tsʅ^{0}卷笔刀

擦擦　tsha^{33}tsha^{0}橡皮

水笔　sueɪ^{55}pi^{33}钢笔

笔壳子　pi^{33}kho^{112}tsʅ^{0}笔套

笔嘴子　pi^{33}tseɪ^{55}tsʅ^{0}笔尖

笔挂挂　pi^{33}kua^{24}kua^{24}笔帽上用来将笔挂在口袋或书上的夹子

圆珠笔　Øyen^{112}tɕy^{33}pi^{33}

毛笔　mɔ^{112}pi^{33}

　　墨笔　me^{112}pi^{33}

墨水　me^{112}sueɪ^{55}

墨汁　me^{112}ʧʅ^{112}

墨盘　me^{112}ban^{112}

墨盒　me^{112}Øo^{112}

砚画　ȵien^{21}Øua^{24}砚台

信　ɕin^{24}

小书　ɕiɔ^{55}ɕy^{33}连环画

二十二　文体活动

躲诈　to^{55}tsa^{24}捉迷藏

　　躲家家　to^{55}tɕia^{33}tɕia^{0}

跳绳子　thɔ^{24}ʑyn^{112}tsʅ^{0}

打燕子　ta^{55}Øien^{21}tsʅ^{0}毽子

风筝　foŋ^{33}tshən^{0}

扳手劲　pan^{33}ɕiəɯ^{55}tɕin^{24}

打弹子　ta^{55}tan^{24}tsʅ^{0}

吃子　ʧhʅ^{33}tsʅ^{55}

跳房子　thiɔ^{24}ban^{112}tsʅ^{0}

打得$^{=}$螺　ta^{55}te^{112}lo^{112}打陀螺

滚铁环　kuən^{55}thie^{55}khuan^{112}

跷跷板　ʨiɔ^{33}ʨiɔ^{33}pan^{55}

滑滑梯　Øua^{112}Øua^{112}thi^{33}

爬竹篙　ba^{112}ʦu^{33}kɔ^{33}

耍龙　sua^{55}loŋ^{112}

耍狮子　sua^{55}sɿ^{33}tsɿ^{0}舞狮

踩高跷　ʦhæ^{55}kɔ^{33}ʨhiɔ^{33}

翻跟斗　xuan^{33}kən^{33}təɯ^{55}

木偶戏　mu^{112}ŋəɯ^{55}ʃʅ^{24}

耍把戏　sua^{55}pa^{55}ʃʅ^{24}

古板戏　ku^{55}pan^{55}ʃʅ^{24}古装戏

大戏　da^{24}ʃʅ^{24}

花鼓戏　xua^{33}ku^{55}ʃʅ^{24}

祁剧　ʒʅ^{112}ʨy^{24}

戏台　ʃʅ^{24}dæ^{112}

演员　Øien^{55}Øyen^{112}

演戏　Øien^{55}ʃʅ^{24}

放炮响　xuan^{24}phɔ^{24}ɕian^{0}鞭炮的统称

唱歌　ʨhian^{24}ko^{33}

跳舞　thiɔ^{24}Øu^{55}

鼓锣　ku^{55}lo^{112}锣鼓的统称

二胡　Øæ^{24}ɦu^{0}

笛子　di^{112}tsɿ^{0}

猜拳　tshæ^{33}ʑyen^{112}划拳

猜枚　tshæ^{33}meɪ^{112}

点元　tien^{55}Øyen^{112}猜拳中的“一”

宝一对　pɔ^{55}Øi^{33}teɪ^{24}猜拳中的“二”

两弟兄　lian^{55}di^{24}ɕioŋ^{33}

三多　san^{33}to^{33}猜拳中的“三”

　　三元　san^{33}Øyen^{112}

合四　ɦo^{112}sɿ^{24}猜拳中的“四”

　　发财　xua^{33}zæ^{112}

五魁　Øu^{55}khueɪ^{112}猜拳中的“五”

禄位高升　lu^{112}Øueɪ^{24}kɔ^{33}ɕin^{33}猜拳中的“六”

七巧妹　ʧhɿ^{33}ʨhiɔ^{55}meɪ^{24}猜拳中的“七”

八字好　pa^{33}zɿ^{24}xɔ^{55}猜拳中的“八”

　　八仙　pa^{33}ɕien^{33}

九长　ʨiəɯ^{55}ʑian^{112}猜拳中的“九”

　　九快　ʨiəɯ^{55}khuæ^{24}

全到　ʑyen^{112}tɔ^{24}猜拳中的“十”

　　满堂　man^{55}dan^{112}

走棋　tsəɯ^{55}ʒʅ^{112}

　　下棋　ʑia^{24}ʒʅ^{112}

赢棋　Øin^{112}ʒʅ^{112}

输棋　ɕy^{33}ʒʅ^{112}

和棋　ɦo^{112}ʒʅ^{112}

打牌　ta^{55}bæ^{112}打扑克

打麻将　ta^{55}ma^{112}tɕian^{0}

耍魔术　sua^{55}mo^{112}ʑy^{0}变魔术

讲古话　kan^{55}ku^{55}Øua^{21}讲故事

讲书　kan^{55}ɕy^{33}说书

猜谜叽　tshæ^{33}mi^{24}tʃʅ^{0}猜谜语

　　猜谜子　tshæ^{33}mi^{112}tsɿ^{0}

二十三　动作

看　khan^{24}

听　thin^{33}

装起耳朵听　tsuan^{33}ʧhʅ^{33}Øe^{55}to^{33}thin^{33}专心听

闻　Øuən^{112}嗅：用鼻子～

喝　xo^{33}～水；“吸”也说～

啄脑壳　tsua^{24}nɔ^{55}kho^{112}点头

冒脑壳　mɔ^{24}nɔ^{55}kho^{112}

勾脑壳　kəɯ^{33}nɔ^{55}kho^{112}低头

侧起脑壳　tse^{112}ʧhʅ^{55}nɔ^{55}kho^{112}

摇脑壳　Øiɔ^{112}nɔ^{55}kho^{112}摇头

转脑壳　tɕyen^{24}nɔ^{55}kho^{112}

光眼睛　kuan^{33}ŋan^{55}tɕin^{33}睁眼

眯眼　mi^{33}ŋan^{55}闭眼

眨眼　tsa^{55}ŋan^{55}

鼓眼睛　ku^{55}ŋan^{55}tɕin^{33}瞪眼

瞟　phiɔ^{55}

盯倒看　tin^{33}tɔ^{55}khan^{24}目不转睛地看

侧起看　tse^{112}ʧhʅ^{55}khan^{24}斜眼看

阴起眼睛看　Øin^{33}ʧhʅ^{55}ŋan^{55}tɕin^{33}khan^{24}冷眼旁观

眼睛翻白　ŋan^{55}tɕin^{33}xuan^{33}be^{112}翻白眼

□开嘴巴　tɕia^{33}khæ^{33}tsueɪ^{55}pa^{0}张嘴

闭嘴巴　pi^{24}tsueɪ^{55}pa^{0}

　　抿嘴巴　min^{55}tsueɪ^{55}pa^{0}

歪嘴巴　Øuæ^{33}tsueɪ^{55}pa^{0}

嗒嘴巴　ta^{33}tsueɪ^{55}pa^{0}咂嘴

咬　ŋɔ^{55}

嚼　ʑiɔ^{24}

咽　Øien^{24}

□　lia^{55}舔：用舌头～

含　ɦan^{112}

打啵　ta^{55}po^{55}亲嘴

津　tɕin^{33}吮吸，嘴唇聚拢吸取液体

吐　thu^{24}把果核儿～掉

呕　ŋəɯ^{55}呕吐：喝酒喝～了

打喷啾$^{=}$　ta^{55}fən^{24}tɕhyo^{0}打喷嚏

拿　na^{112}

把　pa^{55}给：他～我一个苹果

举手　tɕy^{55}ɕiəɯ^{55}

摇手　Øiɔ^{112}ɕiəɯ^{55}

放手　xuan^{24}ɕiəɯ^{55}

伸手　tɕhin^{33}ɕiəɯ^{55}

搂手　ləɯ^{55}ɕiəɯ^{55}双手抱在胸前

笼手　loŋ^{112}ɕiəɯ^{55}

抄手　tɕhiɔ^{33}ɕiəɯ^{55}手背在后面

搓手　tsho^{33}ɕiəɯ^{55}

摸　mo^{55}

抠　khəɯ^{33}挠：～痒痒

揩　xæ^{33}

掐　kha^{33}用拇指和食指的指甲掐皮肉

　　tɕiəɯ^{24}拧：～螺丝

捏　ȵie^{55}

扳　pan^{33}掰：把橘子～开

搣　mie

剥　po^{33}

撕 sɿ^{33}

擗　pie^{55}折：把树枝～断

扯　tɕhie^{55}

搅　xɔ^{55}

搀　tshan^{33}

扶　vu^{112}

扨　soŋ^{55}推：几个人一起～汽车

捡　ȶɕien^{55}

提　tia^{33}用手把篮子～起来

抓　tsua^{33}

拿　na^{112}

挑　thiɔ^{33}

背　peɪ^{33}扛：把锄头～在肩上

抬　dæ^{112}

举　ȶɕy^{55}

撬　ȶɕiɔ^{24}

选　ɕyen^{55}

扎　tsa^{33}挽：～袖子

徛　ʒʅ^{24}站立

凭　bən^{24}斜靠：～在墙上

□　tsəɯ^{33}蹲

坐　zo^{24}

跳　thɔ^{24}

跒　ʑia^{24}跨过高物：从门槛上～过去

踩　tshæ^{55}

爬　ba^{112}

走　tsəɯ^{55}

跑　bɔ^{112}

逃　dɔ^{112}

追　tsueɪ^{33}

刁$^{=}$　tiɔ^{33}翘～腿

勾腰　kəɯ^{33}Øiɔ^{33}

弯腰　Øuan^{33}Øiɔ^{33}

叉腰　ȶsha^{33}Øiɔ^{33}

伸腰　tɕhin^{33}Øiɔ^{33}

挺　thən^{55}

伏　vu^{112}趴：~着睡

短　tuan^{55}拦截：~倒他，莫让他跑咖。

扽　dən^{24}猛地撞击：~紧锄头把。

□　nəɯ^{112}抱：把小孩~在怀里。

搞　kɔ^{55}

巴　pa^{33}背：~孩子

跌　tie^{33}摔跌：小孩~倒了

撞　tshuan^{55}

挡　tan^{55}

拦　lan^{112}

躲　to^{55}

藏　zan^{112}

放　fan^{24}

垛　do^{24}摞：把砖~起来

□　peɪ^{55}埋：~在地下

盖　kæ^{24}

压　Øia^{33}

按　ŋan^{24}

戳　tsho^{33}

插　tsha^{33}把香~到香炉里

砍　khan^{55}

剁　to^{24}把肉~碎

削　ɕye^{33}

坼　tshe^{33}裂：木板~开了

皱　tsəɯ^{24}

烊　Øian^{112}腐烂：死鱼~了

擦　tsha^{33}

倒　tɔ^{55}把碗里的剩饭～掉。

撂　liɔ^{24}丢弃：这个东西坏了，～了它。

甩　suæ^{55}投掷：比一比谁～得远。

跌　tie^{33}掉落，坠落：树上～下一个梨。

滴　di^{24}水～下来

折　ʑie^{112}丢失：钥匙～了

□　ȵien^{112}寻找：钥匙～到了。

洗　ʃʅ^{55}

荡　than^{55}涮：把杯子～一下。

捞　lɔ^{33}～鱼

吊　tiɔ^{24}拴：～牛

扎　tsa^{55}捆：～起来

解　kæ^{55}解：～绳子

移　Øi^{112}挪：～桌子

端　tuan^{33}～碗

掺　tshan^{33}～水

烧　ɕiɔ^{33}

拆　tshe^{33}

间开　kan^{24}khæ^{33}隔开

转　tɕyen^{24}～圈儿

打　ta^{55}打的统称：他～了我一下。

懵　mən^{33}思索：让我～一下。

想　ɕian^{55}

记得　ʧʅ^{24}te^{0}

记不得　ʧʅ^{21}pu^{0}te^{0}

　　忘记　Øuan^{24}ʧʅ^{21}

怕　pha^{24}

信　ɕin^{24}

　　相信　ɕian^{33}ɕin^{21}

假古　tɕia^{55}ku^{55}

生孽　sən^{33}ȵie^{112}调皮生事

放抢　xuan^{24}tɕhian^{55}抢夺

要力　Øiɔ^{24}li^{24}

愁　zəɯ^{112}发愁

小心　ɕiɔ^{55}ɕin^{0}

喜欢　ʃʅ^{55}xuan^{0}

不喜欢　pu^{33}ʃʅ^{55}xuan^{0}

爽快　suan^{55}khuæ^{21}舒服：凉风吹得好～。

　　爽气　suan^{55}ʧhʅ^{21}

作难　tso^{24}nan^{112}难受，指生理方面的不舒服

不舒服　pu^{33}ɕy^{33}Øu^{0}难过，指心理感觉

恼气　nɔ^{55}ʧhʅ^{24}生气

发性　xua^{33}ɕin^{24}

羡慕　ɕien^{24}mu^{24}

偏心　phien^{33}ɕin^{33}

心痛　ɕin^{33}thoŋ^{24}

怄气　ŋəɯ^{24}ʧhʅ^{24}生闷气

　　胀气　tɕian^{24}ʧhʅ^{24}

怪　kuæ^{24}责怪

怨　Øyen^{24}

谔　ŋe^{55}理睬：不～他

后悔　ɦəɯ^{21}xueɪ^{55}

眼红　ŋan^{55}ɦoŋ^{112}忌妒

怕丑　pha^{21}tɕhiəɯ^{55}害羞

出丑　tɕhy^{33}tɕhiəɯ^{55}丢脸

欺侮　ʧhʅ^{33}Øu^{0}

巧　tɕhiɔ^{55}骗：～人

　　圞　luan^{112}

　　哄　xoŋ^{55}

哄　xoŋ^{55}

装　tsuan^{33} ~病

痛　thoŋ^{24}疼：~小孩儿

要　Øiɔ^{24}

有　Øiəɯ^{55}

没得　me^{24}te^{0}没有

是　zʅ^{24}

不是　pu^{33}zʅ^{24}

在　zæ^{24}他~家

不在　pu^{33}zæ^{24}

晓得　ɕiɔ^{55}te^{0}知道、懂、会

晓不得　ɕiɔ^{55}pu^{0}te^{0}不知道、不懂、不会

认得　ʑin^{21}te^{0}认识：我~他

认不得　ʑin^{21}pu^{0}te^{0}不认识：我~他

要得　Øiɔ^{24}te^{0}行，应答语

要不得　Øiɔ^{21}pu^{0}te^{0}不行，应答语

应该　Øin^{24}kæ^{33}

可以　kho^{55}Øi^{55}

哭　khu^{33}

喊　xan^{55}叫：~他一声儿

骂　ma^{24}

讲　kan^{55}

上去　ʑian^{21}khe^{0}

下来　ɦa^{21}læ^{0}

进去　tɕin^{21}khe^{0}

出来　tɕhy^{33}læ^{0}

出去　tɕhy^{33}khe^{0}

回来　ɦueɪ^{112}læ^{0}

二十四　方位

地方　di^{21}xuan^{0}

哪个当$^{=}$　na^{55}ke^{0}tan^{24}什么地方

满当$^{=}$　man^{55}tan^{24}到处

四当$^{=}$　sɿ^{24}tan^{24}

地下　di^{24}ʑia^{24}地面上

地底下　di^{24}ti^{55}ʑia^{24}地里面

屋里　Øu^{33}li^{0}家里

街上　kæ^{33}Øian^{0}城里

农村　no^{112}tshən^{0}乡下

高头　kɔ^{33}dəɯ^{0}上面：从～滚下来

　上面　ʑian^{21}mien^{0}

底下　ti^{55}Øia^{0}下面从～爬上去

左边　tso^{55}pien^{0}

右边　Øiəɯ^{24}pien^{0}

中间　tsoŋ^{33}tɕien^{33}

头里　dəɯ^{112}li^{0}前面，排队排在～

　前头　ʑien^{112}dəɯ^{0}

　前面　ʑien^{112}mien^{24}

后头　ɦəɯ^{21}dəɯ^{0}后面，排队排在～

　后面　ɦəɯ^{24}mien^{24}

最后头　tsueɪ^{24}ɦəɯ^{21}dəɯ^{0}末尾排队排在～

　最末尾　tsueɪ^{24}me^{112}ØueɪA^{55}

　最末了　tsueɪ^{24}me^{112}liɔ^{55}

对面　tueɪ^{24}mien^{24}

前面　ʑien^{112}mien^{0}面前，在你的～

里头　li^{55}dəɯ^{0}里面，躲在～

　　里面　li^{55}mien^{0}

外头　Øuæ^{21}dəɯ^{0}外面，衣服晒在～

　　外面　Øuæ^{21}mien^{0}

边上　pien^{33}Øian^{0}旁边

边边上　pien^{33}pien^{33}Øian^{0}桌子的～

角　ko^{33}桌子的～

起来　ʃʅ^{55}læ^{0}天冷～了

角旯　ko^{33}la^{0}角落

周团围　tɕiəɯ^{33}duan^{33}Øueɪ^{112}周围

二十五　代词

我　ŋo^{55}

你　ȵi^{55}

你老家　ȵi^{55}lɔ^{55}ka^{0}你的尊称，相当于普通话的“您”

他　tha^{33}

　　□　Øa^{33}

我们　ŋo^{55}mən^{0}

你们　ȵi^{55}mən^{0}

他们　tha^{33}mən^{0}

　　□们　Øa^{33}mən^{0}

大家　dæ^{21}ka^{0}

自家　zɿ^{24}ka^{0}自己

个人　ko^{24}ʑin^{112}

别个　bie^{112}ko^{0}别人

我屋老子　ŋo^{55}Øu^{33}lɔ^{55}tsɿ^{0}我爸爸

　　我老子　ŋo^{55}lɔ^{55}tsɿ^{0}

你屋老子　ȵi^{55}Øu^{33}lɔ^{55}tsɿ^{0}你爸：～在家吗？

　　你老子　ȵi^{55}lɔ^{55}tsɿ^{0}

□屋老子　Øa^{33}Øu^{33}lɔ^{55}tsɿ　他爸：～去世了

　　□老子　Øa^{33}lɔ^{55}tsɿ^{0}

这个　ʧʅ^{21}ko^{0}

那个　na^{21}ko^{0}

哪个　na^{55}ko^{0}哪个、谁

这些　ʧʅ^{21}ɕie^{33}

那些　na^{24}ɕie^{33}

这个当$^{=}$　ʧʅ^{21}ke^{0}tan^{24}这里：在～，不在那里

那个当$^{=}$　na^{24}ke^{0}tan^{24}那里：在这里，不在～

哪个当$^{=}$　na^{55}ke^{0}tan^{24}哪里：你到～去?

这样子　ʧʅ^{24}Øian^{24}tsɿ^{0}这样：事情是～的，不是那样的

那样子　na^{24}Øian^{24}tsɿ^{0}那样：事情是这样的，不是～的

哪样子　na^{55}Øian^{24}tsɿ^{0}怎样：什么样：你要～的?

这么　ʧʅ^{21}mo^{0}

哪么　na^{55}mo^{0}怎么：这个字～写?

什么　ʃʅ^{55}mo^{0}

　　什什　ʃʅ^{55}ʃʅ^{0}

　　什么什　ʃʅ^{55}mo^{0}ʃʅ^{0}

哪么　na^{55}mo^{0}

做什什　tso^{24}ʃʅ^{55}ʃʅ^{0}干什么：你在～?

　　搞什什　kɔ^{55}ʃʅ^{55}ʃʅ^{0}

这下　ʧʅ^{24}ɦa^{24}这会儿

　　这下崽　ʧʅ^{24}ɦa^{24}ʦæ^{0}

那下　na^{24}ɦa^{24}那会儿

　　那下崽　na^{24}ɦa^{24}ʦæ^{0}

　　那盏　na^{24}ʦan^{55}

好久　xɔ^{55}ʨiəɯ^{55}多长时间

哪其搞　na^{55}ʧhʅ^{112}kɔ^{55}怎么办

好多　xɔ^{55}to^{33}多少：这个村有～人?

二十六　形容词

大　da^{24}

小　ɕiɔ^{55}

粗　tshu^{33}

细　ʃʅ^{24}

长　ʑian^{112}

短　tuan^{55}

久　tɕiəɯ^{55}时间长

宽　khuan^{33}

窄　tse^{33}

高　kɔ^{33}

矮　ŋæ^{55}

远　Øyen^{55}

近　ʑin^{24}

深　ɕin^{33}

浅　tɕhien^{55}

清　tɕhin^{33}

浑　ɦuən^{112}

圞　luan^{112}圆

㾪　pie^{55}扁

方　fan^{33}

尖　tɕien^{33}

平　bin^{112}

壮　tsuan^{24}肉肥、动物胖

　　肥　bi^{112}

精　tɕin^{33}肉瘦

　　瘦　səɯ^{24}

胖 phan^{24}形容人

黑 xe^{33}

白 be^{112}

红 ɦoŋ^{112}

黄 Øuan^{112}

蓝 lan^{112}

绿 lu^{112}

紫 tsɿ^{55}

灰 xueɪ^{33}

多 to^{33}

少 ɕiɔ^{55}

重 zoŋ^{24}

轻 tɕhin^{33}

直 ʒʅ^{24}

陡 təɯ^{55}

弯 Øuan^{33}

斜 tɕhie^{24}

歪 Øuæ^{33}

厚 ɦəɯ^{24}

薄 bo^{112}

酽 ȵien^{24}稠：稀饭～

烂 lan^{24}稀：稀饭～

清 tɕhin^{33}

密 mi^{112}

稀 ʃʅ^{33}

亮 lian^{24}

暗 ŋan^{24}

爤 læ^{24}热：天气～

暖和 nɔ^{55}xoŋ^{0}

凉快　lian^{112}khuæ^{21}

冷　lən^{55}

干　kan^{33}干燥

湿　ʃʅ^{33}

干净　kan^{33}Øin^{0}

□□　ŋe^{21}tɕian^{55}肮脏，不干净

　　塿水　ləɯ^{55}sueɪ^{55}

利　li^{24}刀子锋利

不利　pu^{33}li^{24}刀钝

快　khuæ^{24}

慢　man^{24}

早　tsɔ^{55}

晏　ŋan^{24}晚：来～了

松　soŋ^{33}

紧　tɕin^{55}

容易　Øioŋ^{112}Øi^{24}

　　易得　Øi^{24}te^{0}

难　nan^{112}

新　ɕin^{33}

旧　ʑiəɯ^{24}

老　lɔ^{55}

年轻　ȵien^{112}tɕhin^{33}

软　ɕyen^{55}

硬　ŋən^{24}

烊　Øian^{112}烂：肉煮得～

　　融　Øioŋ^{112}

枯　khu^{33}糊：饭烧～了

扎实　tsa^{33}ʃʅ^{33}结实：家具～

烂　lan^{24}破：衣服～

有钱　Øiəɯ^{55}ʑien^{112}

　　富　fu^{24}

穷　ʑioŋ^{112}

忙　man^{112}

有空　Øiəɯ^{55}khoŋ^{24}清闲：最近比较～

累　lueɪ^{24}

痛　thoŋ^{24}

痒 Øian^{55}

闹热　nɔ^{21}Øie^{0}热闹：看戏的地方很～

背静　pei^{24}tɕin^{24}偏僻、安静

背　pei^{24}

熟　zu^{112}熟悉：这个地方我很～

生　sən^{33}陌生：这个地方我很～

咸　ɦan^{112}

淡　dan^{24}

酸　suan^{33}

甜　dien^{112}

苦　khu^{55}

辣　la^{112}

鲜　ɕyen^{33}

香　ɕian^{33}

臭　tɕhiəɯ^{24}

馊　səɯ^{33}

腥　ɕin^{33}

好　xɔ^{55}

丑　tɕhiəɯ^{55}坏：人～

差　tsha^{33}

对　tueɪ^{24}

错　tsho^{24}

体面　thi^{55}mien^{0}漂亮，用来形容年轻女性的长相：她很～

　　漂亮　phiɔ^{24}lian^{0}

难看　nan^{112}khan^{24}丑，用来形容人的长相：猪八戒很～

勤快　ʑin^{112}khuæ^{0}

懒　lan^{55}

听话　thin^{33}Øua^{24}

跳皮　thɔ^{24}bi^{112}顽皮

老实　lɔ^{55}ʃʅ^{0}

显火　ɕien^{55}xo^{55}厉害

狠　xən^{55}

蠢　tɕhyn^{55}傻，痴呆

差火　tsha^{33}xo^{55}差劲

钝　dən^{24}笨

大气　da^{24}ʧhʅ^{24}不吝啬

　　大方　da^{21}fan^{0}

小气　ɕiɔ^{55}ʧhʅ^{21}

直道　ʒʅ^{112}tɔ^{24}直爽：性格～

扭毛猪　ȵiəɯ^{24}mɔ^{112}tɕy^{33}形容人吝啬

死菜坨坨　sʅ^{55}tshæ^{24}do^{112}do^{0}形容人很笨、死板

拗　ŋɔ^{24}犟：脾气～

麻利　ma^{112}li^{24}

撇脱　phie^{33}tho^{33}

精明　tɕin^{33}min^{112}

赖皮　læ^{24}bi^{112}

皮　bi^{112}不干脆

懵懂　moŋ^{55}toŋ^{55}迷糊

古板　ku^{55}pan^{55}

不转弯　pu^{33}tɕyen^{55}Øuan^{33}死板

毛躁　mɔ^{112}tshɔ^{24}

肉麻　zu²⁴ma¹¹²

造孽　ʦɔ²⁴ȵie¹¹²

不省棵　pu³³çin⁵⁵kho³³不识数、不开窍

下劳　ɦa²⁴lɔ¹¹²努力

傻里傻气　xa⁵⁵li⁰xa⁵⁵ʧhʅ²⁴

二十七　副词、介词、连词

好　xɔ⁵⁵很：他跑得～快

蛮　man¹¹²很：今天～热

晓了　çiɔ⁵⁵liɔ⁰非常，比“蛮”程度更深：今天～热

最　tsueɪ²⁴

下 ɦa²⁴都：大家～来了

干净　kan³³ʨin²⁴全、都

一起　Øi³³ʧhʅ⁵⁵一共：～多少钱？

　　总共　tsoŋ⁵⁵koŋ²⁴

宏总　ɦoŋ¹¹²ʦoŋ⁵⁵总共

讨倒　thɔ⁵⁵tɔ²⁴仅仅、只有

同到　doŋ¹¹²tɔ⁰一起

　　一起　Øi³³ʧhʅ⁵⁵

只　tsʅ⁵⁵

将好　ʨian³³xɔ⁵⁵刚好：这双鞋我穿着～

才　zæ¹¹²

就　ʑiəɯ²⁴

三不三　san³³pu⁰san³³经常：我～去

马上　ma⁵⁵ʑien²¹

敨下　thəɯ⁵⁵ʑia²⁴

又　Øiəɯ²⁴

还　ɦæ¹¹²他～没回家

再　tsæ^{24}你明天～来

也　Øie^{55}我～去

反正　xuan^{55}ʨin^{24}

没　meɪ^{24}昨天我～去

不　pu^{33}明天我～去

莫　mo^{112}别：你～去

要　Øiɔ^{24}天～亮了

差点嘎崽　tsha^{33}tien^{55}ka^{0}tsæ^{0}差点儿：～摔倒了

宁可　lin^{112}ko^{0}

恣意　tsɿ^{21}Øin^{0}故意：～打破的

胡拉　ɦu^{112}la^{0}随便：～弄一下

　　随到　zueɪ^{112}tɔ^{24}

光　kuan^{33}白：～跑一趟

肯定　khən^{55}din^{24}

算不到　suan^{21}pu^{0}tɔ^{0}可能：～是他干的

　　算不定　suan^{21}pu^{0}din^{24}

等倒　tən^{55}tɔ^{55}眼看着：～要落雨了。

偏生　phien^{33}sən^{33}偏巧

就倒　ʑiəɯ^{24}tɔ^{55}

正意　ʨin^{24}Øi^{24}故意：他～搞的。

顿古子　dən^{24}ku^{55}ʦɿ^{0}一味地做某事：那个赖崽～吃，一句话不讲。

确实　kho^{112}ʃʅ^{112}

　　实在　ʃʅ^{112}zæ^{24}

坐倒　zo^{24}tɔ^{55}肯定、很有把握

尽倒　ʨin^{55}tɔ^{55}尽管、随意

不消　pu^{33}ɕiɔ^{33}不必

稍许　ɕiɔ^{33}ɕy^{55}

到底　tɔ^{24}ti^{55}究竟

限咖　xan^{24}ka^{0}非……不可

根本　kən44pən^{55}

倒反　tɔ^{24}xuan^{55}反而

专门　ʨyen^{33}mən^{112}总是：他～上课讲话。

莫是　mo^{24}zʅ^{24}难道：个件事～你晓不得啊？

很$^{=}$xən^{55}不：我今天晚上～吃饭。

不　pu^{33}

的话　ti^{33}Øua　置于句尾表示否定：我有钱～。意思是“我没有钱”。

边　pien^{33}一边：～走～说。

和　ɦo^{112}连词：我～他都姓王。

　　跟　kən^{33}

和　ɦo^{112}介词：我昨天～他去城里了。

对　tueɪ^{24}他～我很好。

往　Øuan^{55}～东走

　　朝　ʑiɔ^{112}

　　向　ɕian^{24}

和　ɦo^{112}介词：～他借一本书。

　　跟　kən^{33}

依　Øi^{33}按：～他的要求做。

　　按　ŋan^{24}

　　照　ʨiɔ^{24}

帮　pan^{33}替：～他写信。

要是　Øiɔ^{24}zʅ^{24}如果：～忙你就别来了。

尽　ʨin^{55}不管：～怎么劝他都不听。

二十八　数词

一　Øi^{33}～二三四五……，下同

二　Øæ^{24}

三　san^{33}

四　$s\text{ɿ}^{24}$

五　$\text{ø}u^{55}$

六　lu^{112}

七　$\text{ʧ}h\text{ʅ}^{33}$

八　pa^{33}

九　$\text{ʨ}i\text{əɯ}^{55}$

十　ʒʅ^{112}

零　lin^{112}

二十　$\text{øæ}^{24}\text{ʃʅ}^{0}$

三十　$san^{33}\text{ʃʅ}^{0}$

一百　$\text{ø}i^{33}pe^{33}$

一千　$\text{ø}i^{33}\text{ʨ}hien^{33}$

一万　$\text{ø}i^{33}\text{ø}uan^{24}$

一百零五　$\text{ø}i^{33}pe^{33}lin^{112}\text{ø}u^{55}$

一百五　$\text{ø}i^{33}pe^{33}\text{ø}u^{55}$一百五十

老大　$l\text{ɔ}^{55}da^{24}$

老二　$l\text{ɔ}^{55}\text{øæ}^{24}$

老三　$l\text{ɔ}^{55}san^{33}$

老四　$l\text{ɔ}^{55}s\text{ɿ}^{24}$

老五　$l\text{ɔ}^{55}\text{ø}u^{55}$

老六　$l\text{ɔ}^{55}lu^{112}$

老七　$l\text{ɔ}^{55}\text{ʧ}h\text{ʅ}^{33}$

老八　$l\text{ɔ}^{55}pa^{33}$

老九　$l\text{ɔ}^{55}\text{ʨ}i\text{əɯ}^{55}$

老十　$l\text{ɔ}^{55}\text{ʃʅ}^{112}$

第一　$ti^{24}\text{ø}i^{33}$

第二　$ti^{24}\text{øæ}^{24}$

第三　$ti^{24}san^{33}$

第四　$ti^{24}s\text{ɿ}^{24}$

第五　ti²⁴øu⁵⁵

第六　ti²⁴lu¹¹²

第七　ti²⁴ʧhʅ³³

第八　ti²⁴pa³³

第九　ti²⁴ʨiəɯ⁵⁵

第十　ti²⁴ʃʅ¹¹²

二两　øæ²⁴lian⁵⁵二两（重量）

几个　ʧʅ⁵⁵ko²⁴你有～孩子？

两个　lian⁵⁵kən³³

三个　san³³kən³³

个把崽　ko²⁴pa⁵⁵tsæ⁰一个

个把两个崽　ko²⁴pa⁵⁵lian⁵⁵ko²⁴tsæ⁰一两个

二十九　量词

个　ko²⁴一～人

帮　pan⁵⁵一～人

伙子　xo⁵⁵ʦʅ⁰

条　dɔ¹¹²一～马

　　匹 phi³³

条　dɔ¹¹²一～牛

　　头 dəɯ¹¹²

个　ko²⁴一～猪

　　头　dəɯ¹¹²

条　dɔ¹¹²一～狗

个　ko²⁴一～鸡

个　ko²⁴一～蚊子

条　dɔ¹¹²一～鱼

条　dɔ¹¹²一～蛇

窝　xo^{33}一～鸟

张　tɕian^{33}一～嘴

张　tɕian^{33}一～桌子

床　zuan^{112}一～被子

绞　kɔ^{55}一～纱

双　suan^{33}

把　pa^{55}一～刀、一～锁

根　kən^{33}一～绳子

支　tsɿ^{33}一～毛笔

　　杆　kan^{55}

副　fu^{24}一～眼镜

盏　ʦan^{55}一～灯

块　khuæ^{24}一～镜子

坨　do^{112}一～香皂

辆　lian^{55}一～车

栋　toŋ^{24}一～屋

座　zo^{24}一～桥

条　diɔ^{112}一～河

条　diɔ^{112}一～路

窠　xo^{33}一～树

朵　to^{55}一～花

颗　kho^{55}一～珠子

　　粒　li^{112}

粒　li^{112}一～米

袋　dæ^{24}一～米

包　pɔ^{33}一～糖

担　dan^{24}一～柴火

箩　lo^{112}一～谷子

抓　ʦua^{33}把：一～瓜子

杯　peɪ^{33}一～茶

盅　ʦoŋ^{33}一～酒

桌　ʦo^{33}一～酒

桶子　thoŋ^{55}ʦɿ^{0}一～油

篓子　ləɯ^{55}ʦɿ^{0}一～炭

摞　lo^{24}一～纸

餐　tshan^{33}顿：一～饭

副　fu^{24}一～中药

股　ku^{55}一～香味

行　ɦan^{112}一～字

块　khuæ^{55}一～钱

毛　mɔ^{112}一～钱

　　角　ʨyo^{33}

件　ʑien^{24}一～事情

拃　ʑia^{24}拇指与食指张开后的长度

□　phæ^{55}庹：两臂张开的长度

点嘎崽　tien^{55}ka^{33}tsæ^{0}一～东西

些　ɕie^{33}一～东西

下　ɦa^{24}打一～，动量

下　ɦa^{24}会儿：坐了一～

　　下崽　ɦa^{21}tsæ^{0}

餐　tshan^{33}顿：打一～

阵　ʑin^{24}下了一～雨

趟　than^{55}去了一～

转　ʨyen^{24}打一～：去一下

第四章　永州方言语法特点

第一节　词法特点

一　名词词尾

永州方言可以作词尾的成份较多，除了常见的“子”以外，还有崽、古、牯子、家、佬、婆、拐、头、手等。这些词有一些接在名词后面，放在非名词之后也使其变成名词。

（一）子尾

永州方言中子尾比较丰富，可以接的成份也比较多。如：

1. 放在名词后

缝子（缝的总称）	堆子（土堆）	蚂蚁子
研子（碾药器具）	葱子	米沙子（雪粒子）
星子（星星）	烟子	镰子

2. 放在形容词后

蛮子（蛮横的人）	猛子（莽撞的人）	长子（高个子）
癫子（疯子）	蠢子（愚笨的人）	缺子（豁唇者）

“子”放在形容词后，原来的形容词变成名词，构成一个新的词语。

（二）崽尾

“崽”可以放在动物词后表示动物幼崽，如猪崽、狗崽、鸡崽、猫崽等，但这个“崽”是名词。除此以外，“崽”还可以接在一般名词、数量短语、动词、形容词等成分的后面。

1. 放普通名词后。表示小或者可爱的意思，与普通话的“儿”尾类似。如：

刀崽　　凳崽　　箩崽　　船崽

2. 放在数量短语后。一般是“数词＋名量词＋崽”的格式，“崽”主要是限制其前面数量短语，表示数量少。“数词＋动量词＋崽”，表示相关的动作次数少、时量短。如：

十七八岁崽　　一百多平方崽　　一碗饭崽　　杯把酒崽

二十斤崽　　敨哈崽　　看哈崽　　趟把崽

3. 放在动词、形容词后。“崽”加在这些动词后面时，有叮嘱某人做事时“略微怎么样”的意思。如：

（1）路上好生崽。路上小心点。

（2）你要攒劲崽，不然学不会地。

形容词后面的“崽”也使得形容词本身所表达的语义有所减轻，有“有那么一点点……”的意思。如：

（3）那女崽长得有那漂亮崽。

（4）那当有那舒服崽。

（5）他开车有那么猛崽。

（三）古、牯子

“古”是永州方言常用的名词后缀，绝大多数是表示事物名称，少数表人，表人的略有贬义色彩。有些也可以接在形容词后面，有强调的意味。如：

眼古（小洞）　　凼古（小水坑）　　砖马古（砖头）

针筒古（针筒）　　酒凼古（酒窝）　　假古

“牯子”与“古”做词尾时分工不同。“牯子”原本表示动物的性别为雄性，作为词缀后词义泛化，常加在职业名词后面，表示从事某种职业的人，含有贬义或嘲弄的意味。如：

马牯子（公马）　　牛牯子（公牛）　　差牯子（当差的人）
农民牯子（农民）　兵牯子（当兵的）　　贼牯子（贼）

（四）家、佬、拐

这三个词缀都是放在名词后面表人，但意思略有不同："家"没有太多的感情色彩，表意比较中性，而"佬"通常用在表示职业的名词后，具有明显的贬义色彩。如：

男人家　女人家　　你老家（"你"的尊称）
弟兄家（朋友）　　后生家（年轻小伙子）　　赖崽家（男孩子）
船夫佬（船夫）　　轿夫佬（轿夫）　　杀猪佬（屠夫）

"拐"所接的成份与前二者不同，多是形容词性、动词性的成份，加上"拐"之后表示"具有某种特点的人"，多含贬义。如：

醒气拐（傻子）　　哈气拐（傻子）　　受气拐（受气包）

（五）婆

永州方言中"婆"原本指女性，后来表意泛化，可以指雌性动物，甚至可以放在性别特征并不明显的昆虫类名词之后，最后变成词尾，也可以放在无生命的一般名词后。如：

1. 指女人：麻婆（脸上有麻点的女人）寡婆（寡妇）
半路婆（改嫁的女人）　娘娘婆　能干婆（能干的女人）
2. 指雌性动物：猪婆　鸡婆　鸭婆
3. 指昆虫：偷偷婆（蟑螂）　虱婆（虱子）
4. 一般名词词尾：袋婆（衣服口袋）　娘婆（旧时自制的酵母）

二　重叠

永州方言中词语的重叠情况比较多，且有一定的特色。重叠可以分为重叠式的构词和重叠构形两类，前者是单个语素不成词，重叠之后形成一个新的词语；后者本身就是一个词，重叠之后表达不同的语法意义。

（一）重叠构词

名词性语素重叠，有的不重叠不成词。如：

格——格格　　棍——棍棍　　牌——牌牌　　梗——梗梗

动词性语素重叠，重叠后变成名词。如：

叫——叫叫（吹得响的东西）　　滚——滚滚

擦——擦擦（橡皮擦）　　摇——摇摇（秋千）

前面的语素重叠后做修饰成分，加在名词前面，形成 AAB 格式。如：

刨刨丝（刨花）　　暴暴头（脑门高凸）　　八八鬏（八字形发鬏）

马马凳（小凳子）　　箍箍带（松紧带）　　包包菜（包菜）

襻襻鞋（旧时带襻子的鞋）　　卦卦钱（压岁钱）

（二）重叠构形

这种情况中，AB 原本是一个词，但语素 B 采用重叠式，构成 ABB 格式，与原词 AB 相比，ABB 词义发生变化，含有表“小”且让人喜爱的意味。如：

烟嘴嘴　　鸡崽崽　　树蔸蔸（树根）　　肉坨坨

刀崽崽　　圆圈圈　　脚底底　　飞毛毛（飞蛾）

这种形式还有一种扩展形式，前一部分是一个双音节词，后面加上重叠式后缀，变成 ABCC。如：

面灰粑粑　　枞树果果　　麻圆坨坨

鸡蛋壳壳　　铅笔盒盒　　茶叶罐罐

三　形容词生动式

形容词生动式是指通过重叠、加缀等构词方式或几种方式的综合运用使形容词具有显著描绘性的生动化形式。永州方言中的形容词生动式主要有 A 里 A 气、ABA 古、A 三 A 四、A 七 A 八、AB 八 B 几种，从语义上看，多有贬义。如：

1. A 里 A 气：癫里癫气　蠢里蠢气　傻里傻气

2. ABA 古：皮子皮古　胀气胀古　傻气傻古

3. A 三 A 四：讲三讲四　搞三搞四　请三请四

4. A 七 A 八：看七看八　想七想八　歪七歪八

5. AB 八 B：清早八早　死蠢八蠢　死犟八犟

6. A 里八 B：啰里八嗦　古里八怪

四　代词

（一）人称代词

第一人称代词：我 ŋo^{55}我们 ŋo^{55}mən^{0}自家 zɿ^{24}ka^{0}

第二人称代词：你 ȵi^{55}你们 ȵi^{55}mən^{0}你老家 ȵi^{55}lɔ^{55}ka^{0}（尊称）

第三人称代词：他 Øa^{33}他们 Øa^{33}mən^{0}大家 dæ^{21}ka^{0}

别个 bie^{112}ko^{0}

第三人称“他”文读为 ta^{33}，白读为 Øa^{33}；“别个”相当于普通话的“别人”。第二人称“你老家”是尊称，相当于普通话的“您”，是“你老人家”的简省形式。

（二）指示代词

1. 指人或物指示代词：这、那

指人或物的指示代词“这、那”一般不单用，需与量词结合后一起做句子成分。如：我要这个，不要那个。

2. 方位处所指示代词：这当、那当；近边当、远边当

指示代词可以分为两组，“这当、那当”是确指，“近边当、远当”是泛指；前者相当于普通话的“这里、那里”，后者相当于“近处、远处”。“这当”是近指代词，“那当”是远指代词。如：

（1）我的书在这当，你的书在那当。我的书在这里，你的书在那里。

（2）昨朝这当下咖好大的雨，那当一点雨都没落。昨天这里下了很大的雨，那里却一点都没下。

口语中还常用近边当和远边当，近边当是近指，远当是远指。如：

（3）我就在近边当耍一哈，不得跑蛮远。我就在附近玩一下，不会跑远。

（4）我屋里牛跑远当去咖了，黏不到咖了。我家的牛跑到远处去了，找不到了。

但需要注意的是，“这当、那当”与“近边当、远当”两组词义并不完全相等。除了泛指与确指的区别外，还有距离的不同：“这当”是距离说话人最近的位置，“近边当”稍远一些，指离说话人不远的周围；“那当”是指离说话人稍远的地方，但一般目力可及，但“远当”则是最远、无法看到的地方。如：

（5）公园就在那当，你是远当的人，肯定晓不得。公园就在那里，你是远方的人，肯定不知道。

（6）你屋里老娘就在那当，没到远当去。你妈妈就在那里，没去很远地方。

有的时候，“这当、那当”也可以说成“这崽”。

3. 性状程度或动作方式指示代词：这么、那么

（7）这个东西这么大，蛮显火！这个东西这么大，很厉害啊！

（8）这个汽车那么快，我都追不到咖了。这个汽车很快，我追不上了。

（三）疑问代词

根据疑问代词发问时所指代的事物，可以分为以下几类：

1. 问人或一般事物：哪个；什什、什么什、什么

永州话中，“哪个”相当于普通话的“谁”，有的时候也有“哪一个”的意思，在句子中常用来做主语或宾语。如：

（1）刚才讲话的是哪个？刚才说话的人是谁？

（2）这是哪个写的诗？哪个猜出来我奖他十块钱。这是谁写的诗？谁猜出来我奖励他十块钱。

（3）你看哪个好，随便拿。你看哪一个好，随便拿。

“什什”是用于询问事物的特殊疑问词，相当于普通话的“什么”，但与“什么”不同之处在于，“什什”可以单说或单用，在句子中做主语或宾语，但是一般不做定语修饰其他成分。如：

（4）什什？什么？

（5）你在那当搞什什？你在那里干什么？

（6）他在唱什什？他在唱什么？

永州方言中的“什什”还有一个变体形式“什么什”，二者在语法功能、语义上基本一致，但语气有差别。与“什什”相比，“什么什”语气更重，有强调的意味，说话人也常用来表达不耐烦的语气。如：

（7）你到底要搞什么什？搞咖半天搞不清！你到底要干什么，搞半天搞不清。

（8）他讲什么什？啰啰嗦嗦讲了半天。他说什么？啰嗦了半天。

永州方言有时会用“什么”来询问，但“什么”与“什什”功能略有差异：“什么”不能单独做主语或宾语，只做定语，其后一定要出现中心语；另外，“什么”可以用来询问人或事物，“什什”只能询问事物，不能用于询问人，可见“什么”的功能范围大一些。如：

（9）她昨朝买了双什么鞋子？她昨天买了双什么鞋？

（10）什么事搞起你那么急心？什么事情搞得你那么着急？

（11）你如今讲这种话有什么用？你现在讲这种话有什么用？

（12）你屋里来咖几个什么客人？你家里来了几个什么客人？

2. 问处所：哪当崽、哪里

用于询问处所，相当于普通话的“什么地方”。如：

（13）你老家晓不晓得滨江公园在哪当崽？您老人家知不知道滨江公园在哪里？

（14）她屋里在哪当崽？她家在哪里？

3. 问性质状态：哪么、哪么样

相当于普通话的“怎么”、“怎么样”，如：

（15）搞不清哪么回事，昨朝我崽突然发烧了。不知道怎么回事，我孩子昨天突然发烧了。

（16）我跟他不蛮熟悉，晓不得这个人哪么样。我跟他不熟，不知道这个人怎么样。

4. 问行为方式：哪其

“哪其”用来询问动作行为的方式，大致相当于普通话的“怎么”，在句子中常放在动词前做状语。如：

（17）这个文章哪其写咧？难死我了。这个文章怎么写呢？我为难死了。

（18）到市中心医院哪其走？到市中心医院怎么走？

但“哪其”的句法功能与普通话的“怎么”略有不同：前者只能

放在动词前做状语；而后者可以放在动词、形容词、数量短语前面，如“怎么说、怎么不热、怎么回事”等，还可以做谓语，如“你怎么了”。

5. 问时间：哪咱、好久

永州方言询问时间用“哪咱”、“好久”，二者分工略有不同：前者是询问时间点，相当于普通话的“什么时候”，后者询问时长，相当于普通话的“多长时间”。如：

（19）小张哪咱来的？我哪么没看到他呢？小张什么时候来的？我怎么没看到他呢？

（20）如今都到晌午了，这个活动要搞到哪咱开始啊？现在都中午了，这个活动要搞到什么时候开始啊？

（21）你去北京要住好久啊？你去北京打算住多长时间？

但有的时候二者的分别也不是非常明显，“好久”也可以用来询问时点：

（22）你好久来的啊？你什么时候来的？

（23）我们好久去张家界耍哈。我们什么时候去张家界玩一下。

6. 问程度、数量：好

“好”常用于询问程度，相当于普通话的“多”，一般出现在形容词、心理活动的词前面作状语。如：

（24）你屋里到学校有好远？你家到学校有多远？

（25）你买这块衣裳要咖好多钱崽？你买这件衣服要了多少钱？

（26）这个瓶子能装好多水崽？这个瓶子能装多少水？

（27）前面那栋楼有好高崽？前面那栋楼有多高呢？

五　副词

（一）程度副词用在动词性或形容词性短语的前面，表示性质状态的程度或某些动作行为的程度。永州方言中常用的程度副词有：最、死、死咖火、晓了、好、蛮、太、点。如：

1. 最

表示同类事物相比较，其中某一事物的某种性质在程度上居于首位，超过其他事物，和普通话里的“最”基本一致。如：

（1）他最不懂味了。他最不懂人情世故了。

（2）他做事最扎实了，你老家放心。他干事最踏实了，你老人家放心。

（3）他年轻那摆子最喜欢跳舞了。他年轻的时候最喜欢跳舞了。

（4）最里头那个间子是他的。最里面那个房间是他的。

2. 死、死咖火

在永州话中，作为程度副词的“死”和“死咖火”都可以用来表示程度很深，达到了顶点，相当于普通话的“极”。如：

（5）马路逗倒日头晒起死热。马路被太阳晒得热极了。

（6）这个赖崽蠢死。这个男孩蠢极了。

（7）他两爷崽像死咖火了。他们父子俩像极了。

（8）你硬讲死咖火，点都很差！你说得对极了，一点都不差。

3. 蛮、好、晓了

在永州方言中，“蛮、好、晓了”都有程度高的意思，“晓了”、“好”和“蛮”都有“很”的意思，但“晓了”和“好”的程度似乎比“蛮”更高一些。“晓了”和“好”往往表示程度已达到非同一般的高，以至引起人的感叹。而“蛮”一般只是表示程度高。另外，“蛮”表示程度时，只是一种客观的反映，不带有明显的感情色彩；“晓了”和“好”则带有较强的感情色彩。例如：

（9）今朝的风吹起晓了舒服。今天的风吹得人非常舒服。

（10）她年轻那摆子晓了爱唱歌。她年轻的时候非常喜欢唱歌。

（11）他屋里的人好讲礼性。他家里的人很注重礼貌。

（12）他到这里找咖你好几道了。他到这里来找过你好几回了。

（13）你今朝这块衣裳穿起蛮好看。你今天这件衣服穿得很好看。

（14）闹子高头蛮多人。集市上有很多人。

4. 太

永州话中“太”用来表示某一状态或动作超出了合理程度，含有一定的贬义，常用于陈述句中。例如：

你跑得太快了。你跑得太快了。

这个菜煮得太咸了。这个菜煮得太咸了。

（二）范围副词

1. 下、净$_1$、圞净

作为副词的“下、净、圞净”是一个表总括的范围副词，表示在它所限定的范围之内的对象全部、无一例外地具有某种属性或作出某一动作。这与普通话中“都”表总括义时的意义和用法大体相当。它能总括的对象包括主语、主谓谓语句中的小主语、介词宾语、状语。

（1）衣裳、裤子、鞋子下/净/圞净是新的。衣裳、裤子、鞋子都是新的。

（2）我屋里酿的酒下/净/圞净酸咖了。我家酿的酒全都酸了。

（3）我这个月的工资下/净/圞净用咖了。我这个月的工资都用完了。

（4）这本书老的小的下/净/圞净喜欢看。这本书老的小的都喜欢看。

（5）她把里里外外下/净/圞净扫干净咖了。她把里里外外都扫干净了。

（6）这个题目从头到尾下/净/圞净错咖了。这个题目从头到尾都错了。

（7）这个间子放的下/净/圞净是什什？这个房间放的都是什么东西？

2. 净$_2$、光

“净$_2$、光”在永州话中表示限制，限定动作、行为或事物所涉及的范围，“只”的意思。例如：

（8）你哪门净$_2$/光讲些没得用的话。你怎么只说些没用的话。

（9）搞了半天，我净$_2$/光做些无用功。弄了半天，我只做了些无用功。

（10）这些人净$_2$/光晓得讲，晓不得做。这些人只会说，不会做。

（11）他一天净$_2$/光打麻将不管事的。他一天到晚只打麻将不管事。

3. 寡

永州话中的“寡”表示限制，用来限定范围，相当于普通话的“只”。“寡”在句子中有时具有排他性，有时只说明数量少。例如：

（12）这么多客，寡买这点咖仔菜要得了？这么多客人，只买这点菜就够了？

（13）你也太啬了，寡吃点咸菜。你也太吝啬了，只吃点咸菜。

4. 讨倒

在永州话中，“讨倒”是一个表示限制的范围副词，一般用来修饰数量短语，强调时间短、数量少、范围窄，相当于普通话的“只有”。例如：

（14）她班上讨倒五个女崽。她班上总共只有五个女生。

（15）我做一天事讨倒二十块钱。我干一天活才二十元钱。

5. 宏总、成总

“宏总、成总”在永州话中通常用来修饰数量词或含有数量词的动宾短语，表示“总共只有”的意思。例如：

（16）我一个月宏总/成总三百块钱。我一个月总共只有三百元钱。

（17）一个班宏总/成总五十多个学生。一个班总共只有五十多个学生。

（三）时间副词

1. 将才、才、□忙

“将才、才、□忙”都可以表示某一行为、动作在说话前不久发生，或完成不久，相当于普通话的“刚刚”。例如：

（18）他将才/才/□忙打咖电话来的。他刚刚打了电话来。

（19）我也是将才/才/□忙到的。我也是刚刚到的。

“将才、□忙”还可以表示前后两个行为动作发生或完成的时间相距很短，往往跟“还”连用。“才”没有这种用法。例如：

（20）外面将才/□忙还落倒雨的。外面刚刚还在下雨。

（21）那个小赖崽将才/□忙还在这当的。那个小孩刚刚还在这里。

2. 顿牯子

永州话中“顿牯子”表示动作行为在短时间内得以实现，表示“马上”、“立刻”的意思。

（22）听到鸡一叫，他顿牯子爬咖起来了。一听见鸡叫，他马上爬了起来。

（23）我顿牯子去喊声他，你等下。我马上去喊他，你等一下。

（24）听到讲要考试，他顿牯子把书打开咖了。听说要考试，他马上把书翻开了。

（25）一看到老师，学生顿牯子很作声了。一看见老师，学生马上不说话了。

3. 敨下

永州话的“敨下”表示事情在短时间内即将发生，但是在时间上没有“顿牯子”那么急。相当于普通话中的“等会”“马上”。例如：

（26）你先去，我敨下去。你先去，我等会去。

（27）我敨下去买点东西回来吃。我等会去买点东西来吃。

4. 哪摆子

“哪摆子”在永州话中包括两层意思一个是疑问代词，相当于“什么时候”。例如：

（28）你哪摆子到你婆婆屋里去？你什么时候去你外婆家。

另一个意思相当于普通话的“随时”、“无论何时”，经常跟“都”、“也”搭配。例如：

（29）你哪摆子到我屋里来都要得。你什么时候到我家来都可以。

（30）我哪摆子都记得自家讲咖的话。我什么时候都记得自己说过的话。

5. 够意、够得、有得

在永州话中，“够意、够得、有得”都用来表示动作行为状态的持续时间比较长，超出合理范围。例如：

（31）这些禾你一个人够意/够得/有得割。这些水稻够你一个人割的。

（32）这些书你够意/够得/有得看。这些书够你看的。

6. 总、路来

在永州话中，“总、路来”都用来表示某种情况或状态从过去到现在一直这样，保持不变，相当于普通话的“向来”。例如：

（33）他俩跟是死对头，总/路来很讲话的。他俩是死对头，向来不说话的。

（34）高三的学生总/路来要十一二点来困得。高三的学生向来要十一二点才睡。

7. 尽、尽倒

永州话中的“尽、尽倒”都表示动作行为在一段较长时间里持续或不断重复，相当于普通话的“老”。例如：

（35）他们两个老老在一起尽/尽倒讲的。他门两个老人家在一起老讲不完。

（36）这个天老爷，尽/尽倒落雨的。这老天爷总是下雨。

8. 是那么

在永州话中表示某一行为动作在一定时间范围内多次重复或者不停持续，相当于普通话中的“不停地”，一般带有贬义。例如：

（37）我这个眼皮子是那么跳。我的眼皮不停地跳。

（38）药是那么吃，病又点没好。药一直不停地吃，病却一点也没好。

（四）否定副词

1. 很

永州话的“很”表示否定，一般老派口语比较常用，功能与普通话的“不”大体相当。例如：

（1）今朝我很想回去了。今天我不想回去了。

（2）那个女的很是双眼皮。那女的不是双眼皮。

（3）问咖半天都很讲。问了半天都不说。

（4）你很找我钱啦？你不找我钱啦？

（5）那当很远，走一下就到。那里不远，走一下就到了。

（6）衣裳很得干，天天落雨。衣服不会干，天天下雨

2. 不

永州话中否定副词“不”与“很”意义相同，功能大体一致，但出现的句法环境略有差异。“不”除了出现在“很”可以出现的地方以外，以下句法环境只能用“不”，不能用“很”：

A. A 不 A（A 为动词或形容词）。肯定与否定相重叠的格式，零陵话要用“不”，不用“很”。

（7）锅子里头还有不有饭？锅里还有没有饭？

（8）不管明朝落不落雨，都要去。明天不管下不下雨，都要去。

B.“不”可以放在动结式、动趋式复合结构的两部分中间，表示不可能，与表示可能的“得”相对。

（9）你莫叫，你搞他不赢的！你别喊，你搞不赢他的。

（10）他讲什细我晓不得。他说什么我不知道。

C. 固定格式如“不A不B”、“半A不B”、“不+蛮+……”等只能用“不”。

（11）今天的米饭不软不硬，刚好。

（12）你那个菜炒得半生不熟的，哪么吃嘞？你那个菜炒得半生不熟，怎么吃呢？

（13）小王今天心情不蛮好，走咖了。小王今天心情不太好，走了。

D. 习惯用语如“不打不相识”、“不得了”、“算不定说不定”等中不能用“很”。

算不定明朝要落雨。说不定明天要下雨。

3. 莫

“莫”在永州中有两层意义：一是表示单纯的否定，相当于普通话的“不”；二是用来表示劝阻或禁止某种行为发生，多用于祈使句中，相当于普通话的“别”。例如：

（14）太晏了，我还是莫去了。太晚了，我还是不去了。

（15）莫想那么多，早点困了。别想那么多，早点睡。

（16）那么远，莫去算了。那么远，别去算了。

（五）情态副词

情态副词主要用在谓词性词语之前，表行为动作和行为的状态方式。和前面几类副词相比，情态副词侧重摹状与刻画，充当的是修饰性状语。

1. 专门

在永州话中，“专门”有两层含义：一是表示某种行为是专门为某人或某事而采取的，相当于普通话中的“特意”；二是用来限定动作涉及的范围，即把动作限定在一个特定的范围内进行，而排除这个范围以外的动作，表示动作只支配某个对象。例如：

（1）这些菜饭是专门留倒给你的。这些饭菜是特意留给你的。

（2）这个师傅是专门搞装修的，你放心。这个师傅是专门搞装修的，你放心。

2. 正意

永州话中“正意”的意思有两个：一个是“特意”，另一个是“故意”。例如：

（3）我今朝正意早点回来给你煮餐饭。我今大特意早点回来给你做顿饭。

（4）他正意到这里来看下你。他特意到这里来看看你。

（5）他正意踩了我一脚。他故意踩了我一脚。

（6）你是不是正意想气死我呀？你是不是故意想气死我呀？

3. 反正

永州话中的“反正”表示不管条件如何不同，某种状态或行为却总是存在，并不因为条件而改变，有“不管怎样、无论如何”的意思。“反正”既可以放在句首，也可以放在句中谓语的前面。例如：

（7）反正我又不是你女崽，你管那么多干什什？反正我又不是你女儿，你管那么多干什么？

（8）我再讲多些，你反正是很得听。我说得再多，你反不会听。

4. 就倒

在永州话中，“就倒”有两种意思：一是表示趁做某件事的方便去做另外一件事，有“顺便”的意思。例如：

（9）我到街上就倒买点菜回来。我上街顺便买点菜回来。

（10）你在屋里看书，就倒带下你老弟。你在家看书，顺便看着你弟弟。

二是表示某种情况或动作紧接着前面一种情况很快出现或发生，句式为“就倒＋就＋动词短语”。例如：

（11）他看到老师来咖了就倒就跑咖了。他看见老师来了马上就跑了。

（12）他领起钱就倒就把电视买咖回来了。他领了钱马上就把电视买回来了。

（六）语气副词

1. 硬

“硬”在永州话中适用范围较广，有三种意思：第一表示“一定、无论如何也”，表示强烈的决心，一定要做到某事。例如：

（1）我硬要争口气，把大学考起。我一定要争气考上大学。

（2）我明天硬要到那里去看下。我明天一定要去那里看看。

第二表示“偏、就”，表示有意跟外来要求或客观情况相反。例如：

（3）喊你莫来你硬要来。叫你别来你偏要来。

(4) 看到是他的错，你硬讲是我错咖了。明明是他的错，你偏说是我错了。

第三表示“的确、真”，表示加强对事物、行为真实性的肯定，同时还表示说话人的感情。例如：

(5) 你硬是舍不得用钱。你确实是舍不得 花钱。

(6) 我硬想出去耍两天饱的。我真想出去好好玩两天。

2. 看倒

永州话中的“看倒”表示确认某一事实或者以确凿的事实、理由对相反的做法、结论提出疑问或驳斥。相当于普通话的“眼看着、明明”。例如：

(7) 看倒是他倒起水满当是的，老师倒反怪我。明明是他弄得水到处都是，老师反而怪我。

(8) 他喝的看倒是水，哪么变咖酒了？他喝的明明是水，怎么成酒了？

3. 何苦

永州话中的“何苦”表示说话人认为某种事情或行为的进行没有必要，或者不一定必要，大致相当于普通话的“何必”，一般用于反问句中。例如：

(9) 你何苦拿倒自己出气。你何必拿自己出气。

(10) 他是个小赖崽，你何苦跟他怄气。他是个小孩，你何必跟他怄气。

4. 偏生

表示发生的行为、动作出乎意料，是跟某种愿望要求相反的，有“偏偏”的意思。例如：

(11) 我正好想走，偏生他又来咖了。我刚想走，偏偏他又来了。

(12) 将好把他送走，偏生你又找点事给我做。刚把他送走，你偏偏又找事给我做。

也表示动作主体强烈的意志，决心要进行某一动作。例如：

(13) 喊他莫尽倒吃了，他偏生要吃。让他别吃了，他偏要吃。

(14) 那有什什好怕的呀？我偏生要一个人去打转。那有什么可怕的?我偏要一个 人去一趟。

5. 然好

“然好”在永州话中通常用来引出某种有利条件，使得不企望发生的后果得以避免，表达说话人的侥幸心理。相当于普通话的“幸亏、幸好”，通常跟“不然”连用，引出已经避免的结果。例如：

（15）我然好没跑出去耍，不然又逗倒抓到咖了。我幸亏没跑出去玩，否则又被逮住了。

（16）然好你告诉咖我，不然又死咖菜了。幸亏你告诉了我，要不又惨了。

6. 倒反

“倒反”在永州话中表示如果以某种行为或状态为前提，通常应当产生某种结果，可实际上产生了相反的结果，转折语气较强。相当于普通话中的“反而”。例如：

（17）他先动的手，你倒反怪起我来咖了。他先动手的，你反而怪我。

（18）这个东西放到冰箱里倒反难吃死了。这东西放到冰箱里反而难吃了。

（19）我还没讲，他倒反先讲起来咖了。我还没讲，他反而先讲起来了。

7. 算不倒

“算不倒”在永州话中表示猜测、估计或不能肯定的语气，相当于普通话中的“也许”。例如：

（20）他算不倒考得起大学的。他也许能考丘大学。

（21）我算不倒放假到农村里打转。我也许放假后去农村一趟。

六　语气词

永州方言语气词的数量较多，总共约有 25 个左右。从语气词的分类上来看，情态语气词的数量是最多的，其中事态语气词、疑问语气词次之。从语气词的基本形式来看，单音节为主要形式，但也有少数几个为双音节，如“的话”、“去了”等。根据表达语气的不同，可以分为以下几类：

事态语气词：的、了、咖；

情态语气词：了、哉、着、得、嘞、呕、唸、唻、噢、啊、嘛、诶、哎、嗲、啰、的话、去了；

疑问语气词：啊、吧、嘞、诶、噢；

有些语气词的功能与普通话大体相似，下面将差异较大的几个略作分析。

1. 咖

永州话中的“咖”既是一个动态助词，也是一个表事态的语气词。作动态助词有两种语法意义：一是表示动作或变化的完成态，强调动作的刚刚结束或完成，前常有时间副词“刚好、正好、还、才”等，相当于普通话中的动态助词“了”；二是表示动作行为的经历态，表示动作行为或状态曾经发生过或者曾经有过，但没有现时相关性，相当于普通话中的动态助词“过”。例如：

（1）走咖半天了，敨下气着。走了半天了，休息下吧。

（2）八点半了，我早就吃咖饭了。已经八点半了，我早就吃过饭了。

除了作动态助词以外，“咖”还可以用作事态语气词，用在客观地叙述或描写实际情况的陈述句中，表达陈述语气，有时还可表达某种情态语气，另外还可以用作疑问语气词表示疑问语气。例如：

（3）刚好出去走咖。刚出去散步回来。

（4）昨朝去公园耍咖。昨天才去公园玩了。

（5）他骑单车总是不敢把手放咖。他骑车总是不敢把手放开。

（6）把不要的菜倒咖！把不要的菜倒掉。

（7）想看电视要把作业写咖。想看电视先要把作业写完。

（8）爸爸把我的桌子修好咖了。爸爸把我的桌子修好了。

2. 着

永州方言语气词“着”的语法意义主要表现为“暂且”的主观意愿或态度，根据表意侧重点的不同，我们将其分为表“暂且”义的“着$_1$”与表示“先事”义的“着$_2$”，下面分别进行讨论。

情态语气词“着$_1$”在语法上表现为“暂且”义，根据句子类型的不同表现不同的语气意义。在祈使句中通常表现为说话人希望或要求听话人做某事，或保持某动作状态不变的主观意愿，在陈述句中通常表示说话人自己的打算或计划，位于句末的情态语气词“着”不能随便去掉，一旦去掉，句子的“暂且”义便不复存在。例如：

（9）放假了出去耍几天着。放假了先出去玩几天再说。

（10）那衣裳讲不定是我的，去看下着。那衣服说不定是我的，先去看看。

（11）落到雨的，坐下着再走。下着雨呢，多坐一会再走吧。

（12）老板等几分钟就回来了，你先坐哈下着。老板等几分钟就回来了，你先坐会儿。

（13）你还有不有衣裳穿的着？你到底还有没有衣服穿的？

情态语气词“着$_2$”在语法上表现在先事义，指先完成句中所陈述的动作，其他事暂且放一边或之后再说。前面往往与“等”、“让”等动词相搭配，句中动词之后往往有表完成态的动态助词“咖”，以及能与动词构成动结式的动词或形容词，如“完”、“下子”等，多用于陈述句、祈使句中。例如：

（14）等我想下子着。等我想想再说。

（15）等老师把试卷发给我着。等老师把试卷发给我再说。

（16）莫讲话，把饭吃咖着！别说话，先把饭吃完！

（17）先把身体搞好咖着！先把身体养好再说！

3. 的话

在永州方言中，“的话”既可作假设助词，也可作话题标记，这两种用法与普通话相似。“的话”还可作为语气词使用，一般用在陈述句、疑问句末，表强调语气；用于感叹句末，表示对某人或事的不满、否定的感叹语气；用在假设复句的句末表假设语气。

（18）我这么讲的话，没得别的想法。我也就只是说一说，没别的想法。（表陈述）

（19）我给咖一百块钱他的话！我才没有给他一百块钱呢！（表否定）

（20）我漂亮的话！我不漂亮！（表否定）

（21）搞不清你哪门想的话？搞不懂你到底怎么想的。（表强调）

（22）小王的话，让他当个科长还可以。小王嘛，让他当个科长还可以。（表提顿）

4. 去了

语气词“去了”是永州方言中为数不多的几个双音节语气词之一，它的组成形式是“去了”，但并不是单纯地在语气词“了”前加了一个动词“去”构成，而是一个独立的语气词，与“了”和“去”的意义没有关系，它有其自身独立使用的语气意义，可用于陈述句、感叹句句末。

用于陈述句末表示说话人主观解释、说明的陈述语气，含有“……才行”的意味。例如：

（23）他这个样子要想好起码还要十天去了。他这个样子要想痊愈至少还要十天才行。

（24）把他抓起来也要等警察来咖去了。要把他抓起来也要等警察过来才行。

用于感叹句末表示说话人的惊讶、不满、威胁、嘲讽的感叹语气。如：

（25）他想死了去了！他是想死吧！

（26）这条路起码有五十公里去了！这条路至少有五十公里呢！

（27）几万块钱一桌的菜，那肯定高头撒咖金子去了！几万块钱一桌的菜，那肯定是上面撒了金子了！

第二节 句法特点

一 比较句

比较是一种思维的方式，将两种事物、行为或性状进行比较，以分辨他们的异同、高下。比较句是比较过程结论的语言表达形式，广义的比较句非常多样。我们按照平级句、胜过句、不及句、极比句四类，下面分别举例说明。

（一）平级句

平级比较句表示相比较的事物在比较点方面相同或相近，没有高下之分。分为肯定和否定两种，肯定式一般用“一样”表示，否定一般用“没得、抵不到”。例如：

（1）厨房跟客厅一样大。

（2）公猪婆和母猪婆差不多重崽。公猪和母猪差不多重。

（3）这两个小孩子一样高。

（4）三个包子抵不到一碗粉。三个包子不如一碗粉。

（5）这个包没得那个包好看。

（二）胜过句

两个事物相比较，表示甲在某方面要强于乙的句子，是胜过句。永州话中胜过句一般用“比”，有时候为了强调程度深，可以加“还”。有时候如果比较项不言自明，也可以省略。例如：

（1）我开始懵起哥哥高些，哪晓得弟弟还高些。我开始以为哥哥高，哪知道弟弟更高。

（2）那个时候，肥肉要比精肉贵些。那时候肥肉比瘦肉贵。

（3）姐姐比妹妹大咖三岁。姐姐比妹妹大了三岁。

（4）老张屋里的小孩子一个比一个有出息。老张家的孩子一个比一个有出息。

（5）车水这种事要轻松点崽。车水的活要轻松一点。

（6）去朝阳公园，从北门那崽走要省到两里路。去朝阳公园，从北门走要近两里路。

（三）不及句

两个事物相比较，表示甲在某方面不如乙的句子，是不及句。不及句的结构比较特殊，首先结构形式一般是否定句，表达不及的语义，因此没有肯定式，肯定式都是胜过句或平级句；其次，疑问式与平级句或胜过句相同，肯定回答的，是平级句或胜过句，否定回答的，是不及句。例如：

（1）大一的同学没得大二的同学成熟。

（2）养猪没得养牛赚钱。

（3）这个学期的成绩没得上个学期的好。

（4）这些衣裳，一件比一件丑。

（四）极比句

所谓极比句，是指某一事物在某种性质上胜过（或不及）其余的同类事物，也就是说多个比较项进行比较时，比较项或被比项程度最高。极比句也可以分别归入胜过句或不及句，但由于结构形式特点比较突出，因此另列一类。永州话的极比句有时候用“最”，有时候用任指代词排除其他项。例如：

（1）牙子痛，比什么都厉害些。牙痛比什么都厉害。

（2）那个女崽长得最漂亮了。那个女孩长得最漂亮了。

（3）随便哪个同学都比他努力些。

（4）干什什都没得学习重要。干什么都没有学习重要。

（5）哪个都没得他坏。

二　双宾句

普通话的双宾句语序一般是间接宾语在前，直接宾语在后，如：我给了他一本书。但永州方言中的双宾句按照给予或取得的不同，语序也不相同。表示取得义时，语序与普通话相同；表示给予义时，其语序与普通话相反。如：

（1）老张把了本书你呀？老张给了你一本书牙？

（2）落雨了，拿把伞你。下雨了，给你把伞。

（3）李处长昨朝给咖个任务我。李处长昨天给了我一个任务。

三　宾语和补语的语序

（一）可能补语和宾语的位置

可能补语与宾语同现时，普通话的语序是“动词＋补语＋宾语”，如“看得见人｜看不见人”；永州方言的语序与普通话不同，是“动词＋宾语＋补语”，上例说成“看得人见｜看人不见”。再如：

肯定式	否定式
我吃得三碗饭下	我吃三碗饭不下
他打得我赢	他打我不赢
学生听得老师的话懂	学生听老师的话不懂
我喊得他名字出	我喊他名字不出

（二）可能补语的位置

单音节动词带单音节趋向动词做可能补语时，普通话的语序是“动词＋得/不＋补语”，如“进的来｜进不来”；永州方言中补语的位置处于“得/不得”前，上例说成“进来得｜进来不得”。再如：

肯定式	否定式
搞得	搞不得
吃得	吃不得
起来得	起来不得
回去得	回去不得

四　动词＋宾语＋介词短语

“动词＋宾语＋介词短语”的格式在永州方言中很常见，如可以说“拿几块砖马古放在桌子高头”，普通话则要说成“在纸上写几个字”，二者的语序不同。再如：

（1）小张拿本书在手高头。小张手里拿了本书。

（2）那个小赖崽含咖点东西在嘴巴里。那个小男孩嘴巴里含了点东西。

（3）放块衣裳在床高头。在床上放一件衣服。

五　状语的位置

表示程度的状语在永州方言中一般放在其修饰或限制成分之后，句末要加语气“的”，与普通话状语置于动词前不同。例如：

（1）我明朝要打他一餐狠的。我明天要狠狠地打他一顿。

（2）等我退休了，我要出去耍一回好的。等我退休了，我要好好出去玩一下。

（3）我在会高头讲咖他几句凶的。我在会上很凶地说了他几句。

（4）今朝我们走棋搞咖几盘扎实的。今天我们扎扎实实下了几盘棋。

第五章　永州方言语料记音

第一节　语法例句

1. 小张昨朝钓到咖一条蛮大的鱼，我连没钓到。

   ɕiɔ^{55}tɕian^{33} zo^{112} tɕiɔ^{0} tiɔ^{21} tɔ^{0} ka^{0} Øi^{33} diɔ^{112} man^{112} da^{24} ti^{0} Øy^{112}，ŋo^{55} lien^{112} meɪ^{24}tiɔ^{21}tɔ^{0}.

2. a. 你平常吃不吃烟的呀？

   ȵi^{55}bin^{112}ʑian^{112}tʃhʅ^{33}pu^{0}tʃhʅ^{33}Øien^{33}ti^{0}Øia^{0}？

   b. 我从来不吃烟。

   ŋo^{55}zoŋ^{112}læ^{112}pu^{33}tʃhʅ^{33}Øien^{33}.

3. a. 你告诉□这件事没有啊？

   ȵi^{55}kɔ^{21}sʅ^{0}Øa^{33}tʃʅ^{24}ʑien^{21}zʅ^{21}meɪ^{21}Øiəɯ^{0}Øa^{0}？

   b. 我告诉□咖了。

   ŋo^{55}kɔ^{21}sʅ^{0}Øa^{33}ka^{0}liɔ^{0}.

4. 你吃饭还是吃馒头呀？

   ȵi^{55}tʃhʅ^{33}ban^{24}ɦæ^{112}zʅ^{21}tʃhʅ^{33}man^{112}dəɯ^{0}Øia^{0}？

5. 你到底答不答应□呀？

   ȵi^{55}tɔ^{21}ti^{55}ta^{33}pu^{0}ta^{33}Øin^{21}Øa^{33}Øia^{0}？

6. a. 喊小强一起到电影院看《刘三姐》去。

   ɦan^{55} ɕiɔ^{55} ʑian^{112} Øi^{33} ʃʅ^{55} tɔ^{24} dien^{21} Øin^{55} Øyen^{24} khan^{24} < liəɯ^{112} san^{33} tɕie^{55} > khe^{0}.

b. 这个电影□看咖的了。

tʃʅ^{21}ko^{0}dien^{21}Øin^{55}Øa^{33}khan^{21}ka^{0}ti^{0}liɔ^{0}.

7. 你把碗洗一下。

ȵi^{55}pa^{55}Øuan^{55}ʃʅ^{55}Øi^{33}ɦa^{0}.

8. □把橘子剥咖皮，但是没吃。

Øa^{33}pa^{55}tɕy^{33}tsʅ^{0}po^{33}ka^{0}bi^{112}，tan^{24}zʅ^{24}meɪ^{24}tʃhʅ^{33}.

9. □们把教室里下装起咖空调了。

Øa^{33}mən^{0}pa^{55}tɕiɔ^{24}ʃʅ^{21}li^{0}ɦa^{24}tsuan^{33}ʃʅ^{55}ka^{0}khoŋ^{33}diɔ^{112}liɔ^{0}.

10. 帽子兜倒风吹走嘎了。

mɔ^{21}tsʅ^{0}təɯ^{33}tɔ^{0}foŋ^{33}tsueɪ^{33}tsəɯ^{55}ka^{0}liɔ^{0}.

11. 张明的一个包兜倒坏家伙抢走嘎了，□人也差点咖崽兜倒打伤。

tɕian^{33}min^{112}ti^{0}Øi^{33}ko^{24}pɔ^{33}təɯ^{33}tɔ^{0}ɦuæ^{24}tɕia^{33}xo^{0}tɕian^{55}tsəɯ^{55}ka^{0}liɔ^{0}，Øa^{33}ʑin^{112}Øie^{55}tsha^{33}tien^{55}ka^{0}tsæ^{0}təɯ^{33}tɔ^{0}ta^{55}ɕian^{33}.

12. 等到要落雨了，你们莫出去了。

tən^{55}tɔ^{0}Øiɔ^{24}lo^{21}Øy^{55}liɔ^{0}，ȵi^{55}mən^{0}mo^{112}tɕhy^{33}khe^{21}liɔ^{0}.

13. 这块帕子好□□了，丢咖去算了。

tʃʅ^{24}khuæ^{55}pha^{21}tsʅ^{0}xɔ^{55}ŋe^{33}tɕian^{33}liɔ^{0}，tiəɯ^{33}ka^{0}khe^{21}suan^{21}liɔ^{0}.

14. 我们的车票是在车站买的。

ŋo^{55}mən^{0}ti^{0}tɕhie^{33}phiɔ^{21}zʅ^{24}zæ^{24}tɕhie^{33}zan^{24}mæ^{55}ti^{0}.

我们是在车站买的车票。

ŋo^{55}mən^{0}zʅ^{24}zæ^{24}tɕhie^{33}zan^{24}mæ^{55}ti^{0}tɕhie^{33}phiɔ^{21}.

15. 墙高头□起一张地图。

ʑian^{112}kɔ^{33}dəɯ^{0}ȵia^{33}tʃhʅ^{0}Øi^{33}tɕian^{33}di^{24}du^{112}.

16. 床高头困到一个老人家。

zuan^{112}kɔ^{33}dəɯ^{0}khuən^{24}tɔ^{0}Øi^{33}ko^{24}lɔ^{55}ʑin^{112}ka^{0}.

17. 好多鱼崽崽在河里游起。

xɔ^{55}to^{33}Øy^{112}tsæ^{55}tsæ^{55}zæ^{24}ɦo^{112}li^{0}Øiəɯ^{112}ʃʅ^{0}.

河里游起好多鱼崽崽。

ɦo^{112}li^{0}Øiəɯ^{112}ʃʅ^{0}xɔ^{55}to^{33}Øy^{112}tsæ^{55}tsæ^{55}.

18. 头里走过来一个蛮胖的小赖崽。

dəɯ^{112}li^{0}tsəɯ^{55}ko^{21}læ^{0}Øi^{33}ko^{24}man^{112}phan^{24}ti^{0}ɕiɔ^{55}læ^{55}tsæ^{55}.

19. □屋里一下崽就死咖三个猪。

Øa^{33}Øu^{33}li^{0}Øi^{33}ʑia^{24}tsæ^{0}ʑiəɯ^{21}sɿ^{55}ka^{0}san^{33}ko^{24}tɕy^{33}.

20. 这架汽车要开到广州去。

tʃ^{21}ka^{21}tʃhʅ^{24}tɕie^{33}Øiɔ^{24}khæ^{33}tɔ^{21}kuan^{55}tɕiəɯ^{33}khe^{21}.

21. 这些学生梗哪梗坐咖两天车了。

tʃʅ^{21}ɕie^{33}ʑyo^{112}sən^{33}kən^{55}na^{0}kən^{55}zo^{21}ka^{0}lian^{55}thien^{33}tɕhie^{33}liɔ^{0}.

这些学生坐车坐嘎梗哪梗两天了。

tʃʅ^{21}ɕie^{33}ʑyo^{112}sən^{33}zo^{21}tɕhie^{33}zo^{21}ka^{0}kən^{55}na^{0}kən^{55}lian^{55}thien^{33}liɔ^{0}.

22. 你尝一下□做的点心再走咯。

ȵi^{55}ʑian^{112}Øi^{33}ɦa^{21}Øa^{33}tso^{24}ti^{0}tien^{55}ɕin^{33}tsæ^{21}tsəɯ^{55}lo^{0}.

23. a. 你在唱什什？

ȵi^{55}zæ^{21}tɕhian^{21}ʃʅ^{55}ʃʅ^{0}?

b. 我没唱，我在放到录音的。

ŋo^{55}meɪ^{24}tɕhian^{24}，ŋo^{55}zæ^{24}fan^{21}tɔ^{0}lu^{112}Øin^{33}ti^{0}.

24. a. 我吃咖兔子肉的，你吃没有？

ŋo^{55}tʃhʅ^{33}ka^{0}thu^{24}tsɿ^{0}zu^{112}ti^{0}，ȵi^{55}tʃhʅ^{33}meɪ^{21}Øiəɯ^{0}?

b. 我没吃。

ŋo^{55}meɪ^{21}tʃhʅ^{33}.

25. 我洗咖澡的了，今朝不去打篮球了。

ŋo^{55}ʃʅ^{55}ka^{0}tsɔ^{55}ti^{0}liɔ^{0}，tɕin^{33}tɕiɔ^{33}pu^{33}khe^{24}ta^{55}lan^{112}ʑiəɯ^{112}liɔ^{0}.

26. 我算得太快嘎了，算错嘎了，我再算一道。

ŋo^{55}suan^{21}te^{0}thæ^{24}khuæ^{21}ka^{0}liɔ^{0}，suan^{24}tsho^{24}kua^{0}liɔ^{0}，ŋo^{55}tsæ^{24}suan^{24}Øi^{33}tɔ^{21}.

27. □一高兴就唱起歌来咖了。

Øa^{33}Øi^{33}kɔ^{33}ɕin^{24}ʑiəɯ^{21}tɕhian^{21}ʃʅ^{55}ko^{33}læ^{112}ka^{0}liɔ^{0}.

28. 哪一个刚好在讲我老师呀？

na^{55}Øi^{33}ko^{21}tɕia^{33}xɔ^{55}zæ^{21}kan^{55}ŋo^{55}lɔ^{55}sɿ^{33}Øa^{0}?

29. 只写了一半，还要接到写下去。

tsɿ^{55}ɕie^{55}liɔ^{0}Øi^{33}pan^{24}，ɦæ^{112}Øiɔ^{21}tɕie^{33}tɔ^{0}ɕie^{55}ʑia^{21}khe^{21}.

30. 你只吃了一碗饭，再吃一碗呀！

ȵi^{55}tsɿ^{55}tʃhʅ^{33}liɔ^{0}Øi^{33}Øuan^{55}ban^{24}，tsæ^{24}tʃhʅ^{33}Øi^{33}Øuan^{55}Øa^{0}.

31. 喊小孩子先走，你再把这个展览好好生生看一道。

xan^{55}ɕiɔ^{55}xa^{55}tsɿ^{0}ɕien^{33}tsəɯ^{55}，ȵi^{55}tsæ^{24}pa^{55}tʃʅ^{21}ko^{0}tɕien^{55}lan^{55}xɔ^{55}xɔ^{55}sən^{33}sən^{33}khan^{24}Øi^{33}tɔ^{21}.

32. □看电视看倒看倒就困着咖了。

Øa^{33}khan^{24}dien^{24}zɿ^{21}khan^{21}tɔ^{0}khan^{21}tɔ^{0}ʑiəɯ^{21}khuən^{24}ʑyo^{112}ka^{0}liɔ.

33. 你算下崽，这点咖崽钱用不用得到？

ȵi^{55}suan^{24}ɦa^{21}tsæ^{0}，tʃʅ^{21}tien^{55}ka^{0}tsæ^{0}ʑien^{112}Øioŋ^{21}pu^{0}Øioŋ^{21}te^{33}tɔ^{0}？

34. 老师把了本蛮厚的书把你呀？

lɔ^{55}sɿ^{33}pa^{55}liɔ^{0}pən^{55}man^{112}ɦəɯ^{21}ti^{0}ɕy^{33}pa^{55}ȵi^{55}Øia？

老师把了你一本蛮厚的书呀？

lɔ^{55}sɿ^{33}pa^{55}liɔ^{0}ȵi^{55}Øi^{33}pən^{55}man^{112}ɦəɯ^{21}ti^{0}ɕy^{33}Øia^{0}？

35. 那个卖药的哄了□一千块钱去了。

na^{21}ko^{0}mæ^{24}Øyo^{112}ti^{0}xoŋ^{55}liɔ^{0}Øa^{33}Øi^{33}tɕhien^{33}khuæ^{55}ʑien^{112}khe^{21}le^{0}.

36. a. 我上个月借了□三百块钱。

ŋo^{55}ʑian^{21}ko^{0}Øye^{112}tɕie^{21}liɔ^{0}Øa^{33}san^{33}pe^{33}khuæ^{55}ʑien^{112}

b. 我上个月借给□三百块钱。

ŋo^{55}ʑian^{21}ko^{0}Øye^{112}tɕie^{21}ke^{55}Øa^{33}san^{33}pe^{33}khuæ^{55}ʑien^{112}.

37. 王先生的刀开得蛮好的。

Øuan^{112}ɕien^{33}sən^{33}ti^{0}tɔ^{33}khæ^{33}te^{33}man^{112}xɔ^{55}ti^{0}

38. 我不得怪别个，只怪自家。

ŋo^{55}pu^{33}te^{0}kuæ^{24}bie^{112}ko^{0}，tsɿ^{55}kuæ^{24}zɿ^{21}ka^{0}

39. a. 明朝王经理到不到公司里来？

min^{112}tɕiɔ^{0}Øuan^{112}tɕin^{33}li^{0}tɔ^{21}pu^{0}tɔ^{24}koŋ^{33}sɿ^{33}li^{0}læ^{112}？

b. 我讲□不得来。

ŋo^{55}kan^{55}Øa^{33}pu^{33}te^{0}læ^{112}.

40. 我们用什么车走南京那里运家具到这里来了？

ŋo^{55} mən^{0} Øioŋ^{21} ʃʅ^{55} mo^{0} tɕhie^{33} tsəɯ^{55} nan^{112} tɕin^{33} na^{21} li^{0} Øyn^{24} tɕia^{33} ʑy^{0} tɔ^{21} tʃʅ^{21} li^{0} læ^{112} le^{0}？

41. □和个病人样的□到沙发高头。

Øa^{33} ɦo^{112} ko^{21} bin^{24} ʑin^{112} Øian^{21} ti^{0} bən^{24} tɔ^{0} sa^{33} fa^{33} kɔ^{33} dəɯ^{0}.

42. 照这么做式做事连年轻的都累死去了。

tɕiɔ^{21} tʃʅ^{21} mo^{0} tso^{21} ʃʅ^{21} tso^{24} zɿ^{24} lien^{112} ȵien^{112} tɕhin^{33} ti^{0} təɯ^{33} lueɪ^{21} sɿ^{55} khe^{21} le^{0}.

43. □跳到末班车高头走嘎了。我晏来了一下崽，只好自家慢些走起回学校了。

Øa^{33} thɔ^{21} tɔ^{0} mo^{112} pan^{33} tɕie^{33} kɔ^{33} dəɯ^{0} tsəɯ^{55} ka^{0} liɔ^{0}， ŋo^{55} ŋan^{24} læ^{112} liɔ^{0} Øi^{33} ɦa^{21} tsæ^{0}， tsɿ^{55} xɔ^{55} zɿ^{21} ka^{0} man^{21} ɕie^{33} tsəɯ^{55} ʃʅ^{55} ɦueɪ^{112} ʑyo^{112} ʑiɔ^{21} liɔ^{0}.

44. 这是哪个写的诗？哪个猜出来我奖□十块钱。

tʃʅ^{24} zɿ^{21} na^{55} ko^{0} ɕie^{55} ti^{0} sɿ^{33}？ na^{55} ko^{0} tshæ^{33} tɕy^{33} læ^{112} ŋo^{55} tɕian^{24} Øa^{33} ʒʅ^{112} khuæ^{55} ʑien^{112}.

45. 我把你的那本书是我教中学的那个舅爷写的。

ŋo^{55} pa^{55} ȵi^{55} ti^{0} na^{21} pən^{55} ɕy^{33} zɿ^{21} ŋo^{55} kɔ^{24} tsoŋ^{33} ʑyo^{112} ti^{0} na^{21} ko^{0} ʑiəɯ^{21} Øie^{0} ɕie^{55} ti^{0}.

46. 你比我高些，□比你还高些。

ȵi^{55} pi^{55} ŋo^{55} kɔ^{33} ɕie^{33}， Øa^{33} pi^{55} ȵi^{55} ɦæ^{112} kɔ^{33} ɕie^{33}.

47. 老王和老张一样高。

lɔ^{55} Øuan^{112} ɦo^{112} lɔ^{55} tɕian^{33} Øi^{33} Øian^{24} kɔ^{33}.

48. 我走了，你们两个人再坐下崽着。

ŋo^{55} tsəɯ^{55} liɔ^{0}， ȵi^{55} mən^{0} lian^{55} kən^{33} tsæ^{24} zo^{24} ɦa^{21} tsæ^{0} tso^{0}.

49. 我讲□不赢，哪个都讲不赢这个家伙□。

ŋo^{55} kan^{55} Øa^{33} pu^{33} Øin^{112}， na^{55} ko^{0} təɯ^{33} kan^{55} pu^{33} Øin^{112} tʃʅ^{21} ko^{21} tɕia^{33} xo^{0} san^{0}.

50. 上回只买了一本书，今朝要多买几本。

ʑian^{24} ɦueɪ^{112} tsɿ^{55} mæ^{55} liɔ^{0} Øi^{33} pən^{55} ɕy^{33}， tɕin^{33} tɕiɔ^{0} Øiɔ^{21} to^{33} mæ^{55} tʃʅ^{55} pən^{55}.

第二节　歌谣

（一）月亮光光，星子当当；

Øye^{112}lian^{0}kuan^{33}kuan^{0}，ɕin^{33}tsɿ^{0}tan^{33}tan^{0}；

买田买地，买个姑娘；

mæ^{55}dien^{112}mæ^{55}di^{24}，mæ^{55}ko^{0}ku^{33}ȵian^{0}；

姑娘插花，插个疙瘩；

ku^{33}ȵian^{0}tsha^{33}xua^{33}，tsha^{33}ko^{0}ke^{33}ta^{0}；

撂到塘里浸倒，变个蛤蟆；

liɔ^{24}tɔ^{0}dan^{112}li^{0}tɕin^{24}tɔ^{0}，pien^{24}ko^{0}ɦa^{112}ma^{0}；

蛤蟆鼓水，变个乌龟；

ɦa^{112}ma^{0}ku^{55}sueɪ^{55}，pien^{24}ko^{0}Øu^{33}kueɪ^{33}.

乌龟上香，烧了奶奶的裤裆。

Øu^{33}kueɪ^{33}ʑian^{24}ɕian^{33}，ɕiɔ^{33}liɔ^{0}næ^{33}næ^{0}ti^{0}khu^{24}tan^{33}.

（二）借条牛，犁大丘，

tɕie^{24}dɔ^{112}ȵiəɯ^{112}，li^{112}da^{24}tɕhiəɯ^{33}，

借条马，走全州；

tɕie^{24}dɔ^{112}ma^{55}，tsəɯ^{55}ʑyen^{112}tɕiəɯ^{33}；

全州路上朵朵花，

ʑyen^{112}tɕiəɯ^{33}lu^{24}ʑian^{24}to^{55}to^{55}xua^{33}；

摇摇摆摆走夜家；

Øiɔ^{112}Øiɔ^{112}pæ^{55}pæ^{55}tsəɯ^{55}Øie^{24}tɕia^{33}；

夜家门口有张塘，

Øie^{24}tɕia^{33}mən^{112}khəɯ^{55}Øiəɯ^{55}tɕian^{33}dan^{112}，

放起草鱼尺把长；

fan^{21}ʃɿ^{55}tshɔ^{55}Øy^{112}ʧhɿ^{33}pa^{55}ʑian^{112}；

大的留到腌到吃，

da^{24}ti^{0}liəɯ^{112}tɔ^{0}Øien^{33}tɔ^{0}ʧhɿ^{33}，

小的留到讨姑娘；

ɕiɔ^{55}ti^{0}liəɯ^{112}tɔ^{0}thɔ^{55}ku^{33}ȵian^{0}；

姑娘讨得小又小，

ku^{33}ȵian^{0}thɔ^{55}te^{0}ɕiɔ^{55}Øiəɯ^{24}ɕiɔ^{55}，

放到床上不见了；

fan^{21}tɔ^{0}zuan^{112}ʑian^{0}pu^{33}tɕien^{21}liɔ^{0}；

拿起钱纸喊声天，

na^{112}ʃʅ^{55}ʑien^{112}tsʅ^{0}xan^{55}ɕin^{33}thien^{33}，

耗子粑到尿桶边；

xɔ^{24}tsʅ^{0}pa^{33}tɔ^{0}ȵiɔ^{24}thoŋ^{55}pien^{0}；

拿起钱纸喊声地，

na^{112}ʃʅ^{55}ʑien^{112}tsʅ^{0}xan^{55}ɕin^{33}di^{24}，

耗子粑到床脚里。

xɔ^{24}tsʅ^{0}pa^{33}tɔ^{0}zuan^{112}tɕyo^{33}li^{0}.

（三）倒毛歌，倒毛歌，

tɔ^{24}mɔ^{112}ko^{33}，tɔ^{24}mɔ^{112}ko^{33}，

先生我，后生哥；

ɕien^{33}sən^{33}ŋo^{55}，ɦəɯ^{24}sən^{33}ko^{33}；

生我爷爷我笑呵呵，

sən^{33}ŋo^{55}Øie^{112}Øie^{0}ŋo^{55}ɕiɔ^{24}ho^{33}ho^{33}，

讨我嫂嫂我打锣；

thɔ^{55}ŋo^{55}sɔ^{55}sɔ^{0}ŋo^{55}ta^{55}lo^{112}；

抬起外婆门口过，

dæ^{112}ʃʅ^{55}Øuæ^{21}bo^{112}men^{112}kheɯ^{55}ko^{24}，

看到外婆坐摇窠。

khan^{21}tɔ^{0}Øuæ^{21}bo^{112}zo^{24}Øiɔ^{112}xo^{0}.

（四）冷水弯弯一把刀；

lən^{55}sueɪ^{55}Øuan^{33}Øuan^{33}Øi^{33}pa^{55}tɔ^{33}；

将军打马射蜈蚣；

tɕian^{33}tɕyn^{33}ta^{55}ma^{55}ʑie^{24}Øu^{112}koŋ^{33}；

狮子背后藏猛虎，

sʅ^{33}tsʅ^{0}peɪ^{24}ɦəɯ^{24}zaŋ^{112}moŋ^{55}xu^{55}，

观音坐列挡北风。

kuan^{33}Øin^{33}zo^{24}lie^{24}tan^{55}pe^{33}foŋ^{33}.

第三节　民间故事

老天爷保民生

自从盘古开天地，

zʅ^{24}zoŋ^{112}ban^{112}ku^{55}khæ^{33}thien^{33}di^{24}，

地球上有了人以后，

di^{24}ʑiəɯ^{112}ʑian^{21}Øiəɯ^{55}liɔ^{0}zən^{112}Øi^{55}ɦəɯ^{21}，ʧʅ^{21}

这个天上呀，天老爷哪么做了？

ko^{0}thien^{33}ʑian^{21}Øia^{0}，thien^{33}lɔ^{55}Øie^{112}nan^{55}mo^{0}tso^{24}le^{0}？

地上面有了人，

di^{24}ʑian^{21}mien^{21}Øiəɯ^{55}liɔ^{0}zən^{112}，

人有七十二行，是吧？

zən^{112}Øiəɯ^{55}ʧhʅ^{33}ʃʅ^{33}Øæ^{24}ɦan^{112}，zʅ^{21}pa^{0}？

农村里面有种菜的，

noŋ^{112}tshən^{33}li^{55}mien^{0}Øiəɯ^{55}tsoŋ^{24}tshæ^{24}ti^{0}，

种田的，还有撑船的，砍柴的。

tsoŋ^{24}dien^{112}ti^{0}，ɦæ^{112}Øiəɯ^{55}tshən^{24}ʑyen^{112}ti^{0}，khan^{55}zæ^{112}ti^{0}。

北方人种小麦，

pe^{33}fan^{33}ʑin^{112}tsoŋ^{24}ɕiɔ^{55}me^{33}，

南方人种水稻，还有种萝卜，

nan^{112}fan^{33}ʑin^{112}tsoŋ^{24}sueɪ^{55}dɔ^{21}，ɦæ^{112}Øiəɯ^{55}tsoŋ^{24}lo^{112}pu^{0}，

这么多的行业。

ʧʅ^{21}mo^{0}to^{33}ti^{0}ɦan^{112}ȵie^{21}。

他有些讲要落雨，有些讲要天晴，

Øa^{33}Øiəɯ^{55}ɕie^{33}kan^{55}Øiɔ^{24}lo^{24}Øy^{55}，Øiəɯ^{55}ɕie^{33}kan^{55}Øiɔ^{24}thien^{33}ʑin^{112}，

还有些

ɦæ^{112}Øiəɯ^{55}ɕie^{33}

讲要下雪。

kan^{55}Øiɔ^{24}ʑia^{24}ɕye^{33}。

所以他们一个个跑到天老爷那里去

so^{55}Øi^{55}Øa^{33}mən^{0}Øi^{33}ko^{24}ko^{21}phɔ^{55}tɔ^{0}thien^{33}lɔ^{55}Øie^{112}na^{21}li^{0}khe^{21}

告状，这个讲要这样，那个讲要那样。

kɔ^{24}zuan^{24}，tʃʅ^{21}ko^{0}kan^{55}Øiɔ^{24}ʧʅ^{24}Øian^{21}，na^{21}ko^{0}kan^{55}Øiɔ^{24}na^{24}Øian^{21}

街上的柴火也是农村里面的人砍

kæ^{33}ʑian^{0}ti^{0}zæ^{112}xo^{55}Øie^{55}zʅ^{21}noŋ^{112}tshən^{33}li^{55}mien^{0}ti^{0}zən^{112}khan^{55}

起晒干了以后再挑到街上去卖的。

ʃʅ^{55}sæ^{24}kan^{33}liɔ^{0}Øi^{55}ɦəɯ^{24}zæ^{24}tiɔ^{33}tɔ^{0}kæ^{33}ʑian^{0}khe^{24}mæ^{24}ti^{0}。

砍柴的他适合于天晴，天晴出

khan^{55}zæ^{112}ti^{0}Øa^{33}ʃʅ^{21}ɦo^{112}Øy^{112}thien^{33}ʑin^{112}thien^{33}ʑin^{112}ʨhy^{33}

太阳他们好砍柴火呀。他们种菜的，

thæ^{24}Øian^{0}Øa^{33}mən^{0}xɔ^{55}khan^{55}zæ^{112}xo^{55}Øia^{0}。Øa^{33}mən^{0}tsoŋ^{24}tshæ^{24}ti^{0}

讲我又要雨水，你没得雨水喊我们

kan^{55}ŋo^{55}Øiəɯ^{24}Øiɔ^{24}Øy^{55}sueɪ^{55}，ȵi^{55}me^{24}te^{0}Øy^{55}sueɪ^{55}xan^{55}ŋo^{55}mən^{0}

栽起菜不是干死？然后这个撑船

tsæ^{33}ʃʅ^{55}tshæ^{24}pu^{33}zʅ^{21}kan^{33}sʅ^{55}？ʑien^{112}ɦəɯ^{24}ʧʅ^{21}ko^{0}tshən^{24}ʑyen^{112}

的他讲，这个吹风呀，你一概吹南

ti^{0}Øa^{33}kan^{55}，ʧʅ^{21}ko^{0}tshueɪ^{33}foŋ^{33}Øia^{0}，ȵi^{55}Øi^{33}khæ^{55}tshueɪ^{33}nan^{112}

风也不行，一概吹北风也不行。

foŋ^{33}Øie^{55}pu^{33}ʑin^{112}，Øi^{33}khæ^{55}tshueɪ^{33}pe^{33}foŋ^{33}Øie^{55}pu^{33}ʑin^{112}

过去撑船是靠那个帆布，每条

ko^{24}tɕhy^{24}tshən^{24}ʑyen^{112}zɿ^{21}khɔ^{24}na^{21}ko^{0}van^{112}pu^{21}，meɪ^{55}diɔ^{112}

船上有个桅杆，桅杆上面有

ʑyɛn^{112}Øian^{0}Øiəɯ^{55}ko^{0}Øueɪ^{112}kan^{55}，Øueɪ^{112}kan^{55}ʑian^{21}mien^{0}Øiəɯ^{55}

帆布。他要上水船的时候你要吹

van^{112}pu^{21}。Øa^{33}Øiɔ^{24}ʑian^{21}sueɪ^{55}ʑyen^{112}ti^{0}zɿ^{21}ɦəɯ^{0}ȵi^{55}Øiɔ^{24}tshueɪ^{33}

什么风，下水船的时候你要吹什么

ʃɿ^{55}mo^{0}foŋ^{33}，ʑia^{21}sueɪ^{55}ʑyen^{112}ti^{0}zɿ^{21}ɦəɯ^{0}ȵi^{55}Øiɔ^{24}tshueɪ^{33}ʃɿ^{55}mo^{0}

风。你总不能一概吹北风，或者一

foŋ^{33}。ȵi^{55}tsoŋ^{55}pu^{33}nən^{112}Øi^{33}khæ^{55}tshueɪ^{33}pe^{33}foŋ^{33}，ɦue^{112}tɕie^{33}Øi^{33}

概吹南风。还有种菜的、种萝卜的。

khæ^{55}tshueɪ^{33}nan^{112}foŋ^{33}。ɦæ^{112}Øiəɯ^{55}tsoŋ^{24}tshæ^{21}ti^{0}，tsoŋ^{24}lo^{112}pu^{0}ti^{0}

他讲我这个萝卜，你种起再大一个，你

Øa^{33}kan^{55}ŋo^{55}ʧɿ^{21}ko^{0}lo^{112}pu^{0}，ȵi^{55}tsoŋ^{24}ʃɿ^{55}tsæ^{24}da^{24}Øi^{33}ko^{24}，ȵi^{55}

不到打霜，这个萝卜是不好吃得的，它

pu^{33}tɔ^{24}ta^{55}suan^{33}，ʧɿ^{21}ko^{0}lo^{112}pu^{0}zɿ^{21}pu^{33}xɔ^{55}ʧhɿ^{33}te^{33}ti^{0}，Øa^{33}

吃起来没得那个味道。所以种萝卜的了，

ʧhɿ^{33}ʧhɿ^{55}læ^{0}me^{24}te^{0}na^{21}ko^{0}Øueɪ^{21}dɔ^{0}. so^{55}Øi^{55}tsoŋ^{24}lo^{112}pu^{0}ti^{0}le^{0}，

就适合于打霜。他北方人讲我们

ʑiəɯ^{24}ʃɿ^{33}ɦo^{112}Øy^{112}ta^{55}suan^{33}. Øa^{33}pe^{33}fan^{33}ʑin^{112}kan^{55}ŋo^{55}mən^{0}

种麦子的，第头年肯定要把麦

tsoŋ^{24}me^{112}tsɿ^{0}ti^{0}，di^{24}dəɯ^{112}ȵien^{112}khən^{55}din^{24}Øiɔ^{24}pa^{55}me^{112}

子种下去。种下去以后，你要把我把

tsɿ^{0}tsoŋ^{24}ʑia^{21}khe^{0}. tsoŋ^{24}ʑia^{21}khe^{21}Øi^{55}ɦəɯ^{24}，ȵi^{55}Øiɔ^{24}pa^{55}ŋo^{55}pa^{55}

雪把我盖到，长出来以后你把雪把

ɕye^{33}pa^{55}ŋo^{55}kæ^{21}tɔ^{0}，tɕian^{55}tɕhy^{33}læ^{112}Øi^{55}ɦəɯ^{24}ȵi^{55}pa^{55}ɕye^{33}pa^{55}

我盖一个冬天，不然的话，这个麦子

ŋo^{55}kæ^{24}Øi^{33}ko^{24}toŋ^{33}thien^{33}，pu^{33}ʑien^{112}ti^{0}Øua^{0}，ʧɿ^{21}ko^{0}me^{112}tsɿ^{0}，

到第二年冬天，我们的服霜期只

tɔ^{24}di^{24}Øæ^{24}ȵien^{112}toŋ^{33}thien^{33}，ŋo^{55}mən^{0}ti^{0}vu^{112}suan^{33}ʧhʅ^{112}tsʅ^{55}

有三个多月，这个就达不到生产

Øiəɯ^{55}san^{33}ko^{21}do^{33}Øye^{112}，ʧʅ^{21}ko^{21}ʑiəɯ^{24}da^{112}pu^{33}tɔ^{24}sən^{33}tshan^{55}

的要求。然后呀，这个老天爷他伤

ti^{0}Øiɔ^{33}ʑiəɯ^{112}. ʑien^{112}ɦəɯ^{21}Øia^{0}，ʧʅ^{21}ko^{0}lɔ^{55}thien^{33}Øie^{112}Øa^{33}ɕian^{33}

尽了脑筋，哪么做呀？你这个讲这样，

ʑin^{24}liɔ^{0}nɔ^{55}ʨin^{0}，nan^{55}mo^{0}tso^{24}Øia^{0}？ȵi^{55}ʧʅ^{21}ko^{0}kan^{55}ʧʅ^{24}Øian^{24}，

那个讲那样。然后他想了一下，他讲，

na^{21}ko^{0}kan^{55}na^{24}Øian^{24}. ʑien^{112}ɦəɯ^{24}Øa^{33}ɕian^{55}liɔ^{0}Øi^{33}ʑia^{0}，Øa^{33}kan^{55}，

你们莫作声，我给你们一个一个的来，

ȵi^{55}mən^{0}mo^{112}tso^{24}ɕin^{33}，ŋo^{55}keɪ^{55}ȵi^{55}mən^{0}Øi^{33}ko^{24}Øi^{33}ko^{24}ti^{0}læ^{112}，

他就给了他们几句话。哪几句话了？

Øa^{33}ʑiəɯ^{21}keɪ^{55}liɔ^{0}Øa^{33}mən^{0}ʧʅ^{55}ʨy^{24}hua^{24}. na^{55}ʧʅ^{55}ʨy^{21}Øua^{24}le^{0}？

他讲，夜里落雨日里晴，晒得柴干菜

Øa^{33}kan^{55}，Øie^{24}li^{0}lo^{112}Øy^{55}ʒʅ^{112}li^{0}ʑin^{112}，sæ^{24}te^{0}zæ^{112}kan^{33}tshæ^{24}

叶青。好，这个种田的、种菜的和这个

Øie^{24}ʨhin^{33}. xɔ^{55}，ʧʅ^{21}ko^{0}tsoŋ^{24}dien^{112}ti^{0}、tsoŋ^{24}tshæ^{24}ti^{0}ɦo^{112}ʧʅ^{21}ko^{0}

砍柴火的两个人好喜欢。夜里落雨日里

khan^{55}zæ^{112}xo^{55}ti^{0}lian^{55}kən^{33}xɔ^{55}ʃʅ^{55}xuan^{0}. Øie^{24}li^{0}lo^{112}Øy^{55}ʒʅ^{112}li^{0}

晴呀，砍柴火的种菜的要太阳，所以

ʑin^{112}Øia^{0}，khan^{55}zæ^{112}xo^{55}ti^{0}tsoŋ^{24}tshæ^{24}ti^{0}Øiɔ^{24}thæ^{24}Øian^{0}，so^{55}Øi^{55}

他两个人听到了蛮高兴，就走嘎了。

Øa^{33}lian^{55}kən^{33}thin^{33}tɔ^{21}liɔ^{0}man^{112}kɔ^{33}ɕin^{24}. ʑiəɯ^{21}tsəɯ^{55}ka^{0}liɔ^{0}.

然后这个撑船的他讲，我这个船

ʑien^{112}ɦəɯ^{24}ʧʅ^{21}ko^{0}tshən^{24}ʑyen^{112}ti^{0}Øa^{33}kan^{55}，ŋo^{55}ʧʅ^{21}ko^{0}ʑyen^{112}

装起一船东西，他讲我要往北边

tsuan^{33}ʃʅ^{55}Øi^{33}ʑyen^{112}toŋ^{33}ʃʅ^{0}，Øa^{33}kan^{55}ŋo^{55}Øiɔ^{24}Øuan^{55}pe^{33}pien^{33}

走，那个他讲我要往南边走，你这

tsəɯ^{55}，na^{21}ko^{0}Øa^{33}kan^{55}ŋo^{55}Øiɔ^{24}Øuan^{55}nan^{112}pien^{33}tsəɯ^{55}. ȵi^{55}ʧʅ^{21}

个风哪么吹了？所以这个天老爷了，

ko^{0}foŋ^{33}nan^{55}mo^{0}tshueɪ^{33}le^{0}？so^{55}Øi^{55}ʧʅ^{21}ko^{0}lɔ^{55}thien^{33}Øie^{112}le^{0}，

他又想了一下，他讲，这个风啊，一阵

Øa^{33}Øiəɯ^{24}ɕian^{55}liɔ^{0}Øi^{33}ʑia^{0}，Øa^{33}kan^{55}，ʧʅ^{21}ko^{0}foŋ^{33}Øa^{0}，Øi^{33}ʑin^{24}

南来一阵北，送你东西和南北。

nan^{112}læ^{112}Øi^{33}ʑin^{24}pe^{33}，soŋ^{24}ȵi^{55}toŋ^{33}ʃʅ^{0}ɦo^{112}nan^{112}pe^{33}.

这个撑上水船的他也

ʧʅ^{21}ko^{0}Øa^{33}Øie^{55}

喜欢，下水船的也喜欢。

ʃʅ^{55}xuan^{0}，zia^{21}sueɪ^{55}ʑyen^{112}ti^{0}Øie^{55}ʃʅ^{55}xuan^{0}.

然后了，插田的到了插田了他要

ʑien^{112}ɦəɯ^{21}le^{0}，tsha^{33}dien^{112}ti^{0}dɔ^{21}liɔ^{0}tsha^{33}dien^{112}liɔ^{0}Øa^{33}Øiɔ^{24}

落雨，到了割禾了，必须要把我出太

lo^{112}Øy^{55}，dɔ^{21}liɔ^{0}ko^{33}ɦo^{112}liɔ^{0}pi^{33}ɕy^{33}Øiɔ^{24}pa^{55}ŋo^{55}ʨhy^{33}thæ^{24}

阳。为什么呀？插田了，必须要水才

Øian^{0}. Øueɪ^{21}ʃʅ^{55}mo^{0}Øia^{0}？tsha^{33}dien^{112}liɔ^{0}，pi^{33}ɕy^{33}Øiɔ^{24}sueɪ^{55}zæ^{112}

能够犁得动，才能搞搞犁耙。到了割

nən^{112}kəɯ^{21}li113te^{0}toŋ^{24}，zæ^{112}nən^{112}kɔ^{55}kɔ^{55}li^{112}ba^{112}. tɔ^{24}liɔ^{0}ko^{33}

禾，你专门落雨的话，我那个谷子，哪

ɦo^{112}，ȵi^{55}ʨyen^{33}mən^{112}lo^{112}Øy^{55}ti^{0}Øua^{0}，ŋo^{55}na^{21}ko^{0}ku^{33}tsʅ^{0}nan^{55}

么晒出来？所以呀，天老爷又想了一

mo^{0}sæ^{24}ʨhy^{33}læ^{0}？so^{55}Øi^{55}Øia^{0}，thien^{33}lɔ^{55}Øie^{112}Øiəɯ^{24}ɕian^{55}liɔ^{0}Øi^{33}

下，哪么做呀？他讲插田时有插

ʑia^{0}. nan^{55}mo^{0}tso^{24}Øia^{0}？Øa^{33}kan^{55}tsha^{33}dien^{112}zʅ^{112}Øiəɯ^{55}tsha^{33}

田雨，割禾总有割禾天。他们两

dien^{112}Øy^{55}，ko^{33}ɦo^{112}tsoŋ^{55}Øiəɯ^{55}ko^{33}ɦo^{112}thien^{33}. Øa^{33}mən^{0}lian^{55}

个人又感到蛮高兴，也走嘎了。最后

kən^{33}Øiəɯ^{24}kan^{55}tɔ^{0}man^{112}kɔ^{33}ɕin^{24}，Øie^{55}tsəɯ^{55}ka^{0}liɔ^{0}. tsueɪ^{24}ɦəɯ^{24}

这个种菜的，种萝卜的和种麦子的，这

ʧʅ^{21}ko^{0}tsoŋ^{24}tshæ^{24}ti^{0}，tsoŋ^{24}lo^{112}pu^{0}ti^{0}ɦo^{112}tsoŋ^{24}me^{112}tsɿ^{0}ti^{0}，ʧʅ^{21}

两个人又哪么做呀？一个是要雪来

lian^{55}kən^{33}Øiəɯ^{24}nan^{55}mo^{0}tso^{24}Øia^{0}？Øi^{33}ko^{24}zɿ^{21}Øiɔ^{24}ɕye^{33}læ^{112}

盖，一个又要霜来打。天老爷又

kæ^{24}，Øi^{33}ko^{21}Øiəɯ^{24}Øiɔ^{24}suan^{33}læ^{112}ta^{55}. thien^{33}lɔ^{55}Øie^{112}Øiəɯ^{24}

想了一下，他讲，也给你们送两句话：

ɕian^{55}liɔ^{0}Øi^{33}ʑia^{0}，Øa^{33}kan^{55}，Øie^{55}keɪ^{55}ȵi^{55}mən^{0}soŋ^{24}lian^{55}ʨy^{21}Øua^{24}，

风霜雨落和冰雪，风调雨顺保民

foŋ^{33}suan^{33}Øy^{55}lo^{112}ɦo^{112}pin^{33}ɕye^{33}，foŋ^{33}diɔ^{112}Øy^{55}ʑyn^{24}pɔ^{55}min^{112}

生。你们啊，各自去劳动，一定会五谷

sən^{33}. ȵi^{55}mən^{0}Øa^{0}，ko^{24}zɿ^{24}khe^{24}lɔ^{112}doŋ^{21}，Øi^{33}din^{24}ɦueɪ^{24}Øu^{55}ku^{33}

丰登，大家都会很幸福的。

foŋ^{33}tən^{33}. da^{21}tɕia^{0}təɯ^{33}ɦueɪ^{21}xən^{55}xin^{24}vu^{112}ti^{0}.

附录一　谚语、歌谣

本部分内容涉及永州市下辖的各个区县，有些条目是某一个县区所特有，也有些条目各地都通行，只是在具体表述时略有差异，行文中不再一一注明。

一　谚语

初一看不见，初二一根线

银河搭屋角，家家有粥喝；银河搭屋脊，家家有饭吃

一日春剥皮，十日火不离

日头担枷过了盖，还有三天晒

黄昏日伸脚，隔朝有雨落

日头送西，准备斗笠蓑衣

正月雨和雪，二月笋和蕨。

三月三，茶泡茶耳吊铃铛

四月初八天下雨，虾公鲤鱼层数层。

五月大，干死坝；八月大，小菜当肉价。

五月壬子破，洪水穿墙过。

六月刮北风，气死卖谷公。

八月十五月光黄，冬天无水煮斋汤。

八月刮南风，郎中赶郎中。

十月无霜，碓头无糠。

春天不打伞，擂钵大的胆。

夏雨隔堵墙，淋女不淋娘。

夏至落一滴，蓑衣斗笠挂上壁

秋雾禾耳生，冬雾雪满天。

冬雷叫一声，谷米贵如金

立秋之后三场雨，夏布衣裳高搁起

惊蛰麻怪叫，秋谷下三到

白露禾涨肚，寒露禾拦路

谷雨三朝，笋子乱标

端阳无雨三伏热，重阳无雨一冬晴

漏伏漏秋，五谷丰收

丰熟不丰熟，就看五月二十六

光清明，暗谷雨

日晕田中水，月晕草木枯

花花日头花花雨，太阳老子嫁满女

毛星毛月，田埂冲缺

黑猪过河，大雨滂沱

青蛇过天，拌泥踩砖

云走上有雨降，云走下晒坼瓦

六月北风及时雨，好比亲娘看闺女

大年初一吹南风，屋檐底下捞虾公

五月南，虾公鱼仔下湘潭；五月北，田坎口子不用塞

东虹日头西虹雨，晚上有虹晒破皮

早上池罩雾，大胆洗衣裤

早看天顶穿，暮看四脚悬

早雨晏砍柴，晏雨能放排

坛子打屁叫，定有大雨到

水过三丘难回头

惊蛰寒，棉絮踢下床；惊蛰暖，棉絮盖到大小满

虾公断气不闭眼，麻怪断气不死心

狗婆不摆尾，狗公不爬背
蛇不撩怪怪撩蛇
鸭子不得鸬鹚嘴，鸬鹚不得鸭子毛
长堤要防蚂蚁洞，大树要防钻心虫
狗打喷嚏大天晴，牛打喷嚏雨淋淋
公鸡晒脚，还有雨落
麻雀鸟，屋上叫，晒得蛤蟆跳
黄牛惊蛰水牛社
龙生龙，凤生凤，老鼠生崽打地洞
五月虾公是糠皮，十二月虾公当鲤鱼
两个月的头牲一撮，两个月的鸭子一钵
有崽鸡婆啄死人
蚂蝗听水响，蚊子听巴掌
三斑四鸽，当不得麻雀一个脚
自称鸡婆三斤半
狗屎屙现凼
螺蛳鬼不怕水浸
水大淹不死老鸭婆
牛角不长不过界，马尾不长不扫街
买来猴子累倒狗
十斤子姜当不得一斤老姜
东阳关李子打断城，双桥萝卜更有名
广东广西的广锅，湖南永州的薄荷
永明米、江华蜂，道州韭菜宁远葱
立夏吃个蛋，脚硬手也健；立夏吃了粑，脚杆如虎叉
春不忙减衣，秋不忙加帽
早上吃姜吃鸡汤，晚上吃姜吃刀枪
张飞矮子怕病磨
口动三分力

百草都是药，无师药不灵

脏生虱子懒生疮

宁生错个命，莫生错个病

药对方，一口汤

蛇死麻怪死

宁肯砍脑壳，不可割耳朵

未曾出兵，先寻败路

有花自然香，何必栽高当

偷来的锣打不得

玩龙玩虎，莫舍了玩土

人限人限不到，天限人草不生

人朝旺当走，鸟朝旺当落

要学苋菜红到老，莫学花椒黑了心

讨米无人笑，做贼打得叫

亲不乱行，鼓不乱打

茄子不打虚花，赖崽要讲直话

好猪不吃两家潲

一条船是上广西，十二条船也是上广西

阎王也怕拼死鬼

恶狗怕蛮锤

人不断粮难免祸，草不断根总翻身

活人怕死鬼，一世倒祖水

若要一生好，行事问三老

拿起簸箕比不得天

走路防跌，吃饭防噎

跌倒莫怪石头

耐得烦，成得团

菩萨没塑起，先把卵子塑起

前面打了麻雀鸟，后面掉了老鸡婆

酿酒磨豆腐，称不得老师傅

男人奶大得官做，女人奶大守空房

铜鼓配铛铛，草蚂配螳螂

鱼找鱼，虾找虾，麻怪找的癞蛤蟆

宁作穷家女，莫作阔后娘

买田看塘，讨亲看娘

针过得线就过得

好女解得金腰带

歪竹子出直笋子，好爷好娘生蠢子

冬至腊肉，夏至凉粉

老野猪不怕海螺壳，老媳妇不怕家娘婆

明屋场，暗祖山

瓦匠难翻狮子楼，铁匠难打钓鱼钩

有了月亮斧，不怕纽心柴

一个鼎锅一个盖，各人养崽各人爱

鱼崽虾公好咽饭，趴锅鼎锅都打烂

趴锅巴掌鼎锅拳

烂枣先红，破蛋先臭

早晨火笑宝，中午火笑财，晚上火笑有客来

赖崽家无腰子，女崽家无睾子

三个女子当匹锣

男人不打三朝，女人不吃庙酒

初一崽，初二郎，初三、初四女回娘，初五、初六拜地方

三月三，地菜煮鸡蛋

灶口向北，有都没得；灶口向西，煮东煮西

狗肉好吃上不得席

开缸酒，落脚茶

睡不得湿床，当不得爹娘

出门走路看风向，穿衣吃饭看家当

个个爷娘爱满崽

瞎子会打卦，聋子好问话

早酒一盅，一天威风

人怕老来穷，禾怕秋后虫

烂褛上街无贤妻

男勤看田角，女勤看衣角

男人好吃拿虾笆，女人好吃磨粑粑

乱葱不乱味

吃不过盐，穿不过棉

咸辣出五味

倒毛鸭子顺毛鸡

狗咬骨头认骨亲

龙多不起水，崽多不养爷

冷了莫向灯，穷了莫向亲

小孩子爱糖，丈母娘爱郎

歇客莫歇女客，歇五十当一百

七十不留宿，八十不留餐

多只青蛙多四两力

升米养恩人，斗米养仇人

家家有烂伞，族族有丑人

断得盐和醋，断不得外家路

外甥多像舅，侄女像家姑

冷怕起风，穷怕欠债

饭少加钵菜，衣少加根带

读书多，成大丘，不耕不种也有收

针嘴上削铁，有也不多

生崽顾不得脱裤子

打锣卖糖，各管各行

大吃如小赌

钱是黄柏树，不苦不得来
家有千斤油，不点双灯
有柴莫做一灶，有米莫做一锅
吃得三年蓑衣饭，买得好丘十八担
叫花子拨算盘，穷有穷打算
板凳当柴烧，吓得门也怕
一日挖个凼，一年挖口塘
若要富，酿酒烧豆腐
猪睡长肉，人睡卖屋
天上有落也要起得早
道州人买卖还半价
烂崽靠赌，穷人靠土
三年易考文武举，十年难考田秀才
孔子孟子，当不得谷子
少年裁缝，中年木匠，老年郎中
长木匠，短铁匠，不长不短是石匠
打铁莫惜炭，插田莫顾衣
男人断掌，黄金万两；女人断掌，一世无生养
家种千蔸棕，一世吃不空
耍正月，呆二月，赚钱发狠在三四月
吃了中秋酒，功夫不离手
正月初一打了霜，一担谷子一担秧
提秧难过峒
刀钝只好用蛮力
只有不利的斧，没有不开的柴
编筐织篾，难在收口
杉要挤，松要剃，桐要稀
拄棍栽桃，爬地种柑
树大荫死百草，根多吃瘦浮泥

树怕伤根，山怕剥皮
东家种竹，西家出笋
小猪要游，大猪要囚
一㓾二补三打铁
千把锄头万把锹，当不得懒牛婆伸下腰
牛过惊蛰马过社
歪树直木匠
破篾无法，一退三拉
吃饱饭，打饿砖
飞打嘴，站打腿
鱼有鱼埠，虾有虾路，黄鳝泥鳅共条路
天下大旱，道州得半
吃了清明酒，工夫不离手
肥田不如肥秧，肥崽不如肥娘
砍柴莫砍蔸，断粮莫断种
宁可问仓门，不可问秧门
插田无空婆，割禾无空箩
浅水插田，寸水活蔸
猪要早㓾，田要早薅
七长藤，八长薯
地肥萝卜大，土松红薯多
雷打清明前，洼地不种田；雷打清明后，洼地种黄豆
早起三光，晏起三忙
插田莫躲雨，打禾莫躲荫
雨落同同转，不落零陵县
干死福田洞，饿死永州人
蛇有蛇路，蜗有枴路
宁量胡子翁，莫量鼻涕公
话过三人无真，水过三丘有失

人无理讲蛮话，牛无力拖横耙
不生崽不知肚子疼
人多话多，鬼多卦多
男人十五，穿州过府；女人十五，当家做母
烂麻搓绳拉不断，毛竹成捆压不弯
宁交双脚跳，不交眯眯笑
告发打告发，伙计吃伙计
见个和尚发份斋
小孩子莫逗，卵睾子莫抠
宁穿破头衣，莫说过头话
看人讲话，看鬼打卦
一菜难合百人意
套住牛，好筛角
雾露无根话无把
好话百句不嫌多，丑话一句抵一箩
骂儿伤母，打狗欺主
蠢子爱笑，蠢狗爱叫
破竹竿一肚水，破棺材一肚鬼
共塘漏，共牛瘦
受了卖糖公公骗，至今不信口甜人
撩事惹蜂，十有九凶
永州的龙船，各划各的
捉个跳蚤也要打点口水
甜李子不开花，苦李子打巴巴
木匠师傅无凳坐，铁匠师傅斧无角；剃头师傅毛撮撮，篾匠师傅滚草窝；卖油娘子水梳头，师公屋里鬼唱歌。
狗咬烂衣人
有钱王八大三岁
富人养娇子，穷人当牛使

冷莫吹风，穷莫借债
人强鬼挑担，时衰鬼弄人
菩萨越敬越拿人
大麻怪吃小麻怪，小麻怪吃虾崽崽
和尚赚钱，木鱼呷亏
懒人逗骂，烂衣逗挂
仙人打个指，凡人累得死
发财有人凑斗，背时有人拨篓
老人不讲古，后生失了谱
有钱的巷口，无钱的汉口
大脚穿大裤，大户对大户
四山瘟神，最怕蛮人
老虎来了没得　子
河边徕崽不怕水，山里来崽不怕鬼
贼牯子经得打，叫花子经得饿
肉斋骨头鱼斋刺，鸭蛋鸡蛋斋壳子
人高好过江，人矮好抬丧
蚂蝗听水响，叫花子听鼓响
师公多了葬坏坟
道州徕崽靠手勤，七山一水分半田
三个秀才讲书，三个屠夫讲猪
鼓空声高，人狂话大
无江西不成口岸，无祁阳不成戏班
祁阳女子零陵汉，零陵女子出臭汗
打不过东安，唱不过祁阳，巧不过零陵，蛮不过道县
唐半州，何半府，蒋半县
五月五，龙船下水打烂鼓
讨米讨得久，总有日子碰到做大酒
三岁牯牛十八汉，背起牛轭扯断绊

先有瑶，后有朝
塘里麻怪塘里好，井里麻怪井里好
送得田和土，送不得妻和祖
叫花子留不得隔夜米
歪树怕了直木匠
一个跳蚤顶不起被窝
前头打了芒种鸟，后头丢了老鸡婆
抓牛抓角，抓猪抓脚
月光再亮，晒不干谷子
家里打车，路上合辙
看到屋，走到哭
巴掌煮不得饭，灯草试不得火
毛毛细雨打湿衣
齐心的蚂蚁吃角鹿，合力的喜鹊赶老虎
一样米养百样人
尿脬吊大无斤两，秤砣虽小压千斤
条牛个崽江边田
抽尿逗出巴巴来
扁担无札，两头刷把
六月扇子莫借人
雷公不打吃饭人

二　歌谣

点点扳扳

点点扳扳，脚踩槛杆。槛杆白蔸，两会张口。
青布蓝布，月亮染布。大的跑马，小的出路。

带小弟

小弟小弟，带你看戏，我吃瓜子，你吃屁。
我坐板凳，你坐地！

荡千秋

两老庚，荡千秋。
秋千摆，秋千摇，摇出三斤苞谷酒。
你喝口，我喝口，一路喝酒下梧州。
梧州有条跛脚狗，把那老庚咬两口。
老庚老庚莫发恼，砍斤猪肉补伤口。

拉锯

扯锯，截锯，筛棵大树，砌个牛栏；
牛栏倒了，挑起鼎锅趴锅跑了；
跑到七栏铺，煮酒磨豆腐，杀猪吃肢肉！

车水

车水，干塘，捉个鲤鱼担杆长。
留大边拌鲊吃，留小边，讨婆娘。
讨个婆娘倔又倔，做双鞋子半个月。
新穿三年，旧穿三年，
补补纳纳，又是三年。

打掌

打掌掌，卖糖糖。唆花狗，咬姑娘。
咬到姑娘脚，冇去钱，冇去药，留到花狗赔臭脚。

巴背

巴巴背，酒酒醉。醉着了，床上睡。

烤火歌

火烟烟，不烟我，我是天上梅花朵。
鸡破柴，狗烧火，猫崽煮饭笑死我。
猴子挑水哆嗬哆，老虎背凳等客坐。

麻怪歌

麻怪叫吼吼，车水打秧丘。
你把田我种，我把租你收。
我吃白米饭，你吃粗糠头。
我吃红牙筷，你吃高粱球。
我吃红花碗，你吃木蔸蔸。

鱼狗鸟

鱼狗鸟，背上青。猪屎鸟崽做媒人，
阿姐阿爸莫嫁我，烧火煮饭也要人。

燕子鸟

燕子鸟，穿红鞋，妈妈骂我逗客来。
我不逗她她不来，要你门槛底下起青苔。

羊牯咩咩

羊牯咩咩，笑煞亲爹。
亲爹问我几岁，我和亲爹同岁。
同把刀，砍柴烧；同把斧，砍老虎；
同条牛，犁大丘；同条马，走衡州；

衡州路上一朵花，摇摇摆摆走亲家；
亲家门口一丘塘，放起草鱼蛮蛮长；
大的吃了做事去，小的吃了送姑娘；
姑娘姑娘你莫哭，到了青山是你屋；
姑娘姑娘你莫笑，到了青山是你庙。

倒歌

唱倒歌，唱倒歌，鸽子进燕窝；
鸡蛋碰烂石头角，老鼠咬了猫儿脚，
板凳爬上墙，磨子飞过河；
先生我，后生哥，妹妹先把十岁过；
生我妈，我打锣；生我爹，我抬盒；
我往外公门前过，看见舅舅摇外婆。

怪歌

好久没唱怪怪歌，牛生蛋来马生角；
茅草窝里鱼打籽，清水塘里鸟絮窝；
好久没唱怪怪歌，鸭上树来鸡下河；
老鼠出洞追猫仔，日头西出东边落；
好久没唱怪怪歌，乌龟生毛鱼生脚；
鸡婆上山追野狗，麻怪咬蛇倒转拖。

月亮光光

月亮光光，月亮球球；
东门徕崽养水牛，
水牛过沟，踩死泥鳅；
泥鳅告状，告到和尚；
和尚念经，念到观音；
观音戽水，戽到海鬼；

海鬼摸鱼，摸到团鱼；
团鱼屙个饽饽蛋，
拿给癞子脑壳送冷饭。

茅草窝窝

茅草窝窝，架个鼎锅。
猫崽吃饭，老鼠唱歌。
唱个什么歌，唱个乡里李大哥。
他在外面做什么？他在外面讨老婆。
有钱讨个花花姐，没钱讨个癞子婆。
癞子婆，偷米养鸡婆。
鸡婆不屙蛋，气得癞子婆婆不吃饭。

波罗枴

“波罗拐，巧徕崽，
一毛钱，敲点宰。”
“徕崽巧，徕崽巧，
一毛钱，想七饱。”

腡歌

一腡穷，二腡富，三腡四腡磨豆腐；
五腡六腡挑油箩，七腡八腡，骑马过河；
九腡十腡，银子打秤砣。

拜年

初一崽，初二郎；初三初四拜舅娘；
初五初六拜姑姑，初七八九拜朋友。

铁匠歌

铁匠难打钓鱼钩，木匠难造吊脚楼；
瓦匠难烧透明瓦，世间万事难开头。

插田歌

四月插田行对行，插个大行对小行。
插个月亮配星星，插个小妹配情郎。

劁猪歌

洗手洗手，罐子熬酒，
先熬糊酒，后熬烧酒。
好酒熬一壶，猪长三百六。
过了我的刀，长起楼子高，
过了我的手，长到九百九。

讨亲要讨大脚婆

砍柴要看蕨拉禾，讨亲要讨大脚婆；
大脚婆来哪些好？天晴落雨打赤脚。

一条大路起灰尘

一条大路起灰尘，帽子遮面不遮身；
遇见情妹不好喊，假装痨病咳半声。

妹吃丝瓜想情郎

小小园地一堵墙，丝瓜苦瓜种两厢；
郎吃苦瓜苦想妹，妹吃丝瓜想情郎。

棒槌捶在石板上

哥在高山妹在岸，妹在河边洗衣裳；
棒槌捶在石板上，只怪妹妹心想郎。

盼郎归

一根丈带十二围，哥出远门几时回？
堂屋梳头出眼泪，江边挑水忘记回。
酿起好酒走了味，挂起腊肉起了霉。

劝学

读得书多顶大丘，不种田地自有收；
日里不怕人来借，夜里不怕贼来偷。

夫妻互怨

妻：水桶打箍箍打箍，前世没嫁好丈夫。
早晌起来无米煮，夜里没有好床铺。
夫：新打镰刀两面光，前世没讨好婆娘。
脱了衣衫她不洗，洗了衣衫她不浆。

打烂米缸瓦渣多

打烂米缸瓦渣多，我那家娘好辣货；
一家都吃白米饭，我只吃点黑焦锅。

撒床歌

砖板墙，石灰墙，绿绸门帘五尺长。
往里看，真是乖，四块金砖垫床脚。
撩开门帘进房来内，捧起银盆我撒床：
第一把撒得连生贵子，第二把撒得金玉满堂；

第三把撒得三元及第，第四把撒得四时如意；
第五把撒得五子登科，第六把撒得儿女双全；
第七把撒得七子团圆，第八把撒得白头偕老；
第九把撒在床里边，养个儿子做大官；
第十把撒到床外边，生个贵子中状元。

单身歌

单身公，是神仙，
一筒米，三个尖尖；
扯床被子，垫一边盖一边；
杀个鸡，四脚周全；
斫斤肉，这边翻到那边；
若不病倒，喊茶喊水到河边；
上午死，下午葬，
鼎锅趴锅谢和尚。

附录二　研究论文

湖南永州方言“的话”的特殊用法

（一）否定功能

永州市位于湖南省南部，湘江上游，市区辖冷水滩和零陵两区。两区东邻祁阳，南界双牌，西连东安、广西，北接祁东县，境内方言为西南官话，部分乡镇也通行土话。在永州方言中，“的话”既可作假设助词，也可作话题标记，这两种用法与普通话相似。略举两例：

（1）你要是来的话，早点咖子来。

（2）小王的话，让他当个科长还可以。

永州方言中“的话”的上述两种用法在汉语方言中也比较常见。

永州方言中“的话”还有一种比较特殊的用法，即在对话中用来否定对方的观点。如：

（3）A：你结婚太早了吧？　B：早的话。

（4）A：那个赖崽蛮显火。　B：显火的话。

（5）A：我要像你那么漂亮就好咖了。B：我漂亮的话！

（6）A：你给咖一百块钱他啊？　　B：我给咖那么多的话。

这里的“的话”没有后接小句，当然不是话题标记或表假设的助词。在读音上，表否定的“的话”要重读，与表话题标记、假设的“的话”的非重读明显不同。

在永州方言中，如果不用“的话”来否定对方的话，也可以用以下 C、D 两种方式，如：

（7）A：多穿块衣裳就不冷了啰。　B：不冷的话。

C：哪么不冷咧？　D：?还是会冷。

（8）A：那个人当真蛮倒霉哎！　B：他倒霉的话。

（9）C：他有什么倒霉的？　D：?他一点都不倒霉。

例（7）、（8）中以 B、C 两种回答方式比较常见，其中 B 使用频率最高，很少用 D。因为根据当地人的语感，用 D 回答给人的感觉是说话者态度生硬，而 B、C 两种方式则比较委婉。

"的话"出现在句子末尾，如果把"的话"的附着对象设为 X，那么在永州方言里 X 既可以是一个词，也可以是各类短语，甚至是一个比较长的句子。例句（3）X 为一个词，意思是不早了；例（5）也可以说成"漂亮的话"；（4）X 是动宾短语，意思是那个男孩没什么本事；（5）X 是主谓短语，是对别人赞扬的一种客套话，意思是我不漂亮；（6）意思是没有给一百块那么多。"的话"前面无需"如果"、"假如"等假设连词的配合，后边也无需后接小句，意思完全自足。但有时候为了强调说话人 B 的观点，也可出现后接小句。如：

（9）A：小王干得蛮好。　B：干得好的话。来都没来。

（10）A：你好像不那么怕他。　B：我不怕的话。怕死咖了。

（11）A：你看到我哪么不喊我嘞？

B：我没喊你的话。你提起菜走咖了。

（12）A：你到底有没有证明？　B：没有的话。这是什细？

但这个后接小句不是前面句子假设情况的结果，而是对 B 的否定意见的进一步说明。如（9）是说小王干得不可能好，因为他来都没来；（10）表示不仅怕，而且在怕的程度上作了强调；（11）的意思是我确实喊了你，可是你没听见。可见"的话"的后接小句是对 B 的补充，为否定 A 的观点提供证明。

"的话"在篇章中具有关联功能，起连接前提句和结果句的作用。当"的话"所关联的句子提出与前述成分相反的前提及其相应结果时，则成为所谓的"逆指性衔接"。如：

（13）车头已经拉响汽笛，准备启动，阿宝满头大汗，心都急得跳出来，再也找不到那位不知姓名的姑娘；要是知道的话，也可挨着车皮喊叫。（李国文《危楼记事》）[①]

永州方言“的话”也是直接否定前述成分，与前句的语义相反。但与“逆指性衔接”又不完全相同，因为普通话中逆指性衔接常需要“不然”“否则”等逆转连词配合，且后接小句是在前提句假设情况下出现的结果。而永州方言无需逆转连词配合，后接小句也不必需；即使出现，后接小句也不是前句的结果，而是对前句的进一步否定。如：

（14）A：你吃的是苹果。B：苹果的话，是凉薯好不好！

例（14）B 的意思是“吃的不是苹果”。如果按照普通话的语义，在“苹果的话”后边应该接“那就太美了”之类的话，但永州话后接句是对“不是苹果”的进一步证明。而且 B 的后接小句可以直接否定 A 的观点。如例（14）可改成：

（15）A：你吃的是苹果？B：是凉薯好不好！

从来源上看，永州方言“的话”的否定功能应是从表假设的助词逐步虚化而来。例（16）~（18）代表“的话”从假设到否定的三种不同情况（上文例 12 和例 17 属两可情况）：

（16）A：听讲明朝要落雨了。

B：（要是）落雨的话，我们就克不成了。

（17）A：他两爷崽像死了火。

B：（他两爷崽）像的话，老李两爷崽还像些。

（18）A：男崽女崽都回来咖了。B：回来的话。

例（16）“的话”表假设，后接小句是假设情况出现后的结果；例（17）的 B 则可以理解为两种意思：一是假设，即如果说他父子俩像的话，那么老李父子更像；另一种是否定，意思是他父子俩不像，反而是老李父子比较像。“的话”在此进一步语法化为虚拟语气词，而虚拟本身就隐含有否定的意思。如果“的话”小句所含的虚拟语气很明显，说话人认为结果不言自明，这种情况下就可能隐去结果句，同时加重“的话”的读音。久而久之，“的话”就获得了否定功能和结句功能，成为例（18）的用法。永州方言“的话”的语法化过程与陕北沿河方言的虚拟语气词“时价”非常相似。②

“的话”表示否定的用法在永州市辖的两个区比较常见，与零陵区交界的双牌县北部以及与冷水滩相连的祁阳县、祁东县的部分乡镇也有分布。但同属西南官话永郴片的东安、道县、江华、新田、宁远、郴州等地都没有这种用法。

（二）语气词功能

永州方言中的“的话”还有另外一个功能，即作为语气词放在句子的末尾，意思相当于普通话的“罢了”或“而已”。如：

（1）A：今年不回屋里过年？B：太远了，没得办法的话。

（2）你们单位领导我认得几个，麻烦的话。

（3）他嘴里那样讲的话。

例（1）意思是“心里也想回去，只是没有办法罢了”，有一种遗憾的意味；例（2）意思是我认识你们领导，不找他们是嫌麻烦而已；例（3）意思是“他嘴里那么说而已，但心里可能不是那么想的”，包含让步的语气。

需要我们注意的是，相当于“罢了”或“而已”的“的话”在语音上要轻读，表否定的则重读，二者形成强烈反差。同一个句子重读与非重读意义差别很大，如例（2）重读意思为“我认识你们单位领导，解决这样的事情一点也不麻烦”，例（3）重读则是“他嘴里没有那样说”，意思与轻读相反。

从句法环境上看，“的话”和普通话的“罢了”、“而已”基本一致，可以出现在形容词、动词短语、数量短语或小句的后边。如：

（4）好什细，一般的话。

（5）没的什么别的意思，我问一下的话。

（6）谢什细，一餐饭的话。

（7）他显火什细，老子是局长的话。

但与普通话中的“罢了”也有不同：当前后两个分句的意思出现转折

时普通话中“罢了”常与“不过”、“无非”、“只是”等词语前后呼应，而永州方言的“的话”则不需要，如果用了反而觉得别扭。试比较：

（8）这件衣服很好看，不过有点贵罢了。（普通话）

（9）这衣裳好看蛮好看，贵了点的话。（永州话）

“罢了”主要是用在陈述句尾，表示如此而已，有“把事情往小里说”的意味（吕叔湘，2001）。太田辰夫（1987）认为，近代汉语中的“罢了”主要有两个用法，一个是表容忍义，表示“尽管这样，也没有办法”、“勉强可以”等；一个是表估计过低，用谨慎、轻微的口气说某一件事情，把它称为限制语气，同时还指出“罢了”根据场合的不同而带有轻视、让步、谦逊等语气。永州方言“的话”有与此相同的一面，如：

（10）这次检查只是督促一下的话，没得别的意思。

（11）我估计也就是一千多块钱的话。

（12）（买熟人的东西，卖者不要钱，买者一定要给）买者：少了点的话。

但是，永州方言中的“的话”不一定拘泥于上述语义条件，也可以是把事情往好了说、往大了说，表达一种积极的、正面意思，不再局限于“把事情往小里说”。如：

（13）（镜子前面的灯）装起好看的话。

（14）今朝天气蛮好的话。

（15）（停车时没有停在另一车的后面）这当可以停，讲点道德的话。

例（13）意思是镜子前面装个灯好看点；例（14）是今天天气比较好，从语义上看，两个例子“的话”前成份都表示正面的意思，显然没有“容忍”或限制语气。例（15）似乎既可以理解为语气词“罢了”：不停这里是因为我讲道德，也可以理解为假设助词：这里原本可以停，但是如果讲道德就不停这里了；前一理解方式更符合本地人语感。“讲道德”也是积极、正面的意思。

永州方言中相当于“罢了”的“的话”应是从表假设的助词“的

话”虚化而来。“的话”原本是用于条件分句，假设某种情况。如果主观上希望发生的事件没有发生，那么在心理上就有些许的遗憾，逐步形成了表示遗憾的虚拟语气。由于分句所含虚拟语气十分明显、强烈，当说话人认为结果自明或不便明言的情况下，则可能隐去结果分句，“的话”就出现在句子末尾，占据了句末语气词的位置。同时“的话”所表达的这种心理遗憾与普通话中“罢了”的语义特征非常相似，因此永州方言中“的话”就获得了类似普通话“罢了”的功能。

由于进一步语法化的作用，永州方言“的话”意义更虚，出现的语义环境更加宽泛，不再局限于消极负面的意思，也可以表达积极正面的、“把事情往好了说”的意义，如上例（13）~（15）。这样，永州方言中“的话”的使用范围比普通话中的“罢了”更大，也更自由灵活。

（前半部分以《湖南永州“的话”的否定功能》
为题发表在《中国语文》2012年第1期）

湖南永州方言否定词“很”的形成与语言的横向传递

所谓方言的历史层次，是指不同历史时期产生、不同来源的语言成分在同一方言共时平面上迭置的现象。语言可以分成语音、词汇、语法三个系统，因而语言成分的迭置在这三个系统中都有可能发生，一些学者对此早有论述（王福堂2007；王洪君2006）。但从目前汉语方言研究成果来看，对语音系统的历史层次关注较多，但语法历史层次研究鲜有人涉及，目前可见的文献仅有《吴语语法的历史层次迭置》（游汝杰2005）等少数几篇。

汉语南方方言在形成过程中，汉语与南方少数民族语言深度接触，不同来源的语言成分迭置的现象随处可见。由于语言接触而导致的语法手段的借用或渗透、规则的改变、系统和结构的变化也常有发生。本文以湖南永州话中的否定副词“很”［xə̃⁴⁴］为例，说明不同来源的语法成分在方言中迭置的现象。

一　永州话否定副词“很”的用法

湖南省永州市位于湘江上游、湘水与潇水汇合处。境内通行湘语和西南官话，部分乡镇讲土话，方言情况比较复杂。

永州话中，表否定的副词除了常见的“不”“莫”“没”“没得”“没有”等几个以外，还有一个“很”［xə̃⁴⁴］也可以表示否定。“很”的功能与“不”大体相当，常可通用，但二者出现的句法环境也有不同之处。下面分别描写“很”与“不”的用法：

（一）永州话“很”的用法

永州话中的“很”是一个表示否定的副词，可以出现的句法环境如下：

A. 主＋很＋是＋……。主语可以是代词、名词、名词短语。“很”放在“是”前面，表示对事物归类、特征、领属等的否定。比如：

（1）他很是教书的。

（2）他很是张局长。

（3）那个女的很是双眼皮。

（4）那间子房子很是他屋里家。

（5）今天去上街很是好事。

（6）他那天看到的是老王，很是小唐。

B.（主）+很+动词。放在动词前面表示对主语动作行为的否定，主语不言自明的时候往往可以不出现。比如：

（7）你出去专门很关门的。你出去总是不关门。

（8）吃烟和吃茶都很准。吃烟喝茶都不允许。

（9）问咖半天都很讲。问了半天都不说。

（10）（我）很坐，回屋里家去了。

C. 主+很+动宾短语。表示对动作行为、主观意愿的否定。比如：

（11）他很想吃饭。

（12）你很找我钱啦？你不找我钱啦？

（13）我很到他屋里家里去。

（14）小贝很敢惹那倈崽男孩。

当动词为“想”、“晓得”等表示心理活动的词时，后面可以接主谓结构。比如：

（15）我很想他来。

（16）他那天没在，很晓得事情是哪么样的。

D. 主+很+性质形容词。表示对事物性质的否定。比如：

（17）你那女崽很差火，蛮精明的！你那女儿不傻，挺精明的。

（18）那当很干净，漤水得很。那里不干净，脏得很。

（19）饭很烫，可以吃了。

（20）那当那里很远，走一下就到。

F.“很”与“得”组成凝固结构“很得”，表示不会或不可能发生某事。比如：

（21）他很得去，懒死咖了。他不会去，懒死了。

（22）衣裳很得干，天天落雨。衣服不会干，天天下雨。

（23）我很得上街，这个月钱用完咖了。我不会去上街的，这个月钱用完了。

G. 动词 + 咖 + 就 + 很 + ……。“就”前表假设，“就”后表结果。比如：

（24）晏咖就很好了，我们快点咖仔走！迟了就不好了，我们快点走。

（25）剩咖就很好吃了，多吃点。剩了就不好吃了，多吃点。

F. 很 + 能愿动词 + 动词 + 就 + ……。“就”前面表示假设，后面表示结果。比如：

（26）很爱去就莫去。

（27）很想吃就莫吃。

在这个句式中，后面的“莫”与“很”功能不同，因此不能换成“很”。

G. 很是……就是……。表选择，与普通话“不是……就是……”相当。比如：

（28）很是你就是他，反正跟我没的关系。

（29）小张很是汉族就是瑶族。

在永州话中，以上这些用“很”表否定的句子，同样也可以用“不”，替换后意思没有变化。

（二）“很”与“不”的比较

与“不”相比，永州话的“很”出现的句法环境受到一定的限制。根据《现代汉语八百词》所列条目，以下这些情况永州话可以用“不”，但不能用“很”。

A. A 不 A（A 为动词或形容词）。肯定与否定相重迭的格式，永州话要用“不”，不用“很”。比如：

（30）你到底去不去的？

（31）锅子里头还有不有饭？锅里还有没有饭？

（32）不管明朝明天落不落雨，都要去。

（33）吃咖饭再去要不要得？吃了饭再去可不可以？

B. “不”可以放在动结式、动趋式复合结构的两部分中间，表示不可能，与表示可能的“得”相对。“很”没有此功能。比如：

（34）你莫叫，你搞他不赢的！你别喊，你搞不赢他的。

（35）这点事情你都做不好啊？

（36）他讲什细我晓不得。他说什么我不知道。

（37）个东西我提得动，他提不动。

（38）我吃了那么多了，吃不下去了。

C. 固定格式如“不A不B”“半A不B”“不+蛮+……”等只能用“不”，“很”不能出现在这样的格式中。比如：

（39）今天的米饭不软不硬，刚好。

（40）她不胖不瘦，身材蛮好。

（41）你那个菜炒得半生不熟的，哪么怎么吃嘞？

（42）小王今天心情不蛮好，走咖了。小王今天心情不太好，走了。

D. 习惯用语如“不打不相识”“不得了”“算不定说不定”等中不能用“很”。比如：

（43）好也好得不得了，坏也坏得不得了。

（44）算不定明朝要落雨。

E. “不”可以出现在祈使句，表示禁止，“很”不能。比如：

（45）不要讲那些没的用的，好好做事！

（46）你不要管他，最不听话！

句中的“不要”也可改为“莫”，表示禁止，但不能说成：

（47）*很要讲那些没的用的，好好做事！

（48）*很管他，最不听话！

另外，与汉语普通话的“不”相比，永州话的“很”不能单独用来回答问题，如果用来回答问题，则需要在后面接其他成分。比如：

（49）你去上街吗？不，没什么要买的。（普通话）

（50）*你去不去上街？很，没得什细买的。

（51）你去不去上街？很去，没得什细买的。

也不能像普通话的“不”那样出现在句子末尾，比如：

（52）你今天去上课不？（普通话）

（53）＊你今朝去上课很？

对应的要说成：

（54）你今朝去不去上课？

虽然表示否定的副词“很”与程度副词“很”同音，但二者不会混淆，因为在永州话中，表示程度高时一般用副词“蛮”，程度极高用“死了火”等短语表示，不用程度副词“很”。如果用“很”，则“很”出现在“得”字后面作补语。二者句法位置不重合，因此不会混淆。比如：

（55）你搞得蛮好！

（56）他的手蛮灵巧，画起蛮好看。

（57）他走起快得很。他走得很快。

（58）他打牌赢咖了，手气好得很！

二　永州话否定副词“很”的来源

在南方方言中，当“不”讲的语素读成鼻音自成音节是很常见的现象。如吴语的温州话读［m̩］、［n̩］。闽语的厦门读［m̩］、［ŋ̍］（m̩，n̩）；泉州、漳平读［m̩］。客家话的增城程乡写成“呣”，读［m̩］；增城常宁写作“嗯”，读为［ŋ̍］；梅县写作“唔”，读为［m̩］；于都写作“唔”，读为［ŋ̍］。土话中很多方言点也读为鼻音，如粤北乐昌土话写作“唔”，读为［ŋ̍］或［m̩］；湘南土话的宁远张家读为［ŋ̍］、蓝山新圩镇为［n̩］、宜章赤石、资兴兴宁为［ŋ］；桂阳六合土话写作“唔”，读为［ŋ̍］；邵阳话写成“嗯”。

与上述方言一样，永州话的否定副词“很”早期读音很可能也是［*ŋ̍］或［*n̩］。永州话前后鼻音不分，通常记为［*n̩］；同时，文读为零声母的音节，白读常前加［x］声母，如“网、惘”白读为［xuãn^{53}］，“窝”文读为［o^{44}］、白读为［xo^{44}］，“碍”读为［xæ^{24}］，所以否定词［*n̩］受到上述语音变化规则的控制，发生如下变化：［*

n̩］前面加一个［x］，变成［*xn̩］；增生一个央元音，变成［*xən］；然后韵母变成鼻化韵。其完整的语音演变过程是：*n̩→*xn̩→*x^{ə}n→*xən→xə̃。

表否定的语素读成自成音节的鼻音在南方方言中很常见，但不见于北方方言。沈钟伟（2015）认为鼻音自成音节的现象与苗瑶语有关。勉瑶语、标敏瑶语中“不”都读成［n］或［m］。如（材料引自《苗瑶语方言基本词汇集》，声调略）：

	不（去）	不（太）好	不然	不必	不要（走）
勉瑶语	n	n naŋ	n ʦei	n ʦu	n loŋ
标敏瑶语	m	n taŋ	n təi taŋ ʨiɛ	— — —	n nɔŋ

拉珈语中也有两个与“不”相当的表否定的副词，一个读［ŋ］，一个读［hwãi］。

从语法功能上看，勉瑶语（大江坪）否定副词［n̩］可以出现的句法环境要比永州话的“很”更加宽泛。以下句型中，永州话只能用“不”不能用“很”，但勉瑶语用［n̩］：

（59）lei^{4} toŋ^{2}ʦei^{5} ʦei^{5} n̩^{5} ʦei^{5} sai^{1} tje^{5}？

李　同志　是不是　师傅？

（60）phuːi1 n̩^{5}tu^{7}　　ʥaːu^{5} n̩^{5} tu^{7}　　mwo^{7} n̩^{5} tu^{7}

晒　不得　　洗　不　得　　挖　不　得

（61）ʨiːm^{2} ʦaːŋ^{6} sou^{3} ʨen^{3} tau^{2} n̩^{5} ɬaŋ^{1} n̩^{5} ai^{3}ɲei^{1} mien^{2}。

山　上　站　着　个不　高　不　矮　的　人。

（62）je^{1} n̩^{5} liu^{4} ʦje^{7} tu^{7} nen^{2} je^{1}bwo^{1} ha^{6}ʦei^{4} i^{1} mwo^{4} lɛ^{8}。

我　不仅　认得　他　我们　还　是俩兄弟呢。

（63）n̩^{5} ʦun^{3} bo^{7} mjen^{2}！

不准　打　人！

以上分析表明，永州话的“很”应是从勉瑶语的否定副词［n̩］通过一系列音变而来。“很”早期能够出现的句法环境与瑶语一样，后来由于官话方言的强势入侵，当地人在从少数民族语言转用汉语的过程中，部分句法环境中的“很”采用了官话的形式，而在另外一些句法环境中则依然保持瑶语的用法，形成了不同历史层次迭置的局面。

三　“很”历史层次形成的其他证据

（一）人文历史背景

古代南方居住各种少数民族。蛮或百越（粤）是常用的概括性称呼。（沈钟伟，2015）《汉书·地理志》注引臣瓒曰：“自交趾至会稽七八千里，百越杂处，各有种姓。”历史材料表明，早在汉人进入这些地区以前，这些地方的少数民族农业比较发达，人口已经相当可观。

湖南曾经有古百越人的分布，学者也早有论述。傅举有（1982）认为“湖南古代的大部分地区尤其是湘南地区，是经过越文化的一支——杨越文化，再向楚文化发展的。”《后汉书·南蛮列传》“吴起相悼王，南并蛮越，遂有洞庭、苍梧。”“苍梧”即今天距离永州不远的宁远九嶷山一带。大量历史记载表明苗瑶族先民曾经在永州地区活动。在记录湖南蛮叛历史的古籍中，曾多次提到零陵蛮、桂阳蛮、长沙蛮、盘瓠蛮等。古代的“零陵”范围虽然比现在的大，但核心地区是湖南南部无疑。苗、瑶、畲三个民族正是从“盘瓠蛮”分化而来。

操不同语言的人们在同一地区长期共存、文化互动，语言也不可避免地发生相互影响，并在对方的身上留下接触的痕迹。陈忠敏（1995）在考察了汉语南方方言里先喉塞音的分布状况以后，认为广泛分布于长江以南方言里的先喉塞音是古百越语的底层残留。邓晓华（1999）发现客家话中最基本的68个特征词中有三分之二的词的音义形式与苗瑶语更接近，所以他认为客家话是壮侗语、苗瑶语和北方汉语深度接触互动的结果，而不是传统认为的客家话是中原汉语南迁的延续。沈钟伟（2015）对比了吴语、湘语与苗语，粤语与壮语的语音系统，发现两者之间一些重要语音特征极其相似。而这种罕见的语音特征不可能是平行发展而来，只能是语言接触的结果。结论令人信服。

同样，在包括永州在内的湖南南部地区，由于少数民族的长期滞留，汉语不可避免地与民族语言接触而相互影响，方言中存在大量的不同来源的语言层次自然很容易理解。

（二）语言接触的证据

语言是人类最重要的交际手段。历史上北方汉族移民到达南方少数民族居住的地方以后，两者之间的交流难以避免。在相互的交流中，汉语和当地语言形成双语状态，出现双语社团。“在一个双语语言社团形成之后，语言 A 和语言 B 之间会出现各种复杂关系。如果语言 B 在政治、经济、文化上都有权威性，就会形成双语社团中说语言 B 的人数增加，说语言 A 的人数减少。语言 A 逐步向语言 B 转换，形成语言 B’。”（沈钟伟，2015）B’继承了语言 B 的大部分特点，但同时也有语言 A 的特点。

在语言接触中，词汇是语言系统中最活跃的部分，两个语言接触的最初阶段一定是互相吸收对方的词语来丰富自己的语库。永州话中就有一批这样的“底层词”。如蛙类在永州及周边方言中叫“麻蜗”或“蜗”，这个读音形式与苗瑶语很接近。试比较（声调略）：

	永州话	标敏瑶语	川滇黔苗语	布依语	毛难语	仫佬语
蛙	ma kuai	ma kuai	qua	tu kwe	kwai	kwai

可见，永州话与标敏瑶语的读音完全一致，与其他几个的词根很像。永州话中表示“地方、地点”的词写作“当”，音［taãn］，“这里、那里”说成“这当、那当”；同样的意思在勉瑶语说成［tɔːŋ］、标敏瑶语［la ȶɔ］。“虾”永州话说成“虾公”，标敏瑶语为［kha kɔŋ］、黔东苗语为［kaŋ khoŋ］。永州话把植物的果实叫［po po］，如桑葚叫“桑叶 po po”、枞树果叫“枞树 po po”，勉瑶语的水果读为［pjou］，意义相合，语音也存在对应关系。

语言浅层次接触阶段会发生词汇的借用。当双语社团长期保持，两种语言发生深度接触，双语人会发生语言转用干扰的现象，包括语音、音系、句法以及形态成分在内的特征都会相互借用。（吴福祥，2007）

沈钟伟（2015）认为，吴语、湘语的元音系统与其他方言不同，其元音舌位的高低可以有四度区别，与苗语一致，而与官话的三度区别不同。永州话和勉瑶语一样，元音也有四度区别。试比较：

湘西腊乙坪苗语			永州方言			大江坪勉语		
i		ɯ, u	i, y		ɯ, u	i		u
e	ə	o	e	ə	o	e	ə	o
ɛ		ɔ	ᴇ			ɛ		
a ɑ			a			a		

永州话中存在古帮并母今读零声母、端定母今读［l］声母的现象，如永州（邮亭圩）：牌［uai^{33}］、稗［uai^{24}］、皮［uei^{33}］、枇［uei^{33}］、被［ui^{33}］、备［uei^{24}］；队［luei^{24}］、弟［li^{24}］、题［li^{33}］、代［lai^{24}］台［lai^{33}］。岚角山土话（李星辉 2003）也有类似现象，如：婆［vu^{11}］、排牌［va^{33}］旁［vo^{11}］刨［vo^{35}］背诵［ve^{35}］蛋［lo^{53}］。另外，在相距不远的江永、江华、道县、新田、双牌等地，端组声母读成声母［l］的现象也非常普遍。陈忠敏（1989、1995）认为是先喉塞音演变的结果，是古百越语底层残留现象。

语言 A 和语言 B 长期而深入的接触后，语法结构也会相互借用或渗透。接触后形成的语言 B'，语法结构以语言 B 为主，但其中也夹杂着语言 A 的一些规则和特征。

汉语的名词性短语句法结构与苗瑶语不同。汉语表属性的名词定语在名词中心语之前，而苗瑶语则相反，名词中心语在前、定语在后。永州话表示动物性别的短语是“中心语＋定语”的结构，显然是受到苗瑶语的影响。例如：

炯奈语	ȵɔ^{33} kei^{33}	mpei^{35} mai^{43}	kai^{44} kɔuŋ^{35}	kla^{53} mai^{43}
	牛 公	猪 母	鸡 公	狗 母
勉 语	ȵuŋ^{31} kɔŋ^{33}	twə^{35} kau^{35}	tɕi^{33} kɔŋ^{33}	klu^{35} kau^{35}
	牛 公	猪 母	鸡 公	狗 母
永州话	niəu^{22} ku^{53}	ʧy^{22} bo^{44}	ʧi^{44} kõŋ^{35}	kəu^{53} bo^{44}
	牛 牯	猪 婆	鸡 公	狗 婆

这种结构方式在永州一带的地名中也有反映，如鸡婆塘、鸭婆水、羊公滩等。

统计学语序共性显示，SVO 型语言程度副词与形容词的语序类型是 Adj + Dadv。苗瑶语、侗台语多数语言的程度副词与形容词的语序是 Adj + Dadv，汉语是 Dadv + Adj。永州话大多数情况与普通话一致，但也有 Adj + Dadv 的情况。如“很好”说成“好很”、“很冷”说成“冷很”。另外，永州话中表程度、方式的状语放在动词中心语之后。比如：“你先走”说成“你走先”、“我后走”说成“我走后”、“好好玩一回”说成“要一回好的”，与瑶勉语、布努语、拉珈语、侗语、京语一致。潘悟云（2004）认为这是百越语的语序特征的遗留。

永州话动词同时带宾语和补语时，补语在宾语之后，与勉瑶语、京语一样。如：

（64）永州话：我搞他不赢。我搞不赢他。

（65）勉瑶语：n̩^{42} te^{13} li^{13} m ^{44} l ^{33}。找他不到。找不到他。

（66）京　语：viu^{5} kan^{2} kəi^{1} suəŋ^{5}。攀树枝下。折下树枝。

永州话双宾句语序可根据动词的语义分成两种情况：动词表“取得”义时，直接宾语在后，间接宾语在前；动词表“给予”义，则直接宾语在前，间接宾语在后。勉语也是以直接宾语在前、间接宾语在后为常，偶尔有相反情况。如：

（67）永州话：老娘今朝给咖五百块钱我。妈妈今天给了我五百块钱。

（68）勉瑶语：fun^{2} sɛːŋ^{1} pun^{1} pwan^{3} sou^{1} ho^{8} sɛːŋ^{1}。老师给本书学生。老师给学生一本书。

（69）毛难语：man^{2} ʔnaːk^{7} lɛ^{1} ɦe^{2}。他给书我。他给我书。

以上所举的永州话的例子，与汉语普通话不同，而与南方少数民族语言一样。可见南方少数民族语言无论在词汇、语音还是语法结构上，都在永州话中留下了一些痕迹。

四　结语

在历史比较语言学的影响下，汉语研究者一般认为汉语方言是从古汉语分化而来，方言之间的差异是分化后各方言内部发展速度不同导致。由于受到这种“纵向传递”思想的支配，人们在解释某种方言现象时通常只是在汉语内部找原因，对外部因素考虑较少。

有些学者已经发现了“纵向传递”存在的问题，指出方言形成和非汉语影响有关（潘悟云，2004；陈保亚，2005；沈钟伟，2007）。汉族发展的历史是汉族和少数民族不断融合的过程，在这个过程中，语言之间必然产生相互的影响。沈钟伟（2015）认为，汉语方言是由于汉语传入不同地区后受到当地的语言或方言影响而形成，是一种“横向传递”的结果，形成的主要机制是“不完善的语言转换”。其对汉语方言形成理论的阐释对我们的启示是：从语言接触的角度解释汉语方言现象、从语言之间的相互影响找某个语言成分形成的原因，往往要比只关注某个方言内部的演变要有效得多。

永州话的否定副词“很”的来源再一次表明，在南方方言形成过程中，南方少数民族语言对汉语的影响不容忽视。不同历史层次迭置的现象不仅发生在语音层面，同样也会出现在语法结构上。

参考文献：

陈保亚．2005. 语言接触导致汉语方言分化的两种模式.《北京大学学报》2005. 2：43 – 50.

陈其光．2002. 语言间的深层影响.《民族语文》2002. 1：8 – 15.

陈忠敏．1995. 作为古百越底层形式的先喉塞音在今汉语南方方言里的表现和分布.《民族语文》1995. 3：1 – 11.

丁邦新．2007.《历史层次与方言研究》. 上海：上海教育出版社．

邓晓华．1999. 客家话跟苗瑶壮侗语的关系问题.《民族语文》1999. 3：42 – 49.

邓永红．2006. 湘南桂阳六合土话的否定词.《语言研究》2006. 2：81 – 84.

傅举有．1982. 关于湖南古代越族历史的几个问题.《百越民族史论集》133 – 148. 北京：中国社会科学出版社．

梁敏 . 1980.《侗语简志》. 北京：民族出版社 .

李锦芳 . 1990. 粤语中的壮侗语族语言底层初析.《中央民族学院学报》1990. 6：71 – 76.

李星辉 . 2004. 湘南土话和瑶语的接触与影响 . 湖南师范大学博士学位论文 . 2004.

李云兵 . 2005. 论语言接触对苗瑶语语序类型的影响.《民族语文》2005. 3：34 – 43.

罗杰瑞 . 1995. 建阳方言否定词探源.《方言》1995. 1：31 – 32.

罗昕如 . 2004. 湘南土话中的底层语言现象.《民族语文》2004. 1：20 – 25.

吕叔湘 . 1980.《现代汉语八百词》. 北京：商务印书馆 .

毛宗武 . 1982.《瑶族语言简志》. 北京：民族出版社。

欧阳觉亚等 . 1984.《京语简志》. 北京：民族出版社 .

潘悟云 . 2004. 语言接触与汉语南方方言的形成.《语言接触论集》. 中国社会科学出版社，298 – 318.

潘悟云 . 2009. 吴语形成的历史背景.《方言》2009. 3：193 – 203.

沈钟伟 . 2007. 语言转换和方言底层 . 载丁邦新编《历史层次与方言研究》106 – 134. 上海：上海教育出版社 .

沈钟伟 . 2016. Horizontal Transmission and dialect formation. 横向传递和方言形成 . Language Evolution and Changes in Chinese（eds. Weijia Zhang and Ik – sang Eom）. JCL Monograph Series No. 26.

覃远雄 . 2003. 汉语方言否定词的读音.《方言》2003. 2：127 – 146.

王洪君 . 2006. 文白异读、音韵层次与历史语言学.《北京大学学报》2006. 2：22 – 26.

王福堂 . 2007. 汉语方言语音中的层次 . 载丁邦新编《历史层次与方言研究》1 – 10. 上海：上海教育出版社 .

王辅世 . 1985.《苗语简志》. 北京：民族出版社 .

吴安其 . 2004. 语言接触对语言演变的影响.《民族语文》2004. 1：1 – 9.

吴福祥 . 2007. 关于语言接触引发的演变.《民族语文》2007. 2：3 – 23.

游汝杰 . 1992.《汉语方言学导论》. 上海：上海教育出版社 .

游汝杰 . 2005. 吴语语法的历史层次迭置.《语言研究集刊》2005. 2：30 – 53.

张晓勤 . 2002.《永州方言研究》. 南宁：广西民族出版社。

（原文发表在《海南师范大学学报》2016 年第 11 期）

湘桂交界地带的族群互动与语言演变

“南岭走廊”与藏彝走廊、西北走廊并称为三大民族走廊，是“中华民族多元一体格局”的重要内容。南岭走廊横跨湘、桂、粤、赣四省，是南北各民族交流互动的要道，多个民族在这里共生共荣，形成了独具特色的文化交融现象。湘南与桂北地处南岭走廊的核心地带，是瑶族人口最集中的区域之一，潇贺古道经永州、道县、江华、富川将潇水与贺州连接，自古道路通达。在这一带，以瑶族为主的少数民族与汉族、汉族土著与新来的移民之间互动频繁，语言也因接触而发生了相应的变化。

（一）湘桂交界地带族群互动的两个层次

世界上极少有孤立存在的族群，某一族群在生存与发展过程中或多或少都会与其他族群发生关联、互动。在湘桂交界地带，族群互动大体分为两个层次：一是少数民族（主要是瑶族）与汉族的互动，二是本地土著汉族与外来移民的互动。

湘桂交界地带主要是瑶族的世居地。瑶族的来源、迁徙过程比较复杂，大体上在春秋战国时期瑶族先民就已经到了洞庭湖周边，称为荆蛮，是南蛮的重要一支。在与楚国的斗争中落败，再次南迁，成为秦汉时期的黔中蛮、槃瓠蛮和长沙蛮、武陵蛮、零陵蛮。直到唐朝末年，瑶族成为一个独立的民族，主要分布于荆州、潭州（今长沙）、朗州（今常德）、澧州（今澧县）以及包括湘桂交界地带的永州、道州、贺州、富州、昭州等地在内的广大地区。宋元时期，瑶族进一步向南迁移，居住地逐步缩小到湘南及湘西南地区。明清两代瑶族在湘桂交界地带的分布与宋元时期相比变化不大。瑶族与汉族的交往在史籍中有迹可循。《隋书·地理志》描述“蛮”与汉人杂居的情况时说“其与夏人杂居者，则与诸夏不别；其僻处山谷者，则言语不通，嗜好居处全异。”清同治年编写的《鄘县志》也说“高山瑶蓬头跣足，言语侏离”，而平地瑶则“饮食、衣服与汉民同。其佃种力作，营生置产皆然。惟与瑶人言则瑶语，与汉人言则汉语。”可见瑶汉族群互动时间长、接触程度深。

除了瑶族以外，在湘桂交界地带还有讲“土话”的汉族人口。据学者研究，土话在宋朝已经基本形成，也就是说，讲土话的人群在宋以前已经基本稳定。自此之后，以军人和难民为主的北方汉人不断南迁，讲官话的新移民与讲土话的早期居民构成了族群互动的另一个层面。清朝一些地方志对这两个族群的语言使用情况有一些记录，如光绪《兴宁县志》记载“民多汉语，亦有乡谈”，道光《永州府志》载“所说皆官话，明白易晓，其间不同者，则四方杂迹，言语各别；声音亦异，其类甚多。”

（二）湘桂交界地带语言接触的多维度

当操不同语言、不同方言的言语社团交流互动的时候，语言也自然会发生接触和影响。由此产生的变化在语音、词汇以及语法结构等多个方面都有体现，其中词语最容易变，随着接触程度的加深，语音和语法结构也会发生相应的变化。

词语的借用是语言接触中最常见的现象。在湘桂交界地带，汉语方言与瑶族语言在接触的过程中，既有汉语借用瑶语词的情况，也有瑶语借用汉语词的现象。以江永瑶族勉语为例，汉语借词已经占到其词汇总量的百分之五十以上；斯瓦迪士一百核心词汇中，“嘴、眼睛、咬、看见、知道、全部、不”等大约20个左右与汉语相同；部分亲属称谓词，如“外孙、妹、姑爷”等也与汉语一样。可见瑶族勉语借用的汉语词汇数量大、层次深。

随着接触程度的加深，两种语言会发生语言转用干扰，语音、句法及形态成分也会随之相互借用。受汉语影响，湘南一带瑶族勉语的语音结构简化、汉化：在勉语支其他语言中，有塞音和鼻音两套共六个辅音作韵尾，在湘南简化为两个；另外，长短元音的区别在湘南勉语中也不复存在。同时，汉语也受到了瑶语的影响。沈钟伟（2016）认为，湘语元音系统受到南方少数民族语言的影响，元音舌位变成与苗语、瑶族勉语一样的四度区分，与官话的三度区分不同。永州方言的元音系统表现与勉语一致，显然也受到了勉语音系的影响。除此以外，湘南土话中古端母鼻音韵母字的声母读为 n，也属于古百越语先喉塞音的残迹。

语法结构在语言系统中最稳固，但湘桂交界地带的汉语方言和瑶族勉语相互影响和借用的现象也比较常见。勉语的基本语序类型是 SVO 型，根据语序类型学的隐含共性原则，其名词性短语的结构是“中心语在前、定语在后”、动词性短语是“动词在前、状语在后”、形容词短语是“形容词在前、程度副词在后”。湘南很多方言受此结构规则影响，部分语法结构也发生了变化，如普通话中“公鸡、你先走、很冷”等在零陵话中分别是“鸡公、你走先、冷很”。同样，勉语的这类结构也受到汉语的影响，有的短语结构变得和汉语一样。如衡阳塔山勉语固有的名词短语的语序是“中心语 + 定语”，但新词语如“洋布、粘米”则采用汉语的定中式结构；汉语中的“很慢、很胖”在江华、大坪江勉语中说成“慢很、胖很”，但在衡阳塔山勉语中已经变得和汉语的语序一致。

（三）湘桂交界地带语言接触的结果

语言接触的强度和语言使用者的态度对接触的结果有重要影响。瑶民与汉人在湘桂交界地带是大杂居、小聚居的居住格局，两种不同的语言处于同一地理区域内，接触强度大。另外，从语言态度上看，由于汉族人口在政治、经济、文化上都处于优势地位，因此瑶族人对汉语的态度比较开放包容。

双语现象是语言接触过程中重要的阶段性表现。在湘桂交界地带，瑶族与汉族杂居一起，会说几种语言或方言的双语人、多语多言人很常见。江永的瑶族人在家庭内部或熟悉的人之间说勉语，在公共场合使用江永官话，是典型的双语人。与之相邻的广西贺州的多语多方言情况更加复杂，六十岁以上的老人基本都会瑶语或壮语，还会一种汉语方言；年轻一点的除了自己的母语和一种或多种汉语方言外，还可以熟练使用官话和普通话，在交际过程中可以随意切换。

从理论上说，双语现象不能一直持续，一种语言会排挤另一种语言最终导致语言融合。在湘南的很多瑶族村寨，语言融合已经发生。这些村寨的瑶族人放弃瑶语转用汉语方言，汉语方言成为胜利者，保留自己的语法构造和基本词汇；而瑶语在这些村寨因无人使用而逐渐消亡。但消亡的少数民族语言也会在汉语方言中留下了一些痕迹，形成所谓的“底层”。底层词是最明显的表现，如湘南桂北一带方言中把集市称为“墟（圩）”、把蛙类动物叫“蟆怪”、临武城关土话称母亲为“娅”、祖母为“婆娅”，都是来源于壮侗、苗瑶语的底层特征。

语言接触是族群互动的重要内容，语言认同是族群认同的重要标志。在族群互动比较复杂的湘桂交界地带，语言接触呈现出异彩纷呈的局面，语言认同也呈现多个层次，但都经历了排斥、调适、适应、接纳等心理过程，最终相互包容。从而形成了各族群和睦共处、多语多方言和谐共生的局面。

（原文发表在《中国社会科学报》2020 年 5 月 25 日）

参考文献

鲍厚星:《湖南省方言地图三幅》,《方言》1985 年第 4 期。

鲍厚星、陈晖:《湘语的分区(稿)》,《方言》2005 年第 3 期。

鲍厚星:《东安土话研究》,湖南教育出版社 1998 年版。

陈晖、鲍厚星:《湖南省的汉语方言(稿)》,《方言》2007 年第 3 期。

贡贵训:《湖南永州方言“的话”的否定功能》,《中国语文》2012 年第 1 期。

贡贵训:《湘南地区瑶汉语言间的“横向传递”——附论零陵话的否定副词“很”的来源》,《海南师范大学学报》2016 年第 11 期。

湖南省公安厅湖南汉语方言字汇编纂组:《湖南汉语方言字汇》,岳麓书社 1993 年版。

湖南省地方志编纂委员会:《湖南省志·方言志(上册)》,湖南人民出版社 2001 年版。

湖南省永州市冷水滩市地方志联合编纂委员会:《零陵县志》,中国社会出版社 1992 年版。

胡萍:《湖南省志·方言篇(稿)》。

贺萍:《湖南永州方言副词研究》,湖南师范大学硕士学位论文,2007 年。

蒋毅竹:《湖南道县官话语音研究》,中南大学硕士学位论文,2012 年。

蒋军凤:《湖南东安石期土话的音韵特点》,《湖南工业大学学报》2008 年第 2 期。

李星辉:《湖南永州岚角山土话音系》,《方言》2003 年第 1 期。

罗昕如:《湖南蓝山土话的内部差异》,《方言》2002 年第 2 期。

卢小群:《湘南地区土话的分布及其研究概述》,《求索》2003 年第 3 期。

彭建国、彭泽润:《湖南方言历史研究》,《湖南社会科学》2008 年第 1 期。

唐伶:《永州南部土话语音研究》,北京语言大学博士学位论文,2005 年。

王淑一:《永州方言的重叠式名词》,《湖南科技学院学报》2006 年第 8 期。

文智芳:《湖南永州方言语气词研究》,湖南师范大学硕士学位论文,2014 年。

谢奇勇:《湘南永州土话音韵比较研究》,湖南师范大学出版社 2010 年版。

谢奇勇:《西南官话湘南片的格局特点及其形成原因》,《方言》2017 年第 1 期。

谢奇勇:《“湘南土话”研究概述》,《湖南科技大学学报》2005 年第 6 期。

杨时逢:《湖南方言调查报告》,台北“中研院”历史语言研究所 1974 年版。

周振鹤、游汝杰:《湖南省方言区画及其历史背景》,《方言》1985 年第 4 期。

曾献飞:《湖南芝山(邮亭墟)方言的语音演变》,《语文学刊》2005 年第 9 期。

曾献飞:《湘南官话语音研究》,江西人民出版社 2012 年版。

张晓勤:《宁远平话研究》,湖南教育出版社 1999 年版。

张晓勤:《永州方言研究》,湖南教育出版社 1999 年版。

后　记

永州位于湖南省的南部，与湖南省的郴州、衡阳、邵阳，广东省清远市、广西壮族自治区的贺州市、桂林市等地交界。境内地理环境复杂，人口来源广泛。永州境内的方言（语言）资源丰富，不仅有湘语、西南官话、土话等汉语方言的，也有瑶语、壮语等少数民族语言。我在永州工作已将近二十年，但因为以前一直都是围绕淮河流域的方言做研究，申报了一系列的课题，所以很少关注永州的方言，颇有点“入宝山而空回”的感觉。虽然偶尔也写一点永州方言的小论文，但不成系统。

2015 年，中国语言资源保护工程在湖南省开始实施，我承担了其中的祁阳、蓝山等地的调查任务，开始按照项目规范要求系统调查了几个地方的方言。2016 年，永州市开始了新一轮的地方志编修工作，永州市地方志办公室委托湖南科技学院成立《永州市方言志》编写组，具体工作由我来负责，我开始全面收集、整理永州方言的材料，但距离“研究”还有很大的距离。

2018 年，在新一轮学科申报中，中国语言文学被湖南省教育厅立项为省级应用特色学科。中国语言文学是传统学科，各高校普遍实力都比较强。如何在科研上体现自身特色，我与学科的几个方向带头人进行了多次讨论。结合本学科的传统、前期的积累和当下的形式，我们认为应该紧紧抓住南岭走廊、潇水流域、永州等区域范围内的文化做文章。工作思路确定后，大家开始分工合作，分别在潇湘流寓文人、舜文化、永州方言、湘南石刻以及湖湘文化的比较与传播等方面开展研究工作。为了总结研究成果，我们在今年上半年拟定了《南岭走廊与潇湘文化研究丛书》的出版计划，向学校打了报告，申请给予特别支持，并请学科成员、湖南科技学院校长李钢教授担任主编。本书就是在这个背景下的仓促之作。书中部分方言点是我和其他几位同事、学生调查的，其他没能详细调查的点，我们尽量选择权威学者的研究成果，以保证材料的可靠性。

方言现象纷繁复杂，尤其是地处湘南的永州，境内的方言更是让人眼花缭乱、目不暇接。同时，方言研究也是以事实说话的学问，只有有过实地调查才能了解当地方言真正的面目。虽然我们竭尽所能，但由于水平有限，在编写本书的过程中，仍然难免会有疏漏之处，恳请读者批评指正。

贡贵训

2021 年 9 月于西山桂园